目　录

蓝皮书

蓝皮书

· 1 ·

文化交流

公共文化

文化会展

相关政策

蓝皮书

大事记

统计资料与分析

园区介绍

蓝皮书

Zhuanti Lunshu

专题论述

高起点构筑新兴文化产业强市

——胡昌升书记在全市文化旅游会展产业发展大会上的讲话(节选)

◎ 胡昌升

突出以影视产业为引领,以网络视听和文化创意产业为主体,着力打造良好城市文化生态,加快新兴文化产业规模化、集群化、特色化发展。力争到 2025 年,文化产业营收达到 2500 亿元,年均增幅 15%,把厦门打造成为全国文化产业发展示范城市。

重点实施"四大行动":

一是实施影视产业培育行动。以主办金鸡百花电影节为契机,加快汇聚优质影视资源和市场要素,推动厦门影视产业加速发展,引领全市文化产业提质升级。我们将坚持"以节促产"。精心办好电影节,促进具有国际影响力的影视节展活动和境内外优秀影视项目落户厦门。聚合以电影产业为中心,囊括时尚、创意设计等在内的一系列产业形态,打造复合型文化产业链。我们将构建"全域影城"。按照核心引领、适度集聚、多点突破、差异发展原则,推动形成"一核、多基地、全域影城"产业布局。具体就是以厦门岛为核心,专注总部运营、版权交易和宣传发行;依托"集美集"影视产业园区和影视拍摄基地、软件园三期,建设影视公共服务基地、内景摄影基地和后期制作基地,把厦门建成全域影视之城。我们将打造"厦门出品"。培育影视领军企业,组建厦门电影集团;支持影视精品原创,深挖厦门"百年影院"文化内涵,打造涵盖剧本创作、影视拍摄、制作发行、版权交易、衍生品开发的全产业链,力争推出品质高、票房好、国内外影响力大的精品力作。

二是实施网络视听产业跃升行动。发挥国家级文化和科技融合示范基地优势,积极抢占产业发展制高点,力争到 2025 年网络视听产业营收达到 500 亿元,建成国际一流的网络视听产业集聚区。我们将着力打造产业基地。依托软件园二期、三期,积极创建国家级网络视听产业基地。重点围绕游戏电竞、影视动漫、数字传媒、数字音乐四大领域,鼓励支持上下游企业入驻,力争基地建成后 3 年入园企业超百家、总产值超百亿元。我们将着力培育龙头企业。重点扶持一批音频、短视频、动漫社区等垂直类网络视听平台型企业发展;发掘一批具有"独角兽"潜质的精品网络内容生产企业;引进一批全国知名互联网企业网络视听模块、全国性网络视听平台落户并设立研发中心;培育一批主业突出、市场竞争力强的新型主流媒体集团,促进媒体深度融合。我们将着力提供精准服务。建设内容审核、节目交易等产业公共服务平台,在内容制作、技术服务、版权交易、融资租赁等方面为企业提供全流程服务,帮助企业降低成本投入、增强产品投送能力、赢得更大市场空间。

三是实施文化创意产业升级行动。文创产业是厦门重点打造的千亿产业链。我们将把厦门打造成两岸"创意设计中心",形成文创产业生态洼地。我们将加快建设产业聚集区。提升海峡两岸龙山文创园、"特区 1980"湖里创意产业园、沙坡尾文化创意港等文创园区配套服务功能,重点引进时尚设计、工业设计、建筑设计等知名企业和人才落户,提升产业园区功能和集群效应。我们将加快打造创意品牌。打造研发转化平台,鼓励文化创意项目研发,培育一批具有规模效应和核心竞争力的龙头文创企业。办好厦门国际时尚周、"当代好设计"奖、国际动漫节、海峡工业设计大赛等;

发挥红点设计博物馆的带动效应,汇集全球顶级设计资源,打造世界级的设计文化地标,催生一批具有国际影响力的创意设计品牌。我们将加快创意设计成果转化。搭建多产融合的互动交易平台,推动创意设计成果交易和知识产权转化,增强文创产业的生产性服务功能,促进文创产业为其他产业提供更大附加值,更好助推厦门自主创新和产业结构转型升级。

四是实施文化出口基地建设行动。厦门拥有全国自贸试验区中唯一的国家文化出口基地。我们将建强文化产品"走出去"重要节点,更好服务国家战略。我们将做强做大文化贸易。放大自贸区政策红利,创新文化贸易监管服务模式,大力扶持和培育外向型文化龙头企业,支持申报国家文化出口重点企业和项目,积极扩大图书出版、文化衍生品、影视演艺等领域的产品和服务输出。我们将做深做实两岸文化交流。精心办好海峡两岸文博会、海峡两岸图书交易会、海峡两岸民间艺术节等文化展会,促进文化贸易与文化交流、文化传播良性互动。积极对接台湾数字内容、创意设计、演艺娱乐等优势产业,构建两岸文化产业交流合作枢纽。我们将做精做专国际艺术品交易。推动自贸片区形成博乐德艺术品保税共享平台和海丝艺术品中心"一区两翼"特色产业格局,办好专业展会,搭建艺术品交易多元化平台,完善艺术品交易专业服务,让海丝多元文化交融的盛景在新时代的厦门绽放。

（本文系时任福建省委常委、厦门市委书记胡昌升 2019 年 11 月 13 日在全市文化旅游会展产业发展大会上的讲话节选）

Diaoyan Baogao

调研报告

2018年以来厦门市文化体制改革和文化产业发展情况通报

◎ 中共厦门市委宣传部副部长、市文发办主任　戴志望

一、稳步推进文化体制改革工作

文化体制改革成效明显,两项改革经验在全国推广,一项改革经验在全省推广,两项改革成果在副省级城市中具有领先地位。具体是:公共文化服务设施人均享有率居全省乃至全国前列,公共文化体系示范创建的经验及成果成为省内外其他地市创建第二、三批全国公共文化服务体系示范区的参考样式;创新意识形态责任制考核机制、牢牢掌握意识形态工作领导权的经验做法在全国重要刊物《时事报告》(2018年第4期)上被宣传推广,网络舆情应急处置经验做法在《八闽快讯》上被宣传推广;记协等群团组织改革工作在副省级城市中走在前列;外向型文化企业培育数量在副省级城市中名列前茅,文化出口能力不断增强,自贸区厦门片区获评首批"国家级文化出口基地"。主要工作包括以下三个方面内容:

1.健全舆论宣传引导机制。一是出台厦门加强和改进党的新

蓝皮书

闻舆论工作的意见，切实加强新时期党的新闻舆论工作。二是加快媒体融合发展。厦门日报社形成了门类齐全的新媒体矩阵，厦门广电集团融媒体中心实现了新媒体的全 IP 化直播、融媒体中心的策划指挥和广播节目的可视化直播。区级融媒体中心建设扎实推进。三是坚持网络舆情应对处置"快、清、公"原则，形成"发现—通报—核实—反馈—处置"的网络舆情应对机制。

2.深化文化管理体制改革。一是加强和改进国有文化资产监管。印发《厦门市市属文化企业负责人薪酬管理办法》和《厦门市市属文化企业负责人业绩考核办法》（厦委宣联〔2018〕8 号），初步建立适应国有文化企业特点的考核制度、薪酬调节体系和薪酬审批管理机制。出台《厦门文广传媒集团有限公司等三家市属文化企业负责人薪酬制度改革方案》（厦委宣〔2018〕37 号），推动市属三家文化企业负责人薪酬管理改革工作。二是强化市属国有文化企业党委（党组）党建工作主体责任。成立厦门文广传媒集团党委、纪委，建立党委会议事规则，加强厦门外图集团、厦门报业传媒集团党总支建设，推进党建和经营管理、企业文化建设的深度融合。三是推进全民所有制企业公司制改革工作。根据市政府第 41 次常务会议审定的方案，完成三家国有电影企业改制重组工作。推进厦门广播电视报等四家市区全民所有制企业公司制改革工作。四是按照《厦门市文联深化改革方案》（厦委办发〔2018〕9 号）推动市文联改革。创新文艺家协会党建工作，成立兼合式党支部，实现党组织的全覆盖。出台扶持文艺精品创作的办法。五是按照《厦门市记协深化改革方案》（厦委办发〔2018〕23 号）推进记协改革。完成市记协换届工作，调整市记协理事会、常务理事会结构，提高一线岗位和新兴媒体代表比例，增强市记协代表性、广泛性。

3.完善统筹协调和督查工作机制。建立由常委、宣传部部长总体负责，分管副部长具体负责，文发办专人落实，相关处室密切配合的工作机制,从改革任务的研究确定、改革事项的协调推进、改革方案的审核审批,到改革成果的总结检验等,将改革的全过程纳入监督,通过听取汇报、联合会商、实地调研等方式对改革工作开展督查,加强指导、管理和服务,确保改革导向正确、改革促进发展、改革成果共享。

二、加快推进文化产业发展工作

十八大以来,特别是最近 5 年来,厦门文化产业法人单位数年均增速超过 10%,营收年均增速超过 15%,增加值占全市 GDP 的比重超过 5%,已经成为厦门经济社会发展的重要支撑。2018 年文化产业营收首次突破千亿大关,实现 1040 亿元营收。主要开展了以下五个方面的工作:

1.营造良好的政策环境。一是制定发展规划和扶持政策。2018 年 3 月出台《进一步促进文化产业发展补充规定》(厦府〔2018〕91 号),在业界产生了很好的反响。二是做好政策兑现工作。市文发办会同市财政局修订了《厦门市文化产业发展专项资金使用管理办法》,制定了《2018 年文化产业发展专项资金申报指南》《2018 年度民营实体书店扶持资金申报指南》《2018—2019 年度厦门市重点文化企业评选方案》等配套政策。三是配合其他部门出台相关政策。市文发办会同有关单位加快了政策规划的制订工作,2018 年 10 月配合自贸委出台了《中国(福建)自由贸易试验区厦门片区国家文化出口基地建设的若干政策》,配合市发改委研究制定《厦门市影视产业发展规划》。市文发办正牵头起草《进一步扶持影视产业发展的若干规定》。市文发办还积极协助各区出台了相应的文化产业发展扶持政策,市区两级形成政策合力,努力营造良好的政策环境。

蓝皮书

2.搭建文化产业综合服务平台。按照"政府指导、市场化运作"的原则和思路,重点支持和推动发展三类产业平台。一是两岸文化产业交流交易平台,如海峡两岸(厦门)文博会、海峡两岸图书交易会、海峡两岸戏剧节等文化展会节,推动了两岸文化产业交流合作发展。二是数字内容产业平台,如中国(厦门)数字娱乐产业年度高峰会、厦门国际动漫节、NEST 全国电子竞技大赛等有影响力的展会和赛事。三是艺术品产业平台,如艺术厦门国际博览会、海峡两岸书画博览会、国际乐器博览会等。其中艺术厦门国际博览会,按照市领导"三年一小步、五年一大步"的要求,2018 年,艺术厦门由国内展发展成为国际展;2019 年,艺术厦门国际博览会由综合展演变为春秋两季的专业专题展,春季为当代艺术,秋季为经典艺术,展品更专业,覆盖面更广。刚结束的 2019 春季艺术厦门当代展,展览面积为 10000 平方米左右,共展出 11 个国家 75 家艺术机构带来的国内外优秀艺术家的精品力作,观众人数超过 10万人,专业观众超过 1 万人,成交额超过 1 个亿,预计春秋两季现场成交额将达到 2 亿元,已成为国内最有影响力的艺术展会之一。又比如:由国家一级协会中国文房四宝协会主办的"全国文房四宝艺术博览会"(迄今已举办 43 届),是行业内举办时间最长、最专业,成交额最大的年度盛会。往届春季固定在北京展览,秋季在全国各地轮流举办。在市领导亲自推动下,秋季博览会从 2019 年起将永久落地厦门,未来形成"半年订单看北京,半年订单看厦门"的格局,除展会交易额,还可带动酒店、餐饮、购物和旅游等收入达数千万元。

3."以节促产"推动影视产业发展。2017 年以来,厦门按照"以节促产"的申办理念,在市领导的直接指挥下,积极向中国文联和中国电影家协会申报厦门为中国电影金鸡奖永久颁奖地。在中宣部等上级部门的关心支持下,中国电影家协会首先明确由厦门举办第 28 届中国金鸡百花电影节,随后又经中国文联党组研究同意,赋予厦门市未来 10 年中国金鸡百花电影节(第 28 届除外)的举办权。金鸡奖落户厦门以来,已经成为一面旗帜,成为厦门影视产业项目招商引资、推动厦门文化产业加快发展的重要动力源。一是中国电影家协会积极导入资源。中国电影家协会首次离京来厦门召开新一届主席团第一次工作会议,配套举办清华五道口金融论坛,并协助推动国内知名影视企业与厦门开展招商对接。二是国内影视企业反响积极。一批知名影视企业和机构来厦商谈合作事宜,如世茂集团、北京文化、蓝色光标、无限自在、华策影视、长城影视、浙商总会及上海事途科技(曾专业从事霍尔果斯影视招商工作)等,其中华策和无限自在等机构已同厦门签订合作协议。西瓜视频影视板块业务也落户思明区,加上原有的今日头条等板块业务,字节跳动厦门公司第一季度就贡献了 7000 万元税收。三是台港澳机构积极参与。如台湾文化艺术基金会、台湾知名导演李鹏、香港全球厦门大学金融联合会、锋味控股(谢霆锋创办)、黄百鸣等来厦洽谈设立影视产业基金、影视拍摄和项目投资。影视招商引资显现出良好的发展势头,"以节促产"的效应逐步显现。

4.推动文化企业集聚化专业化发展。为推动厦门市文化产业集聚发展,我们按照"主业清晰、管理有序、体系健全、竞合发展"的园区发展原则,优化文化产业园区功能布局,聚焦主导产业,推动产业资源和配套服务设施向主要园区倾斜,实现园区专业化集聚、差异化发展,形成竞合效应。如获颁"中国创意产业最佳园区奖"的龙山文化创意产业,近年来积极引导时尚设计和工业设计企业入驻,现有时尚工业设计类企业约 100 家,整个园区产值近百亿元。海峡建筑设计文创园以建筑设计为特色进行园区定位,形成了"以生活美学和当代科技为两翼,以自身深厚的设计文化为引擎"的崭新格局,吸引了两岸三地及海外知名设计机构、设计师进驻,2018 年营收达到 15 亿元,纳税超过 3500 万元。集美集影视产业园打造专业影视产业园区,成立影视产业服务中心,截至

蓝皮书

2019 年一季度共吸引影视企业 337 家,2018 年营收达到 9.5 亿元。

5.培育发展骨干文化企业。一是骨干文化企业发展进步明显。2016—2017 年度的市 50 家重点文化企业主营收入、利润分别为 120.41 亿元、15.92 亿元,而在 2018 年下半年评选出的 2018—2019 年度重点文化企业和创新成长型企业共 41 家,相较于上届评选标准更高、条件更严格,主要经济指标明显提升,在总数少了 9 家企业的情况下,41 家文化企业实现营收 161.7 亿元,实现利润 23.38 亿元,完成税收 9.27 亿元。两届重点文化企业平均营收由 2.40 亿元增长至 3.94 亿元,增长 64.1%;平均利润由 0.32 亿元增长到 0.57 亿元,增长了 78.2%。明星骨干企业有了迅猛的增长和长足的进步。二是民营文化企业发展迅猛。厦门市文化企业法人单位中 99% 以上是民营文化企业,营收规模约占全市文化产业总营收的 94%。新技术、新业态、新模式的民营文化企业不断涌现。在 41 家 2018 年度市重点文化企业和创新成长型企业中,民营文化企业有 35 家;全市 23 家上市文化企业(A 股主板 4 家、香港 2 家、新三板 17 家)中,22 家为民营文化企业。2018 年,50 家增长速度最快的企业,民营企业数量为 45 家,占比 90%,且民营文化科技型企业占比 40% 以上,一批潜力大效益好的文化企业快速成长,成为行业发展的领军企业,如十点读书、多想互动、美柚等内容生产和新媒体企业表现格外出色,呈现聚集发展态势。在影视产业进入整体调整阶段,仅运营 3 年多的舞刀弄影公司逆势高速发展,该公司致力于构建互联网影视云制作平台,2016 年开始运营,2018 年上线作品点击量达 30 亿、自有粉丝 500 万、营收增长 10 倍,截至 2019 年 5 月,已完成 2018 年营收总额,预计全年营收过亿元。一家员工只有 50 余人的企业,2018 年税收贡献 781 万元,2019 年预计超过 1300 万元;而该家企业运营不到 4 年时间,已经连续 4 年获得中国网络视听大会优秀作品奖,这是福建省唯一获奖企业。厦门老院子、厦门吉比特网络技术股份有限公司等一批新型文化业态企业入选 2018 年度省文化企业十强。三是文化和科技融合型新兴业态呈现快速发展的态势。文化科技型企业对文化产业增长的贡献率超过 70%，作为文化科技融合发展重要载体的软件园连续两年成长性全国第一，形成一批具有全国影响力的文化和科技融合发展的平台型企业，如全国最大小游戏平台 4399、全国最大的手机动漫平台中国移动手机动漫基地、用户量（12 亿）居行业第一的美图公司等。2018 年中国互联网百强企业，福建省共有 6 家企业入选，其中美图、4399、吉比特和美柚等 4 家是厦门本土企业，且全部属于文化科技型企业。

三、文化体制改革和文化产业发展的几点启示

1. 机制保障是前提。早在 2005 年，厦门就成立了文化体制改革和发展工作领导小组及其办公室，2009 年专门成立厦门市文化产业协调发展工作领导小组及其办公室，挂靠在市委宣传部。2012 年初，整合以上两个领导小组，成立了厦门市文化改革发展工作领导小组，下设办公室，简称市文发办，继续挂靠在市委宣传部。领导小组由市长任组长，常委、宣传部部长和市政府分管副市长任副组长，市文发办与部机关文化发展改革处合署办公，在市文化改革发展工作领导小组的领导下，通过文发办领导小组会议或专题会议等形式，统筹协调和指导推动全市文化体制改革和文化产业发展工作，牵头制订相关政策和协调推动文化产业重大项目，形成了厦门文化体制改革和产业协同发展的工作机制。

2. 形成合力是基础。文化产业是一个产业门类众多的集合，是一个庞大的产业集群，按照国家统计局（国统字〔2018〕43 号）《文化及相关产业分类（2018）》共包括 9 大类、43 个中类、146 个小

类。文化产业发展工作涉及面广,需要多部门合作,形成工作合力。在市文化改革发展工作领导小组的领导下,全市近 30 个成员单位从部门职能出发,将文化产业发展纳入全局工作摆上议事日程,不管是在具体产业门类的行业管理上,还是在土地供给、空间规划、资源配置、要素保障等宏观层面上都给予大力支持,行政管理部门和综合管理部门相互协调、相互配合,工作机制逐步完善,总体顺畅。全市 6 个行政区,能够将文化产业发展作为本区经济社会发展和功能品位提升的重要工作,立足文化资源禀赋,打造特色文化产业,积极推进规模化、专业化、集群化发展,形成竞合式差异化发展的良好局面。

3.政策引导是关键。厦门坚持政策引导,充分发挥政策激励效应,在过去 10 多年时间里,相继出台 13 项文化产业促进政策,特别是 2018 年出台的厦府〔2018〕91 号《进一步促进文化产业发展补充规定》,这是 10 年来市政府出台的第二份扶持促进文化产业发展的政策,对于弥补厦门市文化产业发展政策的短板具有十分重要的意义,在业界产生了很好的反响。目前各区出台了相应的文化产业发展扶持政策,形成市区两级政策合力。

4.考核督促是抓手。2014 年以来,为推动文化体制改革和各区文化产业发展,按照市效能办的要求,市文发办组织了对各区文化产业发展绩效考核工作,并纳入市对区绩效考核指标。通过一套科学合理的文化产业绩效评价指标体系,按照有利于调动各区积极性、有利于推动工作开展和促进产业发展的原则,市文发办利用绩效考核机制,充分发挥了文化产业绩效考核风向标和指挥棒作用,实现了各区文化产业协调机构从无到有、文化产业政策从无到有的变化,激励各区加大对文化产业投入,形成市区之间思想统一、政策互补、工作互动、协调发展的良好局面。

蓝皮书

四、厦门文化体制改革和产业发展存在的问题

1.国有文化资产监管体制和文化市场综合执法队伍改革推进较难。中央要求按照管人管事管资产管导向相统一的原则建立新型的国有文化资产管理体制,厦门在此次机构改革中初步明确了市委宣传部在国有文化资产管理方面的主导地位,但尚没有明确授权监管,没有相应的编制和人员安排,监管工作还有待明晰,国有文化资产监管制度还需要进一步完善。同时,中央要求整合市区两级文化市场综合执法队伍。建议以机构改革为契机,加强顶层设计,加快工作推进。

2.人才问题。文化产业的核心要素是创意,而创意人才以实践型和实用型为主,学位学历都不一定太高;同时,厦门文化企业96%以上都是中小微型的民营企业,工资水平中等。这些情况就使得现行的人才优惠政策基本难以惠及文化企业人才。文化企业面临青年骨干人才流失以及引进困难的问题。

3.文化资源整合问题和产业发展空间问题。厦门文化产业发展在空间需求上还存在两个方面的问题:一是文化产业发展空间整体不足的问题;二是现有文化产业园区利用不足的问题。比如"二房东"现象及商业挤占文化空间的问题,在一些园区还比较突出。

4.产业规模偏小,骨干文化企业支撑带动不足。厦门文化产业总体规模偏小,产业聚集程度不高,产业链条也偏短。缺乏大企业、大项目,至今还没有企业入选"全国文化企业30强";还没有营收过百亿的大型国有文化企业,国有文化资本的带动作用不强;产业规模偏小,文化产业年增加值占全市 GDP 比重不到 6%。

五、下一步的主要工作

1.深化文化体制改革。继续推进传统媒体和新兴媒体深度融合，支持各区组建融媒体中心。深化文化管理体制改革，加快构建"双效统一"的体制机制。完成国有文化企业公司制改革。优化国有文化资源整合，组建市国有文化投资控股集团。全面贯彻落实意识形态工作责任制，建立一套符合中央要求和厦门实际的监管体制和工作机制，确保文化资产的管理体制和意识形态责任制的考核机制相衔接。整合市区两级文化市场综合执法队伍。加强文物保护利用改革。强化社科界的桥梁纽带作用，探索多种形式建设智库联盟合作交流机制，改进科研人员考核和激励机制。

2.提升文化产业集聚区功能。推动现有国有园区如龙山、华美和集美集，先行开展园区功能提升工程，以更好地服务文化产业高质量发展要求。在新建的文化产业园区如艺术品产业集聚区、影视产业集聚区等，突出产业平台的功能作用。针对科技革命的迅猛发展，着力建设国家级网络视听产业园区，大力推动互联网文化产业发展，争创发展新优势。

3.加大项目工作力度。一是推动海丝艺术品中心、龙山66文创园等在建项目加快建设进度，早日投入运营使用。二是推进包印厂改造成影视基地等开工建设。三是推动有较好发展前景的项目生成落地。四是积极策划、引进一批核心文创项目，特别是影视产业项目。

4.强化政策引领驱动。尽快出台《厦门市影视产业发展规划》，制定《厦门市影视产业专项扶持政策》。做好政策的兑现工作，让扶持政策切实落地，更好发挥惠企作用。

5.推动影视产业发展。坚持"全域影城"的发展理念，以办好中国金鸡百花电影节为抓手,全面落实"以节促产"战略,强化电影拍摄基地等电影产业基础设施建设,用好闽西南协同发展区的机制形成区域性电影协拍机制来拓展厦门电影产业发展腹地;加强影视教育和培训工作,推动与知名高校合作成立电影学院。实施"影视＋"的发展模式,带动艺术产业、时尚产业和文化旅游产业的大发展。

6.进一步夯实文化产业实现高质量发展的基础。加强国有文化资源整合,做强做大国有骨干文化企业,组建国有文化投资控股集团,整合优势文化资源,并注入适当的旧厂房、文化场馆及置换的部队营房用地等资源,降低文化企业的综合成本,促进产业集群化发展。

时间:2019 年 8 月

蓝皮书

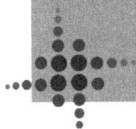

对标深圳 争先进位 推动厦门市文化产业 高质量发展工作建议

蓝皮书

◎ 中共厦门市委宣传部

根据市委主要领导有关"对标国际国内先进城市""争先进位"的指示精神,市文发办专程赴深圳学习取经,在梳理深圳文化产业发展经验的基础上,结合工作实际,提出推动厦门文化产业发展争先进位工作建议如下:

一、深圳市文化产业总体发展情况及先进经验

(一)总体情况

根据中宣部文改办发布的数据,2017 年深圳规模以上文化企业在企业单位数、从业人员、资产总计和主营业务收入等 4 项主要经营指标排名中,均位居副省级城市第一。其中,资产规模占 15个副省级城市总和的 1/3、从业人员和收入规模占 15 个副省级城市总和的 1/4。核心文化产品出口额每年约占全国的 1/6。与北

京和上海两个直辖市相比,深圳资产规模和利润总额超过了北京、上海,从业人员比上海多出 8.16 万人。从深圳市公布的自有口径(比国家统计局确定的文化产业统计口径大)数据,2018 年深圳文化创意企业超过 5 万家,其中规上企业 3000 余家,从业人员近100 万人,全年实现增加值 2621.77 亿元,占全市 GDP 超过 10%。

(二)主要发展经验

一是契合城市发展目标的产业定位。2003 年以来,深圳市委市政府就将文化产业作为"加快建设国家创新型城市、全国经济中心城市和国际化现代化先进城市"的"必然选择",把文化产业作为深圳四大支柱性产业之一,明确了以创意设计为核心的发展重点。2016 年进一步提出"以建设与现代化国际化创新型城市和国际科技、产业创新中心相匹配的文化强市为目标"的产业指导意见,致力于建设"国际文化创意先锋城市"和"具有世界影响力的创新创意之都"。与此相适应,深圳着力打造全国性、全球性的文化产业平台和交流交易活动,构建以质量型内涵式发展为特征的现代文化产业体系,形成了全球人才、资本、科技、资金等要素聚集市场,文化产业市场活跃度高、质量优。

二是高效推动工作的议事决策机制。深圳市由市委宣传部牵头,建立了由市发展改革委、科工贸信委、财政委、文体旅游局等部门共同参与的联席会议议事决策机制,联席会议常态化召开,全面统筹全市文化体制改革、国有文化资产管理和文化产业发展工作,文化产业规划拟定、政策出台、年度产业发展计划、重大项目建设等均通过联席会议统筹推进、市文改办具体协调。在推进文化体制改革具体工作中,深圳市全面深化改革委员会领导下的文化体制改革专项小组是日常议事决策的机构,以会议纪要作为执行依据。在国有文化资产管理方面,深圳市由国资委并表管理、高度授权,宣传部负责对报业、广电、出版发行集团的收益分配、薪酬管

蓝皮书

理、产权变动、投资等重大事项进行监管。

三是高质量内涵式的现代文化产业体系。相对来说,深圳的文化土壤并不厚重,但这几年却开拓出了具有丰盈形态的文化生态,主要在于坚持改革创新,探索文化产业的新业态和新模式,既解决了发展路径问题,也使文化产业在经济结构调整和转型升级中发挥了重要作用。深圳在全国率先提出"文化＋科技"的产业发展模式,充分发挥高科技产业比较发达的优势,以创新科技赋予传统文化新形式、新内容,着力提高文化企业的研发能力和文化产品的技术含量,一批文化科技企业迅速崛起,腾讯已进入世界 500 强企业行列,华侨城和华强方特连续入选全国文化企业 30 强。作为我国第一个联合国教科文组织授予"设计之都"称号的城市,"文化＋创意"成为深圳又一发展模式,催生了一大批设计企业和产业园区,创意设计为传统制造业的转型发展提供了高额的附加值和增长空间。

四是国家级平台带动产业发展。深圳文博会作为中宣部直接主导的全国唯一国家级、国际化、综合性文化产业展会,既为文化产业发展搭建起展示、交易、信息平台,而且使大量资金、项目、技术、人才在深圳汇聚,有力推动了区域文化产业的发展。深圳还在国内较早组建了文化产权交易所,参与发起设立了首只国家级文化产业投资基金(基金办、管理公司设在深圳),不断创新对文化企业的金融支持方式,构建了文化产权交易、文化产业投融资、文化企业孵化的重要平台。2013 年,深圳被文化部命名为国家对外文化贸易基地,致力于建设泛珠三角对外文化贸易辐射圈。此外,国家版权交易中心、数字出版基地等也落户深圳。

五是产业园区发挥聚集效应。深圳采用行业集聚、空间集中的发展策略,培育建设了 62 个具有一定规模和影响力、能起到示范效应和产业拉动作用的文化产业园区、基地,涵盖了动漫游戏、创意设计、数字内容等领域,园区共搭建有 200 多个公共服务平台和技术服务平台,产业集聚辐射功能显著增强,其中华侨城、大芬村、雅昌、腾讯等13家企业和园区先后被评为国家级文化产业示范基地。以文化产业园区和基地为主体的文博会分会场从第一届的1个发展到第十四届的67个,形成了文化产业各领域较为完整的产业链条和产业集群,营造了新型业态快速发展的良好生态。

六是有力的政策保障。在深圳,虽然市场经济和民间资本非常活跃,但其仍然注重通过政策引导产业发展。作为全国首批文化体制改革综合性试点地区之一,深圳较早提出把文化产业打造成支柱产业的目标,出台了国内第一个文化产业促进条例,随后又发布了多个文化产业规划或政策。2011年,深圳市又明确把文化创意产业作为战略性新兴产业,出台了文化创意产业振兴规划、振兴发展政策及专项资金管理办法等系列政策,确定每年市财政安排5亿元扶持产业发展。截至2018年底,深圳市已下达专项资金近30亿元,资助项目3834个,仅深圳文博会,每年补助3000万元;创意设计周,每年补助1500万元。深圳市各区财政用于扶持文化产业的资金每年也达5亿元左右。系列政策的实施及专项资金的扶持有力推动了产业快速发展。

二、厦门市文化产业发展现状和对比深圳存在的短板

近年来,厦门紧紧围绕打造"全国重要文化产业中心城市"和"全国文化产业发展先进城市"目标,全面实施"531"发展战略,着力打造文化产业千亿产业链,文化产业发展逐渐形成自身的特色,呈现良好的发展态势。按照全国统一口径,厦门文化产业增加值占全市GDP的比重超过5%,已经成为经济社会发展的重要支撑。2018年全市文化产业营收首次突破千亿元,同比增长约10%。

厦门文化产业在快速发展的同时,也存在一些问题和不足,对

标深圳,主要短板是规模小、大型骨干文化企业少、国有资本引领力低、政策吸引力不强、人才总量偏少等。

一是产业规模和骨干文化企业支撑带动不足。与国内深圳、杭州、成都、武汉、青岛等城市相比,厦门文化产业总体规模偏小、产业聚集程度不高、产业链条也偏短。从文化企业数量来看,深圳超过5万家,厦门不到1.7万家;规上文化企业中,深圳3000余家,厦门400余家;主板上市文化企业中,深圳40余家,厦门5家(另有2家在香港上市);厦门尚没有企业入选"全国文化企业30强"。

二是产业门类和区域发展不平衡。在产业门类上,创意设计、动漫网游、数字内容与新媒体、演艺娱乐、艺术品产业等新兴文化产业发展较快,但广告、出版发行、工艺美术品生产等传统文化行业发展缓慢或呈下滑趋势。在区域上,岛内岛外、各区之间发展也不平衡,文化服务业主要集聚在岛内,文化制造业主要集中在岛外。

三是国有资本引领能力不足。在我国文化产业发展模式上,国资引领型是一种比较成功的发展模式。在民营经济高度繁荣的深圳,仅华侨城2018年就贡献了近500亿元的营收;深圳市委宣传部主管的三家集团,总产值也已经超过200亿元。厦门各级各类国有文化企业共计20家左右,大都是"轻资本"型企业,原始积累不充分,总体上国有文化企业力量分散、主业不强,年营收才10亿元左右,国有文化企业缺乏对全市文化产业发展的引领力和带动力。

四是产业配套政策竞争力不足。文化产业是幼稚产业,也是朝阳产业,特别需要发挥政府的助推作用和政策的引领作用。北京、上海、深圳作为开放性现代化国际化城市,产业基础、资源集合、人才集聚等方面均拥有比较优势,但仍然坚持通过政策引导、厚植产业,对重点发展的创意、设计等领域,从资金、税收、土地、人才等各方面给予全面的倾斜式保障。深圳市级、区级财政每年各安排 5 亿元扶持文化产业发展。厦门也出台了一些政策，每年安排 3000 万元专项资金给予扶持，从资金盘子来看偏小；从政策内容看，存在一些"缺口"，也存在既有政策"不够优"的情况，一些重点发展领域比如影视产业政策还需进一步增强竞争优势。

五是文化产业人才不足。在引进和留住人才方面，厦门与深圳同样受房价和生活成本等因素影响，在国内二线城市如武汉、西安、成都、长沙等地接连出台招揽人才优惠政策的情况下，厦门的人才引进政策和用工政策竞争力略显不足，一些文化企业关键岗位的骨干人才流失，文化企业出现了"引才难"和"招工难"的两难局面。

六是文化投融资体系不健全。厦门多元化的文化产业投融资生态尚未形成，投向文化产业的私募机构、产业基金相对不足，尚未成立专门的文化产业引导基金，市级产业基金参与的 19 只基金中仅有 2 只投向为文化产业。

三、对标先进，促进厦门文化产业高质量发展举措

上海、深圳、杭州、南京等先进城市，蓬勃发展的文化经济已经成为经济发展新动能，成为城市功能完善和品质提升的核心要素，以及提升城市吸引力、竞争力、影响力和软实力的核心要素。对标先进，我们更加迫切地感到，新时代新起点建设高素质高颜值现代化国际化的城市，文化产业助推城市转型升级和经济社会转型升级必有可为、大有可为。对标深圳、查找差距，拟从以下几个方面着手，进一步统筹推进全市文化产业发展工作。

蓝皮书

(一)明确重点,进一步清晰定位新时代文化产业

产业定位直接关系着产业的发展方向、路径、举措和实效。北京、上海、浙江、广东、深圳、杭州等文化产业发展迅猛的省、市无一例外地把高速度、高质量发展文化产业作为城市功能品位提升、经济结构优化、社会转型升级的核心要素,着力提升城市文化软实力。借鉴深圳的有益经验,根据新时代厦门建设"高素质高颜值现代化国际化"的城市定位,进一步明确文化产业发展在厦门"五大发展"示范市建设中的独特地位;同时对现行的重点发展领域进行优化,进一步突出创意设计、文化科技、文化旅游和电影产业在文化产业发展中的优先发展地位和引领发展的独特作用。

(二)健全机制,形成发展文化产业的强大合力

学习深圳经验推动厦门文化产业发展,一项重要工作就是要借鉴深圳高效推动工作的议事决策机制,解决制约发展的体制性机制性问题。借鉴深圳"联席会议"议事决策常态化的模式,加强请示汇报,提请市文化改革发展工作领导小组定期召开领导小组会议,听取汇报、决策部署文化产业发展重大工作;提请每年召开全市性文化产业发展工作推进会议,健全完善党委领导、政府管理、各区各部门联动的文化改革发展工作运行机制,全面提升推动和发展文化产业的能力和水平。

(三)完善政策,切实加强规划引领和政策配套

文化产业是幼稚产业,也是朝阳产业,特别需要发挥政府的积极作用和政策的引领作用。厦门《"十三五"战略性新兴产业之文化产业发展规划》已经开展过中期评估,规划和配套政策的引领作用总体良好。下一步,在文化产业进一步明确定位的基础上,着手谋划"十四五"文化产业发展规划以及重点发展领域的专项规划;

同步出台相应的配套政策,着力解决重点发展领域的政策比较优势不足问题和制约发展的短板问题,努力突破文化产业人才引进、空间保障、税收优惠、文化对外贸易等方面的政策;加强调研,着力推动旧城改造与文化提升融合发展,拓展文化产业发展空间,切实发挥文化产业在城市功能品位提升、经济结构优化、社会转型升级中的核心作用。

(四)整合资源,提升国有文化资本引领作用

在我国文化产业发展模式上,国资引领型是一种比较成功的发展模式。从厦门实际出发,应通过加强存量国有文化资源整合、优化资源配置,集中优势资源打造骨干文化企业,着力发挥国有文化资本引领文化产业发展的示范带动作用。一是组建国有文化投资控股集团,整合资源,并将一些适合发展文化产业的旧工业厂房、公房、文化场馆等配置给文投集团,做强做大国有文化企业,充分发挥国有文化资本在文化产业发展中的骨干带动作用。二是组建金鸡百花电影节专营公司,稳步推进厦门电影集团组建工作。三是协调推进国有文化资产管理体制改革创新工作,全面贯彻落实意识形态工作责任制,建立一套符合中央"管人管事管资产管导向相统一""宣传部门有效主导"要求和厦门实际的监管体制和工作机制。

(五)抓住契机,以节促产大力发展影视产业

一是按照"全域影城"发展思路和"以节带产"的发展战略,指导推动各区形成特色影视产业聚集区。二是按照"全城金鸡、全年金鸡"的总体思路全力筹备第28届中国金鸡百花电影节。推动和中国电影家协会共同成立专营公司,专业化、品牌化运营电影节。三是协调加快会展中心颁奖大厅建设进度,加快推动包印厂影视拍摄基地开工建设。四是积极推进知名高校创办电影学院,设立

蓝皮书

厦门市影视产业发展基金。五是加强影视产业聚集区建设。六是用好闽西南协同发展区机制,形成区域性电影协拍机制,拓展厦门电影产业发展腹地。

(六)项目带动,做实做细文化产业招商引资

一是在编制《厦门市文化产业发展路线图》和《厦门市文化产业招商地图》的基础上,通过"走出去"和"引进来"相结合的方式,借助各种文化产业博览交易平台和金鸡百花电影节等节展活动,发挥"以商引商"优势,扩大文化产业招商实效。二是推动海峡影视产业园、龙山66文创园、湖里老工业厂房文创园、集美星巢音乐综合体、金鸡电影节颁奖场馆建设项目等在建项目加快建设进度,早日投入运营使用;推进条件成熟的项目尽快开工建设,增强发展后劲。

执笔:李长福　卓秋黎

时间:2019 年 4 月

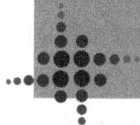

关于培育文化消费模式
情况的调研报告

◎ 厦门市文化和旅游局

当前,在国家大力推进文化和旅游融合发展的新形势下,厦门市文化和旅游局认真贯彻落实国家、省、市关于激发文化和旅游消费潜力的工作部署,积极促进文化消费。现将有关工作情况汇报如下:

一、文化消费情况

近年来,随着居民文化和旅游消费持续扩大,为文化和旅游产业转型发展提供了强劲的内生动力,也为稳增长、调结构和推进供给侧结构性改革发挥了重要作用。2019 年 1—12 月厦门市文化企业实现营业收入 1356 亿元,同比增长 38.6%。2019 年 1—12 月旅游人数 10012.87 万人次,同比增长 12.50%,旅游收入 1655.90 亿元,同比增长 18.10%。

(一)公共文化建设标准化均等化水平居全国前列

近 10 年,厦门市区两级财政为公共文化基础设施累计投入

蓝皮书

31.9 亿元,特别是 2013 年厦门市创建全国公共文化服务体系示范区以来,市级财政在公共文化建设支出的比率逐年提升,并持续高于全省平均水平。2010 年以来,厦门市陆续新建、改扩建了厦门市文化艺术中心、集美新城文化中心、五缘湾艺术中心、小白鹭金荣剧场、闽南大戏院、嘉庚剧院、筼筜书院、集美新城诚毅图书馆、科技馆、经济特区纪念馆等一大批重大文化基础设施项目,开工建设"闽南戏曲艺术中心"项目,全市大中型公共文化设施提高到 54 个,6 个行政区均相应建成区级文化艺术中心。其中,厦门市文化艺术中心总面积达 13 万平方米,是国内功能配套较完备的文化艺术中心之一;闽南大戏院、嘉庚大剧院成为功能齐全、档次较高的公共文化演艺设施;集美新城文化中心总面积 32 万平方米,总投资预算 7.6 亿元,成为包含图书馆、文化馆、科技馆、大剧院、马戏城、主题公园等为一体的岛外公共文化设施群。从岛内外分布比例来看,占全市总人口 52% 的岛内,拥有 28 家公共文化设施,占比 51.9%;占全市总人口 48% 的岛外 4 个区,拥有 26 家公共文化设施,占比 48.1%。岛内外公共文化设施布局趋向均衡。与此同时,全市公共文化服务供给能力和共享水平日益提升,实现区域性图书馆、信息共享工程、广播电视"村村响""户户通"、公益电影放映、文艺惠民演出等全覆盖,公共文化服务体系建设标准化均等化水平、公共文化设施人均享有率等多项业务指标居全国前列。

(二)演艺娱乐消费居全省前列

全市现有娱乐场所 176 家、演出经纪机构 94 家、文艺表演团体 36 家。2019 年 1—12 月,商业演出完成 19495 场次,引进境外 258 批次演出团体和个人来厦开展营业性演出,营业性演出市场日益规范繁荣。

（三）商业电影票房继续保持稳步增长态势

全市共有商业电影院 55 家,银幕总数 354 个,座位总数 48939 个。2019 年 1—12 月,全市电影票房 5.41 亿元,观影人数达 1353 万人次,居全省第二;农村电影放映完成 6348 场,受众达 160 万人次,商业片占比 70％,公益片占比 30％;"温馨家园"电影放映工程已完成 400 场,受众 160 万人次,商业片占比 70％,公益片占比 30％。商业电影保持稳步增长态势。

（四）出版物发行健康发展

全市共有出版物发行单位 490 家,其中批发单位 40 家,零售单位 450 家,比上年度增加 32 家。从业人员 14994 人,2019 年全年实现出版物销售额约 10 亿元,利润 2.45 亿元,出版物市场呈现稳定发展的局面。

（五）文化旅游消费质量明显提升

据统计,来厦游客人均花费 1652 元,同比增加 77 元。全市各景区人气持续保持高位运行。其中,岛内景区继续发挥引领带动作用,2019 年 1—11 月,鼓浪屿接待游客 895.71 万人次,园林植物园接待游客 383.98 万人次,胡里山炮台接待游客 145.94 万人次,观音山梦幻海岸接待游客 92.32 万人次。岛外景区游客人数和门票收入较快增长,1—11 月,集美鳌园接待游客 207.89 万人次,园博苑接待游客 114.71 万人次,华强方特接待游客 220.11 万人次,厦门老院子接待游客 220.51 万人次,灵玲国际马戏城接待游客 100.28 万人次。此外,全市各类文化旅游活动接连不断,鼓浪屿系列音乐会、澳头渔港艺术小镇中外艺术展、红点设计博物馆主题展等活动广受市民游客欢迎。

二、主要做法

(一)加强顶层设计,强化政策引领

为促进市民文化消费,厦门市相继出台《厦门市服装设计行业发展扶持资金管理办法》《厦门市关于支持戏曲传承发展的实施意见》《厦门市扶持民营实体书店发展暂行办法》《厦门市繁荣商业演出市场实施办法》等促进文化消费的行业政策;制定实施《关于加快构建厦门市现代公共文化服务体系的实施意见》《厦门市基本公共文化服务标准(2015—2020年)》等构建公共文化服务的标准规范体系。2019年11月13日召开的全市文化旅游会展产业发展大会上,厦门市又接连发布《厦门市文化产业、旅游产业、会展产业高质量发展三年行动计划(2020—2022年)》《厦门市进一步激发文化和旅游消费潜力实施意见》等文件,进一步助推厦门文化旅游产业高质量发展。

(二)推动文旅融合发展,促进文化旅游消费

坚持以文促旅、以旅彰文,推进资源整合,丰富产品业态。

1.打造鼓浪屿历史国际社区。近年来,市文旅局会同相关区和鼓浪屿管委会,加强鼓浪屿、胡里山炮台、海沧莲塘别墅等文物保护单位的保护,使这些文物保护单位成为精品旅游点。通过对鼓浪屿文物加强修缮、全面展示、精准管控、合理利用,鼓浪屿历史风貌建筑(尤其是53个申遗核心要素)得到很好的保护利用,实现了让文物真正"活起来",建成鼓浪屿历史文化陈列馆、中南银行、会审公堂等专题展示馆,工部局遗址、毓德女学堂等33处专题陈列,特别是利用全国重点文物保护单位救世医院和护士学校旧址

建成的故宫鼓浪屿外国文物馆,使厦门成为故宫博物院在全国第一个设置实体馆舍、开展文物展览活动的合作城市。

2.积极培育旅游新业态。大力推进研学、影视、乡村、演艺、海丝文化、夜间休闲、文化创意与旅游业的融合发展,进一步丰富旅游新业态。一是研学＋旅游。推动景区景点主动开发研学产品,对接研学旅游市场。集美区充分发挥红色旅游基地、嘉庚纪念胜地、鳌园、老院子等文化景区作用,积极组织各类研学旅行活动。厦门(集美)闽台研学旅行基地获颁国家级"两岸交流基地"。全市40家机构获评厦门市首批研学实践教育营地和基地称号。二是影视＋旅游。"以节促产"推出"金鸡"影视系列主题线路。策划设计"金鸡"影视主题旅游线路63条,"金鸡"特色餐饮、住宿服务356款,借助"明星"开展旅游景区点宣传,诞生一批"金鸡打卡点",进一步放大"金鸡"带动效应。三是乡村＋旅游。结合乡村振兴战略,积极挖掘乡村传统文化资源,出台《厦门市乡村旅游发展三年行动计划(2020—2022)》,编辑《厦门乡村旅游休闲指南》,打造一批乡村旅游特色村和农业休闲园区。四是"海丝"＋旅游。积极挖掘"海上丝绸之路"等海洋文化资源,将发展邮轮经济和海洋文化展示结合起来,打造具有海洋文化特色的邮轮航线。五是演艺＋旅游。积极培育旅游演艺市场,闽南神韵、灵玲马戏、华夏神游、闽南传奇等已成为常态化定点旅游演出。六是夜间休闲＋旅游。推动整合夜间休闲、水上体验、旅游节庆等各类资源,精心筛选全市1400多个夜景工程项目,推出主题各异、特色凸显的夜间旅游线路。七是文创＋旅游。借力文创产业发展,提升旅游品位和质量,华美文创园、海峡两岸龙山文创园、牛庄、沙坡尾文化创意港、曾厝垵文创中心、澳头艺术小镇等文创园区吸引越来越多游客到访。

(三)立足城市特质,打造文化品牌

1.精心打造厦门城市文化品牌。长期以来,市文旅局持续精心培育海峡两岸民间艺术节、海峡两岸文博会、海峡两岸图书交易会和海峡旅游博览会等厦门城市文化品牌,彰显厦门文化魅力,不断提高厦门市文化软实力和城市影响力。成功举办第十三届全国美术作品展览漆画作品展,进一步巩固提升厦门市全国漆画艺术中心地位,展览期间共吸引 3.3 万市民游客和漆画艺术爱好者前来观展,其中外地观众超过 40%,国庆期间观展人数超过 1 万人次。

2.打造"一区一节"活动品牌。充分发掘区域文化资源,精心策划举办思明区郑成功文化节、湖里区福德文化节、集美区龙舟文化节、海沧区保生慈济文化节、同安区孔子文化节和翔安区池王爷文化节等"一区一节"文化活动,并打造成为各区知名的文化旅游品牌。

3.举办闽南特色文化活动。经过多年培育和发展,闽南话听写大赛、海峡两岸闽南语原创歌曲歌手大赛、厦门市南音唱腔比赛、莲花褒歌比赛、文化和自然遗产日宣传活动、闽南文化走透透等闽南文化及非遗传承活动遍布全市各区,吸引众多市民游客前来参与体验。此外,市文旅局也从闽南语原创歌曲歌手大赛中精选《来去厦门》等优秀代表作品,作为厦门市旅游系列宣传的新代言,广受好评。

4.丰富群众文化旅游生活。近年来,厦门市文艺院团坚持以人民为中心的创作导向,立足闽南文化、嘉庚文化、侨乡文化等厦门特色文化,创排了歌仔戏《渡台曲》《陈嘉庚还乡记》《侨批》,高甲戏新版《阿搭嫂》《大稻埕》,南音《金石吟》《黄五娘》《鼓浪曲》,音乐话剧《老宅》、新版《雁叫长空》,音乐剧《鼓浪如歌》,闽南风情舞蹈诗《沉沉的厝里情》《大海,您听我说》,舞蹈诗《厦门故事》,群舞《厝里艺人》等在全国、省、市有影响的精品剧(节)目。这些精品剧(节)目通过中演、保利院线全国巡演和惠民演出等方式推广,提升了厦门本土文艺水平,吸引外地游客走进厦门剧场。2019 年 8 月至 10 月成功举办"礼赞新中国 逐梦新时代——庆祝新中国成立 70 周年暨厦门解放 70 周年优秀剧目展演季",精选获中宣部"五个一工程"优秀剧目奖的高甲戏《大稻埕》等 12 台优秀剧(节)目,面向社会大众举办 31 场惠民演出,吸引约 2 万人次市民和游客走进剧场、近 70 万人次通过网络视频直播收看。

(四)推动文博创意产品开发营销

近年来,厦门市各国有、非国有博物馆注重挖掘馆藏资源,开发文博创意产品。举办了厦门市首届文博创意产品展示评选活动,展示各类文博创意产品 258 件,线上及现场吸引观众 21 万余人次。组织厦门市博物馆、故宫鼓浪屿外国文物馆、奥林匹克博物馆等单位参加第八届中国博物馆及相关产品与技术博览会,重点展示厦门市文博创意产品新成果。故宫鼓浪屿外国文物馆开馆以来,针对不同消费需求,研发 14 个系列 120 款文创产品;奥林匹克博物馆开发了 17 个种类的文创产品。

全市文化旅游会展产业发展大会后,市文旅局与中国文物交流中心,中国文物交流中心与厦门市博物馆等 5 家博物馆,中国文物报社和厦门市博物馆、故宫鼓浪屿外国文物馆分别签订 4 个战略合作协议,合力打造文博事业发展"共同体",共同推进厦门市文博事业高质量发展。2019 年 11 月下旬,在中国文物交流中心支持下,市文旅局举办全市博物馆馆藏资源著作权、商标权和品牌授权操作培训班,邀请国内权威专家授课,进一步推动厦门市文物资源"IP"授权、文物行业与社会联通互动,促进文物"活"起来。

(五)落实文化惠民活动

1.发放书香惠民券。2019 年 9 月 20—22 日,第十五届海峡两岸图书交易会在厦门举办,两岸 520 家出版社 20 万种 70 万册图书参展,参展品类丰富,大部分为近年来新出版的图书。本次海图会期间,主办单位发放书香惠民券总金额达 700 万元,进一步激发市民的图书消费热情。

2.举办"鹭岛书市"优惠售书活动。2019 年 10 月 26—27 日,"2019 鹭岛书市"活动在市图书馆总馆举办,汇集了外图厦门书城、新华书店、厦门大学出版社等 9 家厦门特色出版物发行单位参展,现场展出各类图书 8000 多种 2.3 万余册,两天销售总额 18 万码洋,吸引 4 万余名市民前来选书购书。

3.落实政策扶持工作。2019 年上半年,根据《厦门市繁荣商业演出市场实施办法》,通过以奖代补形式鼓励各类演出市场主体在厦举办营业性演出,共发放 2018 年度商业演出奖励共计 143 万元。下半年,完成 2019 年民营实体书店扶持工作。

三、下一步工作思路

2019 年 11 月 11—15 日,文化和旅游部在长沙召开全国文化和旅游消费工作推进会,文化和旅游部党组书记、部长雒树刚出席会议并讲话。会议强调,各地要进一步深化文化和旅游领域供给侧结构性改革,提升文化和旅游消费质量水平,增强居民消费意愿,以高质量供给增强人民群众的获得感、幸福感。

下一步,市文旅局将认真贯彻落实雒部长讲话要求,并结合《国务院办公厅进一步激发文化和旅游消费潜力的意见》精神,重点推进以下工作:

(一)开展文化和旅游消费示范城市申报工作

按照文化和旅游部统一部署,积极开展文化和旅游消费试点城市、示范城市的申报工作。以文旅融合为突破口,坚持消费升级与产业提质一体、供给创新与需求创造协同,通过强化政策引导、平台支撑、企业培育、招商引资、项目带动等举措,不断打造文旅经济新引擎、提升群众消费满意度。

(二)开展国家文化产业和旅游产业融合发展示范区创建工作

以"文化＋""旅游＋"为引领,打造创意产品、体验产品、定制产品等各类文旅融合新业态,促进文化产业和旅游产业联动发展、双向升级,不断丰富厦门新型文化和旅游消费业态,加快推进国家文化产业和旅游产业融合发展示范区创建工作。

(三)开展国家级夜间文旅消费集聚区建设工作

大力推进夜间经济发展,培育"夜游、夜娱、夜秀、夜购"等夜间旅游消费,打造"夜游厦门"系列产品,引进更多夜间品牌节事活动,提升夜间文化演艺质效,鼓励景区开展夜间游览服务,推动公共文化服务设施延长开放时间、开展互动体验活动,优化夜间文旅消费环境,积极开展建设国家级夜间文旅消费集聚区的相关工作。

(四)加大金融支持文化和旅游消费工作力度

加强与金融机构的合作,推进改善支付便利性,依托厦门市民卡 App 或厦门市统一公共支付结算平台,拓展在线支付结算功能。进一步改善文化娱乐、景区景点、餐饮住宿等场所银行卡受理环境,提高用卡便捷度,推广移动互联网新兴支付方式。

(五)完善文化和旅游消费场所设施

改造提升中山路步行街等商业街区,打造高品位步行街。推动文化消费嵌入各类消费场所,推进各区文化设施均衡发展,打造群众身边文化消费网点,建成"十分钟文化服务圈"。鼓励传统演出场所和公共文化服务场所进行设施改造提升,合理配套餐饮区、观众休息区、文创产品售卖区、书店等。支持实体书店成为复合式文化场所。

(六)着力丰富文旅消费产品供给

通过文旅融合赋能,把鼓浪屿打造成集文化观光体验、创作交流、休闲度假、教育研学等功能于一体的世界文化遗产深度体验地,实现历史国际社区和当代人文社区的有机融合。推动植物园、园博苑、天竺山森林公园创建 5A 级景区,把五缘湾片区、环东海域旅游度假区打造成国家级旅游度假区。突出文化体验,重点引进和打造大型实景演艺秀、特色闽南风情驻场秀等项目,同时鼓励各类演艺机构依托旅游景区及演艺场所开展主题和节庆表演。

(七)利用多种形式带动文旅消费

鼓励景区景点设立公众免费开放日,实施景区淡季门票优惠和演出机构门票打折等政策。鼓励电影发行放映企业采取优惠票价等多种形式满足不同群体的观影需求。支持市属专业文艺院团利用厦歌艺术剧院、小白鹭金荣剧场、南音阁等自有剧场,开展低票价惠民演出。每年定期举办文化和旅游惠民消费季,组织开展形式多样的剧目展演、电影联展、图书展销、非遗展示、美食节庆、文创品展销、民俗体验等文旅消费活动。探索发放惠民文化旅游消费电子券,市民游客凭消费券可享受购书、看报、看电影、看演出、旅游等消费折扣。打造厦门特色伴手礼,推动老字号与旅游融合,推出"最闽台伴手礼""厦门好礼"等系列品牌。

(八)加大文化旅游营销推广力度

全力打造"海上花园·诗意厦门"的文旅 IP 系列产品,开展"诗意厦门耀全球"营销推广活动,深耕日韩、东南亚以及我国台港澳等传统境外旅游市场,开拓欧美澳等新兴市场;开展"诗意厦门响全国"营销推广活动,在长三角、珠三角等旅游市场重点推介文化旅游产品线路。同时，积极探索打造中外电影"首映之城"和"展映之城"，不断提升厦门美誉度。加强对影视旅游、研学旅游、夜间旅游、非遗旅游等特色文化旅游产品的宣传推广，进一步激发文旅消费潜力。

执笔：李建闽

时间：2020 年 1 月

蓝皮书

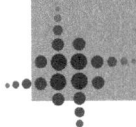

2019 年厦门动漫游戏
产业发展情况总结

◎ 厦门市动漫游戏产业协会

一、动漫游戏产业现状

(一)基本情况

2019 年厦门市动漫游戏产业继续保持良好态势,产业规模持续扩大,共有 120 家通过市级动漫企业认定、22 家通过国家级动漫游戏企业认定。连续举办 12 届厦门国际动漫节等动漫行业展会,不断营造良好的产业氛围。

(二)龙头企业发展情况

4399、吉比特等传统龙头企业发展稳定,一批新兴的重点企业成长迅速,带动产业规模稳步提升。4399 营收超过 13 亿元,吉比特营收超过 11 亿元。14 家企业营收过亿,其中点触、泡游、家乡互动等多家企业表现突出,连续几年实现营收爆发性增长,如:点触营收从 2016 年的 6111 万元增长到 2018 年的 4.2 亿元,增长近

70 倍;泡游从 2016 年的 22 万元增长到 2018 年的 3.18 亿元,增长超过 140 倍;家乡互动从 2016 年的 1580 万元增长到 2018 年的 1.72 亿元,增长超过 10 倍,并于 2019 年 7 月在港交所上市。

据不完全统计,厦门市共有 23 家动漫游戏企业上市,代表企业有在主板上市的吉比特,在港交所上市的家乡互动、飞鱼。4399、美图、吉比特、翔通 4 家动漫游戏企业入选 2019 年中国互联网企业 100 强。咪咕动漫、中科亚创参与制定的手机动漫国际标准 T.621,成为我国文化领域的首个国际技术标准。

(三)行业发展特点

1.游戏出口业务增长迅速

2014 年以来,随着国内市场竞争日趋激烈,各个游戏企业开始"走出去"开拓海外市场,2016 年厦门市游戏企业离岸执行额 1945 万美元,2018 年超 1.3 亿美元。游戏出海业务也带动企业营收快速增长,不少企业的海外业务收入比重超过总收入的 50%。如:4399 的手游《奇迹之剑》位列韩国 Google Play 游戏畅销榜前五;点触科技的《叫我万岁爷》主要出口日本、韩国、东南亚等地,长期稳守韩国游戏畅销榜前列;魔兔网络的《星期六魔王》主要出口东南亚和港澳台地区,2018 年带动营收增长超 160%;梦加网络的《宏伟世纪》主要出口俄罗斯、土耳其等地,2018 年带动营收增长超 40%。

2.布局电子竞技产业

厦门近年来在探索做大做强电竞产业方面,也在尝试着走出一条通过承办赛事带动产业发展的新路。建发星汇电竞连续 5 年承办 NEST 全国电子竞技大赛,还承办 WAC2016 世界电子竞技大赛 S3 总决赛、MDL 国际精英邀请赛秋季赛。厦门欢乐园投资管理有限公司也是本地较早涉足电竞行业的企业,欢乐园投资管理集网吧、游戏开发和电竞战队于一体,从而形成从游戏开发到门

蓝皮书

店销售乃至参加电竞比赛的独特产业链,为厦门电竞产业的发展提供了一种模式。

二、企业发展存在的困难和问题

(一)人才瓶颈

传统院校和机构培养的人才很难满足动漫游戏产业对人才素质的要求,而近年来厦门日渐攀升的生活成本,导致厦门动漫游戏企业人才特别是有一定从业经验的中高层人才外流速度加快。动漫游戏产业综合性高素质人才匮乏,加上多数动漫游戏企业规模小、产业分散、竞争力弱,因此,在产业链中处于下游,衍生产品寥寥无几,规模化发展受限。

(二)产业链需要整合完善

目前厦门市游戏企业的主要收入来源依靠产品原创研发,收入渠道较为单一,同时游戏产业链下游的游戏渠道商以及产业辅助链条方面的企业较少,产业链不完整,这是制约厦门市游戏产业跨越发展的重要因素之一。

(三)游戏出口面临挑战

随着国内游戏市场趋于饱和,推动游戏产业出口成为新的增长点。游戏企业在走出去的过程中,面临运营成本过高、游戏产品本地化困难、不适应目标市场国家国情等问题。

三、对策措施

针对以上问题,2018 年厦门市修订出台《厦门市软件和信息技术服务业人才计划暂行办法》和《厦门市人民政府关于加快推进软件和信息技术服务业发展的意见》,努力缓解企业的困难。

(一)拓宽人才瓶颈

1.降低企业员工落户难度。《厦门市软件和信息技术服务业人才计划暂行办法》明确:对被认定为市重点企业的,人才在企业服务满一年并缴纳社保即可落户,改变以往人才落户严重困难的问题。截至 9 月底,已为 114 家企业 1110 人办理落户。

2.加大人才补贴覆盖面。《厦门市软件和信息技术服务业人才计划暂行办法》明确:对于年薪 3 倍于社平工资以上的中层骨干人才予以扶持,弥补以往政策只能覆盖高端和初级人才的不足。2019 年共安排扶持资金 921 万元,惠及 682 名软件人才。

(二)延长产业链

1.鼓励原创游戏。《厦门市人民政府关于加快推进软件和信息技术服务业发展的意见》明确:拥有自主知识产权的原创游戏作品,业务收入 300 万元以上的,最高给予 80 万元奖励。2019 年安排 639 万元,支持 19 家企业。

2.鼓励新媒体内容企业。《厦门市人民政府关于加快推进软件和信息技术服务业发展的意见》明确:以研发运营为主营业务的动漫、数字视听和数字阅读等新媒体内容企业,业务收入超过 100 万元的,最高给予 50 万元奖励。2019 年安排 52 万元,支持 3 家企业。

(三)鼓励游戏出口

《厦门市人民政府关于加快推进软件和信息技术服务业发展的意见》明确:对企业游戏产品在境外平台上线所发生的渠道费用和通路费用给予补助,最高补助 100 万元。2019 年安排 180 万元,支持 8 家企业。

时间:2019 年 12 月

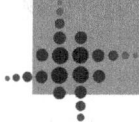

将厦门打造成东方戛纳的研究

——从金鸡百花电影节落户厦门谈影视产业国际化发展带动厦门城市国际化水平提升的研究

◎ 厦门市委宣传部课题组

　　我国电影节在电影产业持续快速发展的浪潮中呈现明显的增长活力。据不完全统计,目前我国电影节的数量大约有 20 个,数量位居亚洲第一。电影节成为中国影视文化与国外优秀文化交流和激烈碰撞的结点,在中国文化发展中的地位和作用将日趋重要,也愈发受到政府和社会的重视。

　　就厦门而言,其独特的区位优势形成了多元、包容、国际性的特点,闽南文化、华侨文化、海洋文化汇聚于此,十分适合发展影视产业。金鸡奖落地厦门,为厦门影视产业发展带来良好契机,也提出了更大的挑战。厦门需要对标国际电影节举办地提升城市能力与形象,而作为世界三大电影节之一的戛纳电影节举办地——戛纳,与厦门一样同为港口旅游城市,具有很好的借鉴意义。因此,如何对标戛纳电影节的国际影响力,完善相关影视产业链,促进影视产业国际化发展,带动提升厦门城市国际化,从而将厦门打造为中国版戛纳亟待研究。

一、审视本土：厦门影视产业发展现状与存在问题

截至 2019 年 9 月 30 日，厦门市全市商业电影票房 3.84 亿元，观影人次达 961.5 万人次。全市共有商业影院 54 家，银幕 349 块，座位数 48432 个，全市广播电视节目制作经营机构 234 家。当前，厦门影视行业也迎来了千载难逢的历史机遇。经过一段时间的努力和争取，中国金鸡百花电影节（金鸡奖年份）长期落户厦门，且改为一年评选一次。这为提升厦门国际化水平和城市功能品位、优化经济结构和增强城市综合竞争力注入了新的强大动力。

在营商环境方面，早在 2010 年，厦门市就出台了《厦门市影视产业发展规划》，明确了影视产业发展的方向和重点，并提出了影视产业发展的空间布局、项目规划以及必要的政策配套。经过长期的调研和研究，厦门市将电影产业确定为核心重点产业门类，在相关部门的推动和社会各界的呼吁下，全市上下已经形成大力发展影视产业的共识。

在文化产业，尤其是影视产业方面，根据新时代文化产业发展需要，厦门市人民政府出台了《厦门市进一步促进文化产业发展的补充规定》（厦府〔2018〕91 号），18 条政策中有 11 条关于影视产业的政策。2019 年，在 91 号文的基础上，新出台了《厦门市影视产业发展规划（2019—2025）》和《关于进一步促进影视产业发展的若干规定》，着力吸引优秀骨干影视企业、影视人才，支持影视企业做大做强，努力打造国内一流的首映礼之地，以及剧本创作、发行基地和影视拍摄之城。此外，所辖区思明区、湖里区、集美区也相继出台了区级影视产业扶持政策，与市级政策形成配套，进一步优化厦门影视文化产业营商环境。

在基础设施方面，新建的厦门海峡大剧院（国际会展中心

B8B9 场馆)作为第二十八届中国金鸡百花电影节闭幕红地毯和颁奖典礼的场馆,受到了国内外业界人士的广泛好评。此外,厦门影视拍摄基地已完成改造设计方案并于 8 月正式开工建设,项目改造建设秉持"利旧图新"的原则,充分利用原有厂房结构,保留其主体基础,进行合理的改造和扩建,打造"小而精,小而美"的影视拍摄、配套服务为一体的一站式专业影视拍摄基地。这将填补厦门市没有影视拍摄基地的空白。

中国电影金鸡奖长期落户厦门。第二十八届中国金鸡百花电影节于 11 月 19—23 日在厦门举办,实现了"安全、精彩、圆满"的目标,得到与会嘉宾高度赞誉。一是规格高。本届电影节是自电影节创办以来规格最高的一届,中共中央政治局委员、中宣部部长黄坤明出席 19 日晚的开幕式并致辞;中国文联、福建省负责同志分别致辞,国家电影局负责同志出席。二是规模大。本届电影节活动内容丰富,有 25 项主体活动、18 项系列活动和 23 项系列配套活动;两岸三地一线明星齐聚,出席嘉宾的规格和数量也是历史最高。三是形式新。本届电影节探索尝试新的办节思路和模式,开幕式采用 4K＋5G 技术,在电影频道黄金档直播,并组织了沙滩钢琴音乐会、无人机表演。此外,电影频道融媒体中心还策划了"金鸡奖 84 小时直播",吸引了大量粉丝,这在历史上均属首次。在办好电影节的同时,采取"影视＋"的发展模式,抓好影视产业招商引资,推动项目生成落地,促进影视与艺术、时尚和旅游的融合发展,营造新的文化产业生态圈。

当前厦门迎来了影视产业发展的黄金时期,国家高度重视,金鸡奖改为每年评选一次,上下达成发展共识,基础设施不断完善,营商环境不断优化,产业链条不断健全,产业生态正在形成,厦门正在成为新时期一个重要的影视之城。然而,当前仍然存在一些问题,制约着厦门影视产业更大更快地发展:一是影视产业发展所必需的基础设施不足;二是影视产业人才严重缺乏。

　　基于全国影视产业园区或基地多达百余个,成群扎堆、经营惨淡等现状,加之厦门也没有这么多的土地资源用来建设"影视拍摄＋旅游观光"基地,因此,厦门不能走"圈地造园"的模式,而是开创性地探索了一条适合自己的"全域影城"模式。从总体定位来看,厦门要以重大影视产业项目为支撑,瞄准国际影视产业发展最新潮流,在模式上以建设影视之城和对接台港澳地区,与东南亚为主体,在内容上重点发展都市类、现实主义题材的类型片、"动画电影",在产业链上突出影视教育培训、宣发、节展和后期制作各环节,把厦门打造为新时期国内乃至亚太地区最为先进的现代影视产业基地、两岸影视产业合作试验区和具有较高知名度的国际性影视之城。

二、启示展望:以电影节带动影视产业与城市国际化提升

　　通过对戛纳电影节、纽约翠贝卡电影节、釜山国际电影节、上海国际电影节等知名电影节的发展经验进行梳理总结后发现,对于电影节主办城市而言,不仅能让市民获得充分享受电影文化的好机会,同时还能为城市的经济发展做出贡献,打造城市文化品牌。因此,金鸡百花电影节落地厦门不仅是影视产业发展的契机,也为城市经济国际化水平、人才交流国际化水平、文化旅游国际吸引力和政治国际影响力的提升提供了机遇,具体指标层见表1。

表1　电影节带动厦门城市国际化提升

目标层	准则层	指标层
城市国际化水平	经济国际化水平	全球500强公司入驻数量
		实际利用外资总额
		金融业增加值占GDP比重
		外贸依存度
		进出口总额
		外商和港澳台地区投资企业占注册企业数量比重
	人才交流国际化水平	大学教育中国际人口比重
		常住人口中外籍人口的比重
		国际航空运输量
	文化旅游国际吸引力	主办国际会议、展览的次数
		接待入境旅游外汇收入
		国际游客年接待规模
	政治国际影响力	外国驻华大使馆和总领事馆数目
		友好城市和友好交流关系城市数目

三、对策建议：以电影节带动影视产业与城市国际化提升

　　电影节具有介入甚至掌握影视作品生产、发行和映演等各环节，垂直整合影视产业资源的重要能力，下一步应全方位落实"以节促产"战略，推动影视产业的专业化和国际化发展，进而从经济、政治、社会、文化等多个面向助力厦门城市国际化的提升。通过对有关城市国际化的指标体系进行梳理和研究，提出以下对策建议：

(一)落实"以节促产"战略,充分发挥电影节的垂直整合能力

中国金鸡百花电影节(金鸡奖年份)长期落户厦门,为厦门探索办节模式及推动影视产业国际化发展提供了可能。第二十八届中国金鸡百花电影节首次尝试创设金鸡电影创投大会和看片会,业界反响非常热烈。首次引入置换模式与字节跳动、腾讯、新浪微博、豆瓣、优酷等新媒体建立全方位的战略合作。下一步,应全方位落实"以节促产"战略,与影视产业的各个环节进行有效对接。

首先,在国际视野中介入电影生产链,在大格局中挖掘新项目。今后,电影节可以设置更加多元的人才培训项目,并将参与人员扩展至全世界范围,为国际人才来厦门学习交流提供更多的机会。比如将 2019 年发轫的"REALL 青年短片创作季"征集范围扩展到国(境)外,至少延展到亚洲,借鉴国际惯例引入创作基金,让经过层层遴选并参加培训的年轻人从中学习如何运用电影创作基金完成电影摄制,如何包装自己的电影项目,如何得到最大化的曝光。如果电影完成了,就有机会参加电影节的一些次要的展映单元,而随着年轻导演逐渐增值,那些较为成功的导演就具备资格进入主竞赛单元角逐了。如果其中某些导演逐渐成长为大师,电影节可以邀请他们回来担任评委,从而进一步巩固自身的电影节声望。

其次,增设电影市场板块,提升市场化水平。电影节的电影市场常常会吸引大批国家电影机构,这些机构既有政府的,也有公共性或者行业协会的,它们的目的不是直接进行电影交易,而是从整体上介绍和推广国家电影,以及促进电影国际合作,吸引国际电影人到本国取景拍摄等。金鸡百花电影节可尝试增设电影市场板块,从整体上介绍和推广国家电影,并借此促进电影的国际合作,并吸引国际电影人到本国取景拍摄等,努力推动中国电影的国际化输出。无论是经济抑或文化,中国都在世界舞台上占据着举足

轻重的位置,而电影作为重要的文化输出类型之一,作为文化媒体产品的重要分支,不仅具有其他商品共有的特性,即商品性、标准化与大批量生产性,同时还具有自身特殊的功用,它可以将个体询唤整合到大众文化与社会的总体框架与秩序之中。中国已经成为每年向国际大小影展、电影节输出佳作的重要国度。因此,金鸡百花电影节不仅要致力于吸引国际性的关注,更应努力承担起中国电影的国际化输出这一重要文化任务。

再次,促进电影与文旅融合。电影节本身是一种文化产业互动,其产生的巨大眼球效应,蕴藏着巨大的经济潜力。厦门旅游资源丰富,多元的文化、特色的餐饮和名胜古迹,有着数不胜数的内容。通过金鸡电影节这一平台,将现有旅游资源进行整合,开发具有特色的品牌性旅游文化。一是借力电影节,精心指导策划一批"金鸡"特色旅游线路产品、特色酒店服务产品,形成"金鸡"影视主题旅游线路,打造酒店"金鸡"特色餐饮、住宿服务,影片取景拍摄网红打卡地等。二是运用"金鸡"明星资源,开展旅游区、景区宣传,提升鼓浪屿全岛、博物馆、军营村红色乡村旅游景区、曾厝垵弘晏庄非遗旅游点、惠和石文化园的品牌效应。三是创新旅游宣传手段,可尝试聘请影视明星担任厦门旅游形象大使,拍摄厦门旅游推广短视频和纪录片,并通过海内外自有宣传平台,加强厦门影视旅游宣传。四是用好外国人 144 小时过境免签政策,举办"金鸡"配套旅游活动,如"跟着电影游厦门"等,吸引国际友人和外地游客"来厦门,看金鸡,住酒店"。五是打造影视娱乐(音乐)文化旅游目的地。依托新建影视摄影棚,提升现有同安影视城、神游华夏园、华强方特等娱乐主题公园,北大青鸟国家音乐基地、草莓音乐节、"乐杜鹃"音乐节、"音乐厦门"及"艺术厦门"等艺术展会,带动厦门新城开发和区域旅游,建立影视娱乐(音乐)文化旅游目的地。六是联合各区以及"长三角"、"珠三角"、西南等重要客源市场,举办以电影节为重要推广元素的国内巡回旅游促销活动,将"金鸡"效应转化为厦门旅游消费的强势拉动力。

最后,打造厦门特色电影品牌活动。经过长期深入调研,厦门在短视频行业已自发生成一大批具有高成长性的优秀企业,我们认为,厦门在短视频行业大有可为,有可能成为接下来厦门市文化产业发展新的突破口。借助厦门短视频产业方面的基础,结合华为、倍视等的新技术和新设备,引进国际短片节,打造手机电影节,继续办好厦门微电影节,吸引国内其他城市和国际作品人才参赛,使厦门在国际范围内成为该行业的标准制定者和发展高地。

(二)加大电影节开放程度,提升城市国际化水平

一是增设国际奖项,吸引国际影人友朋。本届金鸡奖设置了国际影展板块,并由大众评审评选出 4 个"观众最喜欢的"系列奖项,今后可以提升奖项设置的国际化,例如,增设"最佳外语片"奖项,让国际影片也有机会进入金鸡奖的主竞赛单元;同时也可考虑在配套活动中评选"网络人气外国明星"等奖项,增加金鸡百花电影节的话题性和趣味性。

同时,建设完善电影节官网,进一步推动邀请制向注册制转变,给予国际嘉宾更多的参与机会和更深的参与程度,全方位提升参与嘉宾的国际化。

二是嫁接友城资源,增设城市影展单元。截至 2019 年,厦门共有 20 个友好城市,包括英国的加的夫、法国的尼斯、荷兰的祖德梅尔、德国的特里尔、希腊的马拉松、日本的佐世保、新西兰的惠灵顿等。今后可尝试在金鸡百花电影节中增设城市影展单元,借助城市影展深化与友好城市和友好交流关系城市之间的交流,并增加缔结更多友好城市和友好交流关系城市的机会。同时,可尝试更加全方位地嫁接友城资源,进一步加强对外文化交流合作。一方面在友城论坛里加入影视艺术与产业议题,另一方面策划举办影视类涉外活动,例如在电影节期间举办单一国别影展、国际影视季、广告节、国际短片节等活动,通过友城及友好交流城市等渠道邀请高规格、实质性外宾团组参加相关影视活动,有效对外宣传推介厦门,并进一步加强务实交流。

三是增加国际对话与交流,吸引国际项目和人才落户。拓展国际视野,扩大开放合作,将电影节的举办与"一带一路"倡议相结合,借助厦门作为国家"海丝"战略支点城市和对台前沿平台的特殊地理区位优势,加强与港澳台地区,以及日本、韩国和东南亚国家的影视产业合作。在此基础上,促进与"海丝"沿线国家和地区的影视产业交流与合作,更好服务两岸和平发展和国家"一带一路"倡议,密切与"一带一路"沿线国家交流合作。同时,可以深化"后金砖"效应,加强与金砖国家合作,例如可设置专门的"非洲影像单元"。以国家文化出口基地建设为契机,发挥厦门自贸片区"保税＋""金融＋"优势,探索建设影视文化产品保税仓,面向全球引进具有国际水准的制作团队,逐步开展高端影视设备保税融资租赁服务。

四是加强与外国电影节的深度合作。加强与戛纳电影节的深度合作,联合举办相关论坛、展映,并促进双方交流互访。让金鸡奖获奖电影出现在戛纳电影节,让中国电影走向世界,缩小金鸡奖与国际水准的差距,推动厦门成为国内影视对外交流合作的高地。此外,继续办好尼斯嘉年华等,引入戛纳电影节等品牌活动落户厦门,增进双方在人文、艺术、电影、旅游等方面的全方位交流与合作,达成产业项目合作。在此基础上,逐步开展与其他国际电影节的交流与合作。另外,还可加强与世界各大电影节的交流与合作,邀请世界各大电影节主席参加电影节,加强影视活动品牌经营,推动影视节展活动"走出去"和"引进来",提升电影节的国际内涵,并争取吸引国际优质影视项目、影视文化赛事和人才资源落户厦门。

(三)打造影视节展复合型文化产业链,推进跨界跨国融合

聚合以电影节为中心,囊括旅游、时尚、创意、会展等在内的一系列产业形态,将电影产业发展为以"影视＋"为主要模式的复合型文化产业链,推动影视产业与数字经济、旅游会展、时尚设计、教育培训、金融服务等融合发展,催生新产业、新模式、新业态,拓展产业发展空间。以"影视＋"助推软件和信息服务、文化创意、旅游会展等千亿产业链建设,具体可包括:影视＋高科技计划——利用5G、云计算、大数据、人工智能等提升影视文化产业的发展水平,建设国内领先、有全球影响力的影视制作科技中心;影视＋金融计划——推动影视资源与资本市场对接,推动成立市级影视产业引导基金,助力影视产业发展;影视＋旅游计划——打造全域影视拍摄、生态度假、观光旅游、时尚休闲等为一体的文化旅游综合体,在跨界融合的同时,增强国际化视野,通过艺术与科技的国际间合作,为厦门影视相关产业的发展赋能增值。

同时,大力推动艺术与技术融合、媒介融合。在为期6天的时间里,5G技术为金鸡奖进行了全方位的直播服务,这应该是到目前为止国内为数不多的对5G技术进行大规模使用的案例。新兴技术的应用提升了电影节的传播范围和效果。今后,金鸡奖应更加注重对媒介融合的应用,可以开设电视展映频道、搭建网站展映平台,或推出手机App直播等,拓展传播渠道,实现更加广泛和深入的传播。

(四)参照国际标准,进一步优化营商环境

从硬件设施层来看,要参照国际标准,注重国际化技术趋势,打造与全球影视工业相匹配和对位的行业规范。从政策层面来看,要着重从用地、财政和金融发力扶持影视产业发展。从发展模式来看,要依靠政策引导,促进资源倾斜性配置,坚持全域影城战

略,建设必要的集成型、高精尖的中小型影视制作中心或基地。从项目支撑来看,一是要打造高端的、综合性的厦门国际影视节;二是举办各类厦门国际电影电视交易会;三是采取校企合作模式,大力实施影视人才培养计划。

课题组成员:戴志望、郭肖华、林宗宁
段　钰、李　洋
时　　　间:2019 年 11 月

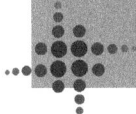

城市影展对市民文化氛围和国际化城市形象建构

——以金鸡百花电影节长期落地厦门为例

◎ 戴志望、林宗宁、朴经纬

蓝皮书

2019年11月,第二十八届金鸡百花电影节在厦门成功举办,改变以往金鸡奖一届换一个城市的举办方式,正式长期落户厦门。金鸡奖由中国文联、中国电影家协会所创立,是中国历史最悠久、最具有权威性的官方电影奖项。与此同时,各类大小影视节展也着眼于厦门,各类展映、论坛、展会等影视活动纷纷在厦门举办,增强了厦门的影视文化艺术氛围,提升了民众的获得感、幸福感、自豪感,促进了城市的国际化、专业化品牌建设。

一、背景介绍

金鸡奖长期落户厦门标志着电影节本身从官方意识形态的表达、电影艺术审美的界定等方面,开始转向社会化的文化价值体系、运营市场化、品牌国际化和举办地的影视产业发展建立以节促产、节城互动的关系。对举办地厦门而言,与金鸡百花电影节的长期合作对影视产业发展、城市文化软实力的建构将起到积极的作用;尤其在如何借助金鸡奖的品牌效应,如何充分发挥优势互补,兼顾电影节展的专业化,构建以电影节为核心的"一节多事,涟漪圈层"发展策略,将厦门打造成具有国际影响力的"电影之城"方面具有积极的作用。

二、第二十八届金鸡百花电影节国际 及港澳台地区影展情况

第二十八届中国金鸡百花电影节影展部分共展映影片 82 部,在全市 6 个区的 10 家影城展映 185 场,特别邀请了 23 部全球各地影片在厦门首映,主展映在万象影城。金鸡国际及港澳台地区影展展映了来自 30 多个国家和地区的 27 部优秀影片,举办了 15 场主创映后见面会,在中国首映的外国影片近 20 部。

1. 基本概况

国际及港澳台地区展映中,有由香港演员马浚伟导演的电影《生前约死后》,以及在大陆地区首度放映的台湾影片《寒单》;有入选第七十一届戛纳电影节金棕榈提名名单的《小家伙》,日本著名导演平山秀幸的《闭锁病栋》,以及俄罗斯的《铅笔》、伊朗的《高光》等银幕佳作。

港澳台地区嘉宾包括参加电影节开闭幕式的表演嘉宾、开颁奖嘉宾、港澳台地区影展和国产合拍片的主创人员,以及参加各项论坛等活动的电影界人士共 90 人,包括成龙、徐克、林超贤、林志玲、惠英红、王祖蓝、陈伟霆、任达华、钟汉良等。国际嘉宾来自 20 多个国家,其中包含 6 个国际亚洲电影节主席。

本届金鸡国际影展竞赛单元的评审团,分为大众评审和专业评审两部分。大众评审是从知乎、淘票票、豆瓣三家媒体平台的 300 余名报名者中,筛选产生的 15 位资深影迷,他们与 4 位专业评审共同组成了评审组,经过认真看片、充分讨论后,评选出以下

蓝皮书

四个奖项:最受观众喜爱的外国女演员奖:萨梅尔·叶斯利亚莫娃[《小家伙》(俄罗斯)]和安德丽亚·瑞斯波罗格[《南茜》(美国)];最受观众喜爱的外国男演员奖:笑福亭鹤瓶[《闭锁病栋》(日本)]和朱尼奥·贝佳[《彩塑男孩》(秘鲁)];最受观众喜爱的外国导演奖:谢尔盖·德瓦茨沃伊[《小家伙》(俄罗斯)]和阿尔瓦罗·阿帕里西奥[《彩塑男孩》(秘鲁)];最受观众喜爱的外国影片:[《罗米的沙龙》(荷兰)]和[《闭锁病栋》(日本)]。

2.特色亮点

本届金鸡国际影展除求聚焦点和影片本身的艺术造诣外,期望给厦门观众一个不用长途跋涉也能放眼世界的机会,为国际电影人在金鸡国际影展中深入了解中国电影搭建相互交流互动的平台。

第一,首次按照国际惯例聘用艺术总监负责对影片的甄选和推广,邀请各大电影节主席以及策划国际及港澳台地区嘉宾的活动等,以提升金鸡奖对国际及港澳台地区的形象宣传力度和影响力。这在中国的官方电影节展中是少有的。

第二,打破电影展映只在电影节主体活动期间(11月19—23日)举行的模式,将部分高质量国际影片以优惠票形式,提前4天开始放映。开票以后,得到了厦门市民的热烈支持,几乎一小时以内优惠票全部售罄,为主展映活动的开展提前预热。

第三,首次邀请6位国际亚洲电影节主席参与本次金鸡国际影展活动,进行了国际及港澳台地区嘉宾的交流互动。还以金鸡国际影展为平台,增设了"亚洲电影人之夜",让世界各地电影人齐聚一堂,为培育厦门成为一个具有国际视野的文化艺术之城打下基础。

第四,首次公开售票,将国际和国内展映单元进行市场化运作。平均上座率70%,最高上座率100%,观影人数近万人次,整体票房达40万元。

蓝皮书

三、"光影仲夏夜·精彩欧罗巴"国际影片厦门展映

为做好第二十八届中国金鸡百花电影节国际影展的策展工作,将金鸡国际影展打造成结合厦门特色、吸引全国观众、具有国际视野的品牌活动,由中国电影家协会、厦门市委宣传部、厦门市思明区政府主办,厦门文广电影控股有限公司承办的"光影仲夏夜·精彩欧罗巴"欧洲影展周于2019年9月9日拉开帷幕。

仲夏的尾巴这个策划思路与厦门作为国际化海滨城市的定位相符合,自从第二十八届中国金鸡百花电影节发布落地厦门以来,为了迎合影迷们的企盼,此项展映活动在万象影城为影迷呈现6部精彩纷呈的欧洲电影,它们分别是来自荷兰的《疯橙记》,来自奥地利的充满浓厚哥特风格的影片《音乐之光》,来自挪威适合合家观影的《北极历险记》和曾入围柏林电影节金熊奖的黑色喜剧片《失踪顺序》,以及来自白俄罗斯的《代号黑狗》和《游戏玩家规则》。

在开幕式上,中国电影家协会副秘书长毕文宇女士,厦门市委宣传部副部长唐向阳先生,中国文联国际部亚洲处副处长曹宇光先生,中国电影家协会金鸡国际影展负责人张驰先生等出席了活动,毕文宇副秘书长和唐向阳副部长分别发表了致辞。

四、"金鸡国际影展在厦门"专题研讨会

影片展映是一个城市对外的重要文化名片,是电影节中最能吸引普通民众、各地游客和影迷,为当地带来经济收益的活动环节。因此,"光影仲夏夜·精彩欧罗巴"欧洲影展周的同期(9月10日)还举行了"金鸡国际影展在厦门"专题研讨会。

蓝皮书

本次研讨会邀请李迅、周黎明、林世峰（桃桃林林）、李晓红、张艾弓、方美宝（Rainbow Fong）等国内知名国际电影节研究学者、媒体人与厦门的电影研究学者、策展人一起为金鸡国际影展的品牌定位和未来发展集思广益，从国际视野、业内专业角度探讨了金鸡节国际展映在厦门的五届 10 年在国内各类国际影展的长期品牌定位，同时也为金鸡节在国际各类有影响力的电影节展中如何加强紧密互动合作出谋划策。

金鸡百花电影节原本每年换一个举办地，走遍了中国 26 个城市，但这些地方总体上缺乏电影产业发展需求的人才、资金和影视企业、电影产业基础。因此，相比上海电影节同样 30 年的发展，金鸡国际展映无论从展映规模、邀片方式、品牌定位和影响力方面，甚少改变。而从 2019 年第二十八届金鸡百花电影节开始，金鸡国际影展将连续 10 年在厦门落户。金鸡国际影展如何系统化、专业化地构建起来，并与落户城市特质相结合，进行品牌的孵化，是本次研讨会的主题。围绕此问题，几位专家学者、媒体人、策展人探讨了以下三个方面的具体内容。

1.关于"奖"和"节"的概念区分

"金鸡奖"的定位是一个坚守以艺术作为最高准则的国内电影专业最高奖项。金鸡奖所选出的影片应是由业内专家所评选出代表电影最高艺术成就的、能够服众的严肃奖项。而金鸡国际展映环节的四个本地评审团评选出的国际影片奖项，应该能够引领中国电影对话世界，融入世界。而"节"（展映）是奖项的延伸，某种程度上应和"奖"是剥离开的不同定位。例如北京电影节、上海电影节、西安和福州的丝路电影节、西宁 FIRST 影展、乌镇戏剧节等，都是和举办地的地方文化相关联。电影节的核心是让观众看到电影。

国际上 2019 年开始流行专门研究电影节的学科，就是研究如何通过举办电影节展映，推动地方电影文化建设，让影迷看到好的、多样化的影片,促进区域以及世界范围的电影文化交流。例如台湾地区的金马奖和金马国际影展是相互独立的。金马奖的颁奖典礼只针对华语片颁奖,而展映活动持续 15~20 天,包含很多外语片,是面向大众参与的形式。

金鸡"奖"在专家委员会的甄选标准、意识形态导向,以及对电影艺术的审美品位等方面,厦门作为举办地并无太多能够介入和改变的地方。但是如何将"节"的部分,通过融入厦门本地优势,与上述提及的国内各大电影节进行错位竞争,是值得探讨并长期规划的。例如,很多放在北京或上海无人问津的剧目,放在乌镇戏剧节上就能获得更多关注。节展的氛围成功与否,与当地城市的文化氛围息息相关。厦门作为一个受欢迎的旅游城市,一年四季游客不断,城市又缺乏高质量的文化消费产品。因此,如何策划国际影片展映,为城市文化气质添砖加瓦,各位研讨嘉宾纷纷建言建策:通过与城市文化和观众品位之间的摸索和互动,慢慢找准方向;城市文化中,华侨、台湾、钢琴等都可以作为策展的思路。

2.电影节展映的核心是影片内容

电影节展映部分的成功关键是影片质量,即便是前期的宣发也需要依赖影片本身的吸引力。大多数的电影节展映包含两部分的影片:新片和经典。新片必须是当年的高质量影片,因为影迷观众会抱有好奇的态度;经典影片的策划要确保具有知名度的片子,也会吸引影迷再次观看。影节展的独特规则使得它并不受产业限制,而是以电影节所邀影片来定位。因此作为金鸡电影节展映的主办方必须把展映区别于评奖、审查、市场等活动对待。对于不同地区所举办的展映而言,研讨嘉宾都认同应该在选片和策展上考虑地区差异和本地受众的品位。例如上海电影节被外界戏称为"上海日本电影节",就是因为上海观众对日本文化的迷恋。而高质量的日本影片放在北京电影节却不被接受,因为北京观众更喜欢经典老片。

3.展映活动的宣发应关注电影节展的内在规律

影片质量作为电影节成功举办的基本面,虽然最重要,但节展的整体品牌定位和口碑还是要靠缜密策划的宣发来达到目的。电影展映应该和整体电影节的宣传区分开。各位专家均表示,目前较成功的影展都有约为半年的宣传周期,其核心思路就是"让我们(展映)永远不在大众眼前消失"。

厦门的金鸡国际展映在未来 10 年的品牌孵化中,应仿照国内外影展品牌,由一个专业团队全年筹办工作。同时设立一个公关的角色,具有个人魅力的女性一般为业内认定的较好人选。公关可以一个人联络整个媒体和相关宣发的投资;或者利用全国艺术电影放映联盟做宣发,垂直化将活动内容推送给影迷,进行线上线下的组织。同时,电影展映的宣传团队在专业领域应区别于电影节整体宣传。例如,展映的策划中影片导语是非常重要的,导语直接决定观众对展映片单的认可与否,以及是否选择观看某部影片。

地方上主办的影展应长期经营一个较固定的电影节形象。例如威尼斯电影节、柏林电影节等多年来的主视觉形象和城市氛围在整体上是统一的。这不仅有利于宣传上持续性地营造电影节的气氛,更是通过较为集中的一个展映主场地物理空间的构建,为参与的影人和影迷搭建一个记忆的空间,形成持续的号召力。在展映空间的选择上,宁可因陋就简选取集中的、步行 15 分钟内的场地,集中体现节展氛围的地方。

只讲究一流的硬件配备、大型场馆和过于分散在城市各处的展映场所使电影节趋于碎片化,是不符合成功办展规律的。威尼斯电影节就是在小岛上举办,乌镇戏剧节也因其小而精的场地更具有节日般朝圣的仪式感。厦门 2019 年的主场地万象影城即具有这样的潜质,成为一个集中满足电影展映需求,营造精准电影节定位的相应氛围的地方。

五、总结与反思

近 10 年来,中国电影进入发展的黄金时期,截至 2018 年底全国总票房约 90 亿美元,全年观影人次达 17.16 亿。除了两岸三地著名的几大电影节——金鸡百花电影节、上海国际电影节、台湾电影金马奖、香港金像奖之外,大陆已有例如北京国际电影节、丝路电影节、长春电影节、西宁 FIRST 影展、平遥国际影展、海南国际电影节等不同规模和定位的电影节近 10 个。

中国的电影节文化在发展初期,大多兼具"商业电影节"和"观众电影节"的特性。在各个电影节的品牌运作上,通过平衡制片人、赞助商、政府、观众等团体的不同利益诉求,力求塑造电影节品牌形象。从整体资金运作角度而言,电影节是一项需要政府大量投入的"公益事业"。而具有影响力的电影节品牌本身也是国家和城市的文化标签,这种"聚合效应"意味着电影节的传播效力在助力产业的同时亦要满足政府对提升城市和国家文化影响力的诉求。

2020 年是中国电影行业急需思变的新电影元年,在当前严峻的国际形势下,金鸡百花电影节不仅要成为中国电影工业化的标杆,更应该以全新形象立足厦门,促进电影文化的国际交流;金鸡节 2019 年首次在厦门举办,电影节和举办地的节城效应已有目共睹,第二十八届中国金鸡百花电影节创造了首次公开售票 43.6 万元票房成绩,与群众互动的主创明星近百人,观影市民超过 1 万人。按照金鸡百花电影节"国际化、专业化、市场化"办节方向,本届展映不仅在影片数量上和质量上有了大幅提升,在技术支撑服务上得到一致好评,更沿着组委会"以节促产"思路进行了成功的探索,并为产业化发展打下坚实基础。

　　"金鸡"与厦门可以类比为类似的国际化影展与本地城市的双品牌定位策略如"金熊"与柏林、"金棕榈"与戛纳、"金狮"与威尼斯,将与厦门城市特质契合的影片作为文化内核嵌入电影节,彰显电影节的专业性的同时亦能提升厦门城市的文化品牌。与此同时,在电影节议程设置上,可以适度打破原本制式化的形式,积极打造形式新颖、有品牌效应和商业效益的主体活动。

　　在系统考虑各个电影节影响元素的基础上,金鸡电影节应与几大中国电影节有差异化区分,突出厦门特色;在电影展映上适当扩大体量,延长展映实践,以期能够吸引更多全球影迷(cinephiles)来厦门参与盛世。类似于北京的电影资料馆对北京电影节受众的常年培育,厦门应有策略地培育年轻受众群体,鼓励全年举办多样化的中小型电影主题节展(例如电音节、主题展等)。同时,深度挖掘影视文化企业与当地房地产、旅游(如印度的宝莱坞)、音乐等行业的深入融合策略,构建以电影节为核心的多层次聚合格局。

时间:2019 年 12 月

"一带一路"背景下厦门游戏产业出口发展的对策研究

◎ 厦门理工学院

蓝皮书

　　游戏产业既属于软件信息产业,又是文化产业的重要组成部分,游戏产业的服务贸易出口具有产业链带动面广、附加值高、资源消耗少、解决就业力度大等特点。同时,游戏产品必然包含一定的文化内容,游戏出口伴随着中国文化和价值观的对外传播,目前已经成为国家推广文化"软实力"的重要阵地。游戏出口可以扩大世界人民对中华文化的了解,增强世界对中华文化的认同感,促进"一带一路"文化交流和民心相通。

　　厦门市游戏产业近年来发展迅猛,2016年厦门市游戏企业服务外包离岸执行额为1945万美元,2017年达到1.63亿美元,同比增长高达739%,游戏产业一跃成为厦门文化出口的领军力量和离岸服务外包的重要产业,占当年厦门离岸服务外包执行额的8.7%。2018年厦门市游戏产业依然保持健康发展,全市动漫游戏总营收达148.6亿元人民币,一批骨干企业快速成长,有22家企业通过了国家级动漫游戏企业的认定,4399、美图、吉比特、美柚等四家企业入选中国互联网企业百强。2018年,厦门市服务外包年执行额超1亿美元的企业有7家,其中2家是游戏公司,游戏出口已经成为厦门离岸外包的新增长点。①

一、厦门游戏产业发展总体情况

(一)厦门游戏产业发展的总体情况

1.厦门游戏产业发展起步较早,发展迅速

厦门是最早支持游戏产业发展的城市之一,早在 2006 年就出台了《关于推动厦门市动漫产业发展若干意见》,对动漫游戏企业进行各项政策支持。2008 年,厦门市动漫游戏产业产值为 5.2 亿元人民币,2009 年达到 9.5 亿元,2011 年增长到 17.4 亿元,2014 年则达到 80 亿元;2016 年,厦门全市动漫游戏产业营业收入达 118.46 亿元,同比增长 23.32%;2017 年厦门动漫游戏产业产值达到 143.9 亿元,同比增长 21.6%;2018 年为 148.6 亿元。2008—2018 年 11 年时间增长了约 28 倍。

2.厦门游戏产业已经拥有一批具有国际竞争力的企业

厦门现有年收入超过 1 亿元的游戏企业 14 家,国家级动漫游戏企业 25 家,代表性企业包括吉比特、飞鱼科技、4399、咪咕动漫、趣游、天翼爱动漫、同步网络、大雅传奇、极致互动等,形成了一批具有一定国际竞争力、创新意识强的企业。厦门共有 17 家动漫游戏企业上市,吉比特在 A 股主板上市,美图、飞鱼科技在港交所上市。2018 年中国上市游戏企业中年收入超过 10 亿元人民币的有 19 家公司,厦门有 4399 和吉比特两家企业上榜。

---

① 本文关于厦门市数据均来自厦门市商务局、厦门市经济和信息化局。

3.拥有高层次游戏产业交流对接平台

2008年,厦门举办了首届厦门国际动漫节,经过多年培育发展,厦门国际动漫节已经成为厦门动漫游戏产业的重要交流展示平台,是全国著名的动漫游戏产业盛会,也进一步带动了厦门游戏动漫产业的发展壮大。借助厦门国际动漫节,厦门市吸引了一批有实力的游戏企业入驻。近年来,NEST全国电子竞技大赛成为厦门国际动漫节的重要项目,电竞大赛的举办进一步吸引上下游产业参与者及专业投资人汇聚厦门。

4.游戏产业发展环境逐步完善

近年来,厦门市委市政府重点打造一流营商环境,积极完善游戏产业发展环境,通过各类支持政策对游戏产业进行扶持,以园区为载体,将政府各项服务通过园区渗透至企业。厦门市重点打造了厦门软件园,分一、二、三期,目前厦门软件园二期已成为厦门游戏企业的重要集聚区,产业链不断延伸,各类型游戏企业集群明显。新建设的软件园三期也为游戏产业发展预留了广阔的空间,将其作为重点业态。作为国家动画产业基地,厦门软件园的营商环境和软硬件设施处于全国领先水平,产业集群效应进一步显现。2018年5月,福建自贸试验区厦门片区入选"国家文化出口基地",提出力争到2020年基地内文化产业实现增加值340亿元的目标。

(二)厦门市游戏产业对外出口情况

1.总体情况与趋势

厦门市游戏产业对外服务贸易出口总体上还处于起步阶段。2014年以前,厦门市动漫游戏企业的主要经营重心都在国内市场,游戏出口金额很小。2014年以后,随着国内游戏市场竞争日趋激烈,增速放缓,大型游戏企业市场垄断程度不断提高,厦门游戏企业开始"走出去"开拓海外市场。2015年以后进入迅速增长阶段。2016 年厦门市游戏企业离岸执行额达 1945 万美元。2017 年达到 1.63 亿美元,实现跨越式发展。2018 年实现游戏出口 1.56 亿美元,继续保持稳健发展态势。

2.主要海外市场

厦门游戏产业对外服务贸易出口涉及美国、加拿大、欧洲、澳大利亚、日本、韩国、泰国、越南、印尼、马来西亚、韩国,以及我国台湾、香港、澳门等国家和地区。目前香港、澳门、台湾地区及东南亚市场占据较大份额,近几年来约占厦门游戏出口的 60%～80%,"一带一路"市场已经成为厦门游戏产业出口的重要方向。

3.主要方式

当前厦门游戏产业对外服务贸易的主要方式是授权运营。授权运营是指由游戏研发商负责开发游戏产品并对产品进行后期的技术维护和技术支持等,游戏研发商将游戏运营业务授权给运营商,运营商负责游戏产品的发行推广、用户营销和开拓运营等,游戏研发商和游戏运营商双方签订合同进行分成。目前厦门大部分游戏企业的主要市场还是在国内,其境外业务主要是将国内市场的精品游戏推广到境外。由于大多数厦门游戏企业尚缺乏国外成熟的游戏推广渠道和运营网络,因此主要采取向国外游戏渠道商和运营商授权、由国外渠道商和运营商进行推广和运营的方式。

4.主要游戏出口企业

2017 年,厦门游戏企业离岸执行额超过千万美元的有三家,主要包括厦门雷霆网络科技有限公司、厦门雷霆互动网络有限公司、厦门点触信息科技有限公司,其中厦门雷霆网络科技有限公司和厦门雷霆互动网络有限公司离岸执行额均超过 5000 万美元。

二、厦门游戏产业开拓国际市场面临重大机遇

开拓及参与国际市场竞争、加大厦门游戏产业服务贸易出口力度已经成为当前厦门游戏产业进一步发展壮大的重要机遇和最佳时机。

(一)国内市场逐步成熟,增长放缓

近年来,中国游戏产业发展迅速,产业发展环境不断改善,游戏产业在维持了一个长时期的高速增长后逐步进入成熟期。2016年,中国游戏市场收入规模已达 244 亿美元,稳居世界第一。然而2016 年以来,国内游戏市场销售收入增速开始有所下降,竞争日益激烈,大型游戏企业垄断程度有所提高,越来越多的游戏企业转向海外市场。

(二)"一带一路"等政策利好不断,游戏产业"走出去"环境不断改善

中央提出的"一带一路"倡议逐步进入实施阶段,政府和社会也逐步认识到游戏产业发展的重要性。"十三五"规划提出:"鼓励文化企业对外投资合作,推进文化产品和服务出口,努力开拓国际文化市场。"近年来中央多次出台支持服务贸易、文化产业发展的相关政策,各地方也积极响应。国内资本也积极进入游戏领域,中国的游戏产业在政策和资本的扶持下迅速发展壮大,游戏产业"走出去"的环境不断改善。

(三)国产智能手机在海外热销为中国移动游戏拓展海外市场奠定了良好基础

国产智能手机在海外的大量销售为我国网络游戏出口奠定了

良好基础。游戏产业出口可以通过国产智能手机应用商店进行游戏产品的推广和获得用户,尤其是在"一带一路"沿线国家和地区,中国智能手机的市场占有率很高,为我国游戏产品出口打开了空间。

三、当前厦门市游戏产业
开拓国际市场面临的困难与挑战

(一)海外发行渠道与方式

目前厦门大部分游戏企业尚缺乏国外成熟的游戏推广渠道和运营网络,因此主要通过向国外游戏渠道商和运营商授权,由国外渠道商和运营商进行推广和运营。授权运营模式较好地规避了海外经营的风险,降低了运营成本,但是同时运营收入也不可避免需要与运营商分成。从调研情况来看,渠道运营商分成比例一般达到 30%~60%,大大压低了企业海外收益。

(二)产品的本地化

如何更好地将游戏产品本地化是厦门游戏企业拓展境外业务的重大挑战。通过对海外市场和用户的深入了解,对游戏进行本地化改造,是游戏产品能够成功"走出去"的关键。从调研情况看,厦门游戏公司普遍认为拓展境外业务遇到的主要困难就是本地化,包括语言翻译、文化、用户行为、消费习惯、政策等诸多因素。不同国家和地区之间存在较大的文化差异导致了不同的用户消费习惯,因而造就了不同的市场。如何做好本地化,使游戏产品顺利融入当地市场是海外市场取得成功的关键。厦门的游戏企业拓展境外业务仍处于起步阶段,当前的境外市场主要还是文化背景比较相近的港澳台地区和东南亚、日韩等国家,产品本地化的经验还

蓝皮书

比较缺乏,尤其是对于欧美市场的本地化还需要进一步探索和加强。

(三)适应目标市场国家的具体国情

游戏产品"走出去"面临着海外不同市场的巨大差异,各个国家和地区网络通信基础设施建设水平差异很大,相关的法律法规政策、社会规范等各不相同,游戏市场政策如游戏许可、游戏分级、用户隐私等方面要求存在各种差异,游戏出口企业必须积极去适应目标市场的各种具体差异。一是基础设施的差异。部分新兴海外市场硬件及网络基础设施较为落后,是游戏出海需要考虑的重要因素。二是目标市场国家和地区相关的法律法规必须深入了解和把握。三是注意重视用户的隐私安全。四是游戏发行许可。目前游戏发行许可已经成为企业出海的"敲门砖"。

(四)国际信息交流

从对厦门游戏企业的调研情况来看,厦门游戏企业很少出国参加相关的游戏产业展会,尤其是欧美国家举办的相关游戏展会,游戏产品在境外的业务拓展主要由境外的渠道商完成,厦门游戏企业仍需要进一步加强对国际专业展会的参与度,积极向世界推销厦门的游戏产品,展示企业风采,树立品牌形象。

(五)产品的差异化与创新能力

当前厦门游戏企业境外业务拓展面临着创新能力和产品差异化不足的问题。厦门游戏企业把国内游戏推向海外,存在着同质游戏多、差异化不足、游戏用户差异体验较差等问题,创新能力较弱,精品游戏较少。

四、厦门产业游戏出口发展的对策建议

厦门是全国最早出台并落实动漫游戏扶持政策的城市之一，在共建"一带一路"的大背景下，厦门的游戏产业大有潜力可挖，在国内游戏市场大企业垄断、增速放缓的趋势下，厦门可加快推出支持游戏产业出口的新政策，推动游戏企业拓展境外业务、开辟海外市场，打造厦门游戏出口产业基地。

（一）对游戏企业开拓境外市场进行直接补助

1.境外业务成本补助

通过调研，我们发现当前厦门游戏企业境外业务的成本主要来自渠道商或者平台分成、推广费用、境外商标注册、服务器成本和研发人员薪酬。各个游戏企业成本收益情况差异较大，总体来看境外业务尚处于开拓阶段，一些企业境外成本占到境外收入的80％～90％，制定相关政策直接对这些境外业务成本进行补助，能较好地解决游戏企业境外市场开拓初期所面临的主要困难。厦门市可以对游戏企业境外商标注册、服务器成本进行部分或者全部补贴，对推广费用等按照一定比例进行补贴。

2.境外参展补助

通过调研，我们发现厦门游戏企业很少参加境外的国际游戏产业相关展会，与国际游戏业界信息交流不足。可以鼓励本市游戏企业积极赴境外参加各类国际游戏产业专业展会，鼓励厦门游戏企业组织研发人员参与国际合作交流，与国际动漫游戏同行在游戏创意、项目技术合作等方面进行研讨交流，有效提升企业研发实力，对相关费用按照一定比例进行直接补贴，并要求企业在境外展会上积极宣传厦门国际动漫游戏节、"厦门游戏"等，扩大厦门游

蓝皮书

戏动漫产业在国际上的影响力。

3.境外版权授权补助

积极鼓励厦门原创的游戏精品"走出去",鼓励厦门游戏企业对游戏作品进行境外版权授权,可以按照年度授权收入的一定比例进行补贴。

4.境外品牌项目引进补助

鼓励引进境外知名游戏企业,国际游戏产业相关机构、协会等来厦投资、参展或者举办专业活动,对与这些境外知名游戏企业和机构合作的厦门企业给予一定的补贴。

5.本地化补助

产品的本地化是厦门游戏"走出去"的重要挑战和开拓境外市场的核心问题,厦门游戏企业目前在原创产品本地化方面还刚刚起步,尚处于探索阶段,可以制定对本地化补贴的相关政策。对游戏企业由于产品本地化的需求而产生的咨询、研发、翻译等相关费用进行一定的补贴。

6.全球化IP开发或授权补助

IP开发已经成为游戏企业快速获得市场的重要方式,IP也成为动漫游戏企业的核心竞争力,不仅可以依托优质的IP开发游戏产品,还可以进一步衍生出影视、音乐、应用设计、线下活动以及各类周边产品,延伸到产业链的各个环节。我国游戏出口使用的IP大多为国内IP,全球化的IP使用较少,2016年我国出口游戏中26.6%的IP游戏为国内IP。全球化IP拥有成熟的用户,对海外市场的用户推广影响力巨大。厦门可以针对本市游戏企业的特点,鼓励和支持游戏企业进行全球化IP开发,或者取得国外的IP授权等,在开发和授权的费用上按照一定比例给予补贴。

7.设立厦门原创游戏出口奖励

设立厦门市一级的原创游戏服务贸易出口奖励,每年进行评定,对入选的游戏作品进行重奖。

对厦门游戏企业原创的游戏精品,能够在市场上引起较大反响、在境外市场取得较好的业绩并实现较大服务贸易出口额的项目给予奖励。

(二)提升和完善国际化游戏产业交流平台,鼓励游戏企业参加境外相关展会

对原有的"厦门国际动漫节"进行提升,丰富其游戏产业内涵,加强宣传,积极吸引世界知名游戏企业和机构参与,可以更名为"'一带一路'国际游戏动漫节",同时将游戏产业与吸引资本相结合,与中国投资贸易洽谈会、文博会等相互融合提升。此外,课题组调研发现,目前厦门市游戏企业很少参加国际性的动漫游戏产业展会,不利于游戏产业的出口和国际化发展;厦门市目前补贴企业赴境外参展的政策仍缺乏对参加游戏国际展会的专门补贴,能够享受补贴的国际展会目录中不包括知名的动漫游戏产业展会。可把国际知名的一些游戏展会列入补贴目录,并进一步加大补贴力度,在国际上积极打造"厦门游戏"品牌,增强厦门游戏产业的国际影响力。

(三)可提出"全球电竞中心"的建设目标

电子竞技目前已经成为游戏产业彰显影响力和推动市场的重要赛事。厦门建设"全球电竞中心"有其独特的优势,可进一步借鉴上海的相关经验,提出"全球电竞中心"的建设目标。一是积极承办关注度高、影响力大的电子竞技比赛,做强厦门电子竞技赛事品牌,设置重奖奖励赛事选手,吸引全球顶尖电子竞技选手参赛,逐步形成具有全球影响力的电竞比赛盛会;二是可以通过政府财政投入带动民间资本或者鼓励其他资本投资建设电子竞技比赛场馆,同时可规划建设一些电子竞技特色体验馆;三是以电子竞技比赛为核心,围绕赛事发展游戏电子竞技产业链,促进电子竞技比

赛、直播平台、交易、培训等相关行业的发展,吸引相关企业落户厦门,构建游戏产业的完整生态圈。

(四)打造有利于厦门游戏产业发展壮大的金融生态,建立专门的动漫游戏产业风险补偿基金和动漫游戏产业发展基金

厦门游戏产业发展亮点频现,但厦门本身的金融资本市场相对活跃度不足,而厦门游戏产业要发展壮大并成功"出海"必须要借助资本市场的力量。一是政府可以牵头搭建金融资本与游戏产业对接的相关平台,积极吸引国内外的活跃资本参与厦门游戏产业的发展。二是探索建立政府资金引导、社会资本参与的厦门市游戏产业基金。动漫游戏产业的特点是"轻资产",游戏企业自身拥有的传统意义上的资产很少,主要的资产就是人才和无形资产,而当前国内金融机构无形资产融资的相关业务还很不完善,导致游戏企业尤其是中小企业融资困难。目前,动漫游戏产业发展较好的城市一般都设立了游戏产业相关的基金。北京在 2012 年设立了总额 5 亿元的游戏产业专项基金,杭州建立了游戏产业风险补偿基金和文创产业投资引导基金动漫游戏专项。厦门市在2016 年由厦门信息集团资本运营有限公司联合咪咕动漫有限公司共同设立了规模为 5 亿元的二次元产业投资基金,但是基金未能展开实际运作。厦门可以总结经验,继续探索,由政府牵头、吸引社会资本参与,在整合各方面产业引导基金的基础上,建立厦门专门的游戏产业风险补偿基金和游戏产业发展基金,并逐步扩大规模,着力解决中小游戏企业融资难问题,给予优质、创新发展的游戏企业更大支持。三是充分利用资本市场,打造有利于游戏产业发展的金融生态。对游戏产业资产评估体系进行创新完善,鼓励金融机构创新游戏产业方面的金融产品和服务,针对游戏产业"轻资产"开展无形资产质押贷款等金融业务。

蓝皮书

(五)加大财税支持力度

进一步加强对游戏产业发展的财政税收支持。一是落实税收优惠政策。对游戏产业领域的先进技术企业、高新技术企业、文化出口优质企业等认真落实税收优惠政策。二是加大财政支持力度。不少城市对游戏产业财政支持力度很大,如深圳每年安排市级财政 1 亿元的资金扶持游戏产业,厦门可进一步加大扶持力度,将厦门市软件信息扶持资金、文化产业扶持资金、服务外包扶持资金等用活用好,加大重点项目扶持力度。三是探索设立专门的游戏产业扶持资金。目前厦门对动漫游戏产业的扶持资金主要来源于软件和信息服务业发展专项资金以及文化产业发展专项资金,尚无专门的游戏产业扶持资金,游戏企业获得扶持资金比重不高。杭州、宁波、上海等城市均设立专门的游戏产业扶持资金,厦门可以学习相关城市经验,制定更加贴近产业特点、符合发展需要的动漫游戏产业扶持政策,设立专门的动漫游戏产业扶持资金。

(六)培育龙头企业,扶持中小微游戏企业

一是巩固原有的游戏龙头企业优势,在展会、公共平台、人才支持等方面积极服务,推行"一企一策",帮助龙头企业解决发展中的问题和困难;二是将万众创业、万众创新与游戏产业的发展相结合,鼓励小微游戏企业发展,在办公场地、行政审批、保险补贴等方面制定相关优惠政策;三是继续优化游戏产业发展的营商环境,在游戏审批、境外税收咨询、境外信息中介等方面给予中小游戏企业多样化支持。

(七)研究推出适合游戏产业特点的人才评价政策

人才是游戏企业最重要的资源,但是当前的人才评价政策体系不适应游戏产业的特点。游戏产业中有一些在创意设计、编程

制作等方面非常优秀,对企业很重要的人才,无学历、无学位、无职称。厦门可以研究并推出实施个性化、针对性的人才政策,建立起一套适合游戏产业特点的人才评价政策体系,助力企业更好地留住人才、使用人才。

执笔:何军明

时间:2019 年 12 月

蓝皮书

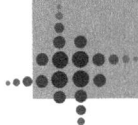

厦门市发展影视旅游文化的机遇与策略研究

◎ 黄诗娴

　　金鸡百花电影节五届十年落户厦门,为厦门的影视产业发展升级带来了重要契机,"影视+"概念的提出以及作为旅游城市的产业基础使得"影视+旅游"成为可发展的思路。在影视产业链的完善方面,通过前端的剧本孵化到后端的制作公司落地等,形成具有产业集群效应的影视基地。在影视旅游资源开发上,首先,应尤其注重影视拍摄搭景地保留、影视拍摄旅游综合性基地建设、电影博物馆或电影资料馆建设、星光大道建设、电影旅游路线地图打造等环节的资源开发;其次,在政府政策层面加大力度支持厦门本土的影视人才培养,奖励以厦门城市文化为背景的影视作品拍摄,举办各类影视放映宣发活动,通过城市影视文化的营造拉动城市影视旅游的发展;最后,通过金鸡影展及配套的放映、明星活动、论坛等,拉动城市影视旅游与影迷文化。

一、影视建构城市形象、促进城市旅游的几种模式

　　透过地方或景点在影视产品中的露出而吸引游客造访,称之

为影视观光,影视观光又称为电影诱发观光、媒体诱发观光、电影观光、媒体朝圣等。[①] 近年来,随着我国电影、电视产业的蓬勃发展,影视拍摄地旅游、影视周边商品开发、影视城(影视园区)建设与发展等成为影视产业的辐射产业。影视产业既能建构城市形象、传播城市品牌,更能带来实际、持续的旅游收入与文化经济效益,形成长期的文化影响力。影视作品建构城市形象的几种模式包括:

第一,透过城市景观在电影中的露出,建构城市美学风格与文化内涵。以香港为例,《旺角卡门》《重庆森林》等电影中的尖沙咀、旺角、庙街、兰桂坊等香港经典地标的露出,建构出香港摩登的现代化大都市与在地化的"港味"文化并存的混杂特性,上述取景地也成为游客争相到访的"打卡"所在,电影给予城市建筑更多的文化符号标记,使其成为新兴的人文景观,通过对取景地的城市展现,建构城市形象。

第二,影视城也成为我国部分省市建构城市影视文化的一种具体模式。除了发展较早的横店影视城、上海影视乐园、象山影视城等,以湖北省为例,为了2017年著名导演陈凯歌的电影《妖猫传》的拍摄,陈凯歌与襄阳湖北志强集团联合花费6年、斥资16亿打造了襄阳唐城影视基地。2012年,湖北省文化厅正式批复认定襄阳唐文化产业园,作为国家鼓励和支持的重点文化项目,并列入襄阳市"十二五"文化旅游发展计划。在《妖猫传》的带动下,唐城

① Connell, J. (2005). Toddlers, tourism and Tobermory: Destination marketing issues and television-induced tourism. Tourism Management,26(5),763-776. Vagionis, N., &Loumioti, M. (2011). Movies as a tool of modern tourist marketing. Tourismos: An International Multidisciplinary Journal of Tourism,6(2),353-362.转引自黄淑玲,《地点置入:地方政府影视观光政策的分析》,《新闻学研究》2016年,第9~10页。

2018 年元旦单日访客量达 2.2 万人次,实现了"一部电影带动一座城"的发展,也促进了襄阳的城市影视文化发展。而在《妖猫传》之后,唐城更吸引了络绎不绝的影视剧组拍摄。成为由电影方牵头、政府支持、企业投资的文化造城运动,并带来持续的文化经济效益。相同的影视城还有如《芳华》中的海口芳华小院等。上述二者都是以单部电影建构专门的影视拍摄基地形成"一部电影带火一座城"的文化效应。

第三,以电影节带动城市影视文化和影视旅游的发展,最典型的例子如法国的戛纳。作为法国南部港湾小城,在此举办的戛纳电影节是全世界最顶尖、最专业、最有影响力的国际电影节,也因此使得戛纳成为一座与电影密不可分的城市,戛纳的旅游产业也经由国际电影节被带动。再如作为全国唯一的国际 A 类电影节的上海国际电影节,推动了上海的影迷文化与城市影视文化的发展。

从影视产业带动影视旅游文化的角度而言,一个最为成熟、成功的案例是好莱坞。目前世界上电影工业化最发达的好莱坞,其所在的洛杉矶,也是影视产业、影视旅游、影视娱乐、影视教育、奥斯卡电影奖一体化的电影文化特色城市。其经验可谓是最值得借鉴但又最难以复制的。洛杉矶因影视产业发展较早、较成熟而成为文化之都,并由电影产业衍生出相关的旅游文化行业。在电影娱乐方面,好莱坞的"环球影城"电影主题乐园由电影制片厂发展而来,是世界上规模最大的围绕电影拍摄场景建立的主题娱乐公园。在"环球影城",不仅可以在好莱坞大片片场观光,还可以享受电影主题的娱乐设施。此外迪斯尼乐园亦是发源于好莱坞。洛杉矶已形成十分成熟、完善的电影相关产业链,这也是其能够全球范围内成为具有电影文化特色城市的重要原因。

另外一个案例是上海。在拍摄地取景上,上海既有现代化的外景拍摄地,也有车墩影视基地这样的旧上海取景地,车墩影视基地亦开放为收取门票的影视旅游乐园,带来一定的旅游效应。在电影节方面,上海国际电影节能协助建构城市影迷文化,其相对成熟与高规格的运作也使得其能够为城市的影视文化助力。此外,上海电影博物馆、上海电影资料馆也发挥了重要作用。上海电影博物馆以展示与活动、参观与体验为一体,涵盖文物收藏、学术研究、社会教育、陈列展示等功能,亦成为上海城市文化地标。上海电影资料馆则藏有上海各电影制片厂中华人民共和国成立以来生产创作的故事片、科教片、美术片,及交换、收集而来的中外影片拷贝数千部,并拥有大量中外电影期刊和文字资料。在此基础上建立了具有一定规模的电影拷贝储存中心和电子化的影片资料查询中心。在影视人才培养上,上海戏剧学院、上海大学上海电影学院都为影视领域的人才培养提供了保障。

本研究认为"影视+旅游"即影视旅游文化主要包含上述四种模式。第一种模式是透过城市景观在电影中的直接露出,形塑城市形象,促进以影视为主题的目的地旅游,提升旅游吸引力及质量,带动经济文化效应。第二种模式是以影视城、影视园区这种集影视拍摄与旅游接待等复合功能为主的年代场景园区建设,直接通过园区门票及旅游增值项目提高旅游经济效益。第三种模式是通过电影节带动城市文化旅游,例如通过电影节影展观影、剧组见面会、各类论坛等活动带动一批以影展为直接目的的文化旅游。第四种模式是电影博物馆、资料馆及各类影迷活动带来的门票及旅游收益。

二、厦门市影视旅游文化的现状调研情况

厦门市的影视产业目前正处于蓬勃发展的机遇期,越来越多"大片"取景厦门。与此同时,政府的支持力度也不断提升。2019

年 7 月,厦门市通过了进一步推动影视产业发展的相关政策,提出"影视＋"的概念,提出以影视产业结合科技、艺术、时尚、旅游融合发展思路、致力于全产业链的互动发展。厦门市影视产业的发展一直与厦门阳光沙滩海滨风情、诗与音乐的城市特质相关,也与厦门的文化旅游产业密切结合。通过影视产业各环节的落地,打造影视剧本孵化、拍摄、后制、旅游、娱乐等产业的融合发展,尤其是以影视产业带动城市形象的提升和城市文化旅游的发展,厦门正面临新机遇与新挑战。

金鸡奖长期落户厦门,成为带动厦门市影视产业发展的一个重要契机。从厦门的地缘位置来看,在内地、港澳地区乃至东南亚等华语电影区域之间,厦门正处于一个核心位置,金鸡奖落户厦门,正是将金鸡奖办成华语电影中具有影响力的电影节的一个重要目标与举措。办好十年金鸡奖,有机会使厦门像戛纳一样,提升城市形象、国际化水平以及城市文化品位,因此当下是一个关键且重要的时机。2019 年金鸡奖颁奖典礼与金马奖颁奖典礼"撞期",均设定在 11 月 23 日,则是厦门市与台北市的一次关于电影节的较量,也是厦门通过电影产业提升城市知名度的机遇。台北市在发展影视产业、电影节文化等方面先行先试,已经摸索出一条相对成熟的道路,站在机遇期的厦门,正期待着电影节、影视产业与城市更好地交融、发展。金鸡百花电影节将来必然会成为具有厦门城市特色的重要品牌。

但是,如何借由影视作品进一步打造城市文化品牌,是厦门影视产业发展的一个重要课题。以 2018 年暑期档两部取景于厦门的电影——取得 25.5 亿元票房佳绩的《西虹市首富》以及台湾导演郑芬芬的《快把我哥带走》为例。两部电影上映后,由电影所辐射的"影视拍摄地"的旅游效应与其他周边效益却收效甚微,甚至"厦门"的城市标签在电影中被抹去,成为虚拟的"西虹市"。电影中虽然有城市景点的暴露,却无法体现城市文化与城市精神,与厦门市目前在影视产业发展、影视作品拍摄取景中未能重视通过影视作品显露城市文化和展现城市景观有着直接关联。2018年厦门推出《厦门市人民政府关于印发进一步促进文化产业发展补充规定》，其中与影视产业有关的政策有11条，从资金支持、园区建设、人才培育、影视后期、播出奖励等多个方面对厦门影视产业链上的关键环节和重点领域予以扶持。其中第16条涉及对来厦拍摄剧组的拍摄支持。在这一方面，政策上仍有继续深入、细化的必要性。

　　本研究通过对厦门市级及区级影视主管部门、宣传部，以及厦门文广传媒集团、厦门市影视产业服务公司等机构的调研，总结出厦门以影视产业促使城市形象提升及带动高质量旅游文化发展策略目前存在以下问题：

　　1.虽然越来越多影视作品取景厦门，但大成本、大制作、名导演、高质量、有票房号召力、有影响力的"大片"选景厦门还是极少数。因此至今未能形成"一部电影带动一座城市旅游"的热潮。"大片"的旅游影响力是可观的，需想方设法吸引更多"大片"选址厦门拍摄，如林超贤执导的《紧急救援》，许鞍华执导的《沉香屑·第一炉香》是好的开始。

　　2.政府部门通过影视作品宣传城市形象的意识需要进一步增强，一方面提高城市在电影中的出镜率，以及对影视作品的包装，展现城市形象；这样，推进电影主题旅游。另一方面，重视影视产业扶持政策制定时增加对取景厦门、"标注"厦门的电影的奖励力度。

　　3.厦门目前尚无具有规模的影视拍摄园区。以横店影视城、上海影视乐园、襄阳唐城影视基地为例，上述影视基地均是兼具影视拍摄与文化旅游功能，通过影视拍摄地的历史或文化场景建构，吸引游客。而厦门目前尚无具有文化旅游吸引力的影视拍摄基地。

4.从产业链而言,厦门目前影视产业主要集中在影视拍摄,在前端的影视孵化及后端的影视制作,乃至周边的影视旅游、影视娱乐、影视教育等方面均存在不足。

三、政策建议

1.鼓励以厦门历史文化、闽南地方文化为主题的影视作品拍摄,在支持影视产业发展政策文件中,专门设立奖励、补助方案,以厦门为故事发生地、塑造厦门城市形象、弘扬厦门城市文化的电影剧本,经过申请、审查与厦门市的参与,可获得不同程度的资金补助。厦门市应更多地参与影视创作前期工作,经过前期参与,加大厦门城市风貌在影视作品中的呈现,有计划性地通过影视作品进行厦门城市行销,尤其注重在电影中对厦门的文艺气质、海滨风光、休闲美学等方面进行包装与展现。

2.对于历史古迹、文化遗址的拍摄予以支持、协调,对在地拍摄、城市取景予以交通等方面的配合,以利影视剧组更顺畅、更便利地取景。对取景于厦门的影视作品,在宣传、推广、举办首映活动等方面予以支持,尤其是由政府或城市方主导、支持举办的各类放映活动,支持影片宣发、为影片上映造势。

3.选择性保留影视作品拍摄地、搭景地,将电影中的场景再现作为一个重要卖点。好莱坞的环球影城旅游中极具特色的就是好莱坞片场的旅游观光。厦门市应注重拍摄片场的集群化,设立影视拍摄地文旅标签,为电影上映前后的旅游活动提供便利。影视拍摄地、拍摄场景的保留与维护,是城市影视旅游的重要内容之一,必须有意图地保留影视作品尤其是在厦门拍摄的"大片"的拍摄场景,这是发展城市影迷文化的重要方式之一。

4.建立厦门电影博物馆或两岸电影博物馆。城市电影文化和电影旅游的发展,需要电影博物馆、电影资料馆作为电影文化建立的支撑。北京、上海、香港、台北等影视产业相对发达的城市,都拥有电影资料馆与电影博物馆。目前作为高校校设的厦门大学电影博物馆,品种不够,研究数据不够,尚不能满足城市电影文化发展需求。作为地处两岸交流桥头堡的厦门,应该择址开辟更大的空间,兴建一个更具规模、更具格局和视野的电影资料馆或电影博物馆,收集存放凸显闽南文化电影、两岸题材电影、闽台电影关系等的文献、影像资料。建立一个兼具电影资料、电影放映、电影教育、学术研讨、旅游观光等用途的综合性电影博物馆,成为厦门文化旅游新地标。

5.鼓励"大片"在厦门搭景、建立电影拍摄旅游园区,政府为其提供场地、资源等便利,推动电影拍摄园区成为厦门市新的文旅地标。影视基地作为一种与文化、旅游和城市建设相结合的产物,近年来急速扩张。从起步来讲,横店、象山等众多国内影视基地已较为成熟,厦门市的发展路径要差异化、特色化。厦门市选址杏林包印厂旧址建设影视基地,在园区建设时应尤其注重影视旅游资源的开发。但由于包印厂的场地较小,难以打造具有规模性的影视拍摄园区。可选择在同安、翔安等发展空间较大的行政区选择场地,采取与影片方合作的模式搭建影视文旅园区,由一部电影带动一个影视园区会是一个后来居上的方式。《芳华》的拍摄地——冯小刚在海口搭建的芳华小院是一个值得参考的案例。通过建造一个历史场景或特殊的文化景观,以电影的上映形成在地的文化旅游效应。冯小刚电影公社已是当下海口最具人气的旅游地标。影视拍摄园区旅游,最大吸引力在于影视园区所建构出的与现实不同的时代场景或历史时空,在一定程度上形成"奇观"。

6.建立文化特色电影院。特色影院也能成为城市文化旅游打卡地标,例如伦敦水池剧院、美国奥兰多迪斯复古汽车戏院、墨尔本屋顶电影院、曼谷脚底按摩影院、巴黎奥林匹克戏院等,均是

蓝皮书

以其特色而成为全球知名影院。作为釜山影展的电影院,釜山电影中心具有设计感的外形及其作为全世界最大电影院的特色,也使其成为釜山的文化地标。与建立影视拍摄园区相比较,特色影院的建立更容易实现。厦门拥有许多特色旅游资源,若能打造1～2间特色影院,打造为"全国最美丽电影院",对于提升城市影视文化氛围、提升城市文化形象一定能起到积极作用。例如,建立闽南古厝风格的怀旧复古戏院,或是其他具有文艺特质和设计感的时尚戏院。

7.制作"厦门影视旅游地图",在网络及线下同时公开,精选包括电影、电视剧、电视综艺节目在厦门的取景地,制作以思明、湖里、集美为主的影视"打卡"路线图,尤其注重加入厦门人文、历史、民俗、饮食等元素的介绍,提升厦门旅游城市的文化品位,争取打造更多的影视旅游文化"打卡"地标。同时,定期举办影视主题旅游导览相关活动,以影视取景地作为主题旅游线路。

8.开辟厦门、金门影视旅游一体化路线。金门有众多海岛景观及战地景观,是《军中乐园》《夏天协奏曲》等台湾电影的拍摄地,打造闽台发展一体化,厦金影视旅游可先试先行,通过在厦门落地后组团进金门,进行两地影视主题旅游,形成互动往来,带动两地影视产业协同发展。

9.将集美区杏林书院打造为厦门影视文创基地,兼具影视放映活动、影视周边产品销售、影视相关展览等功能为一体。位于园博苑内的杏林书院尚未能充分利用,十分可惜。为了适应集美区作为厦门市影视产业基地的目标,建议合理利用环境优美、场地不小的杏林书院,将杏林书院打造为具有特色的影视文创市集,拉动杏林书院、包印厂影视拍摄基地、集美新城及集美学村的影视文化旅游路线的生成。

10.在海沧区建立两岸影视产业合作交流试验区,积极吸引台湾知名影视人才和技术、创意、管理团队落地,打造成为国内乃至东南亚地区最具规模和影响力的影视产业合作交流试验区。尤其重点引入台湾地区国际知名导演、摄影、剪辑、后制专业化团队入驻,注册企业、设立工作室、在厦取景拍摄。在区内设立台青影视创业基地。鼓励国内知名影视企业、本土影视企业落户试验区,鼓励两岸合拍合制。鼓励台湾企业在厦门从事影视产业,支持台湾演艺人员在厦门创业和创作。

11.在丙洲旅游岛打造"编剧文创村"。丙洲岛是环东海域影视文旅产业发展带的重要组成。结合丙洲岛的休闲文化渔村定位和旅游业产业规划,在丙洲岛北部择址设立"编剧艺术村",打造编剧孵化基地。利用现有的民居修复和新建造闽南特色建筑群,打造成适合文艺、文学创作、休闲度假和旅游用途的编剧孵化基地。将编剧创作、文化创意与休闲文旅相结合,尤其是结合艺术创作、村社涂鸦、文创市集,带动丙洲岛产业活化升级。打造"编剧村"为影视剧本 IP 孵化生产基地,搭建剧本交流推介平台,建立签约编剧储备库,加大优秀剧本创作和储备力度。

12.将同安影视城定位为"旅游"＋"文创"综合区,着力提升同安影视城内涵。在影视城内打造文创商业街、非遗产品展示区,以文创周边商店和文创市集为主,打造古代文化创意商品集散区,大力引入台湾青年文创团队,打造具有娱乐性的文创体验项目、文化表演活动和具有文化特色的创意商品售卖。

13.各区差异化发展。由市级统一规划,合理布局,各区形成较为明显的差异化发展策略。岛内两区作为影视拍摄取景、会展、版权交易及总部运营中心;集美区作为影视教育、拍摄取景、后制中心、产业落地中心;同安区、翔安区作为大型影视基地、项目落地区,以及历史文化、乡村振兴与红色爱国主义影视资源拍摄区;海沧区建立两岸影视产业交流合作发展试验区。

14.金鸡百花电影节的举办与影视旅游的结合。环岛路"影视城市会客厅"项目应尤其注重星光大道的开发,无论是好莱坞的星光大道抑或是香港尖沙咀的星光大道,都是重要的城市文化地标和旅游打卡地。厦门借由金鸡落户及众多影片拍摄,应特别注重电影创作者、明星在厦门时的资源开发,在星光大道的打造上凸显电影文化、在地特色、环岛路海滨风光结合的文化旅游空间。其次,重视、办好金鸡电影节的影展活动,尤其重视影展、电影节凸显地方文化特色及闽台、两岸议题。影展展映影片的选择,是提升影展的影响力与吸引力的环节。两岸题材将是一个重要的题材和特色,金鸡电影节应注重两岸电影影展、首映,以及凸显闽台文化的影视活动。第三,金鸡奖相关周边活动的开发。目前厦门各区都有金鸡奖配套活动,但主要以社区放映、影像作品比赛、论坛等形式为主,形式过于单一,没有与影视旅游相结合的活动与方案,可以设计"影视拍摄地图打卡""影视场景寻宝"等与旅游更紧密结合的活动。第四,注重电影节旅游资源的开发,注重将金鸡节打造为影视、文化、旅游相结合的活动。利用电影节影展、明星活动、电影节周边商品等作为提升城市影视文化氛围的重要渠道。在电影节期间尤其注重相关旅游资源的开发及配套,例如场馆开放参观、明星见面会等。注重电影节周边商品开发,将电影节海报、纪念商品与厦门文化结合,同时发行珍藏版影片 DVD 等多种形式,最大程度拉动电影节周边商品的售卖。通过影迷观展、影展可以吸引一部分影迷的旅游活动,可一定程度达到以电影节带动影视旅游的效果。

时间:2019 年 12 月

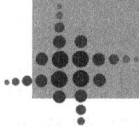

湖里区文化产业发展情况报告

◎ 湖里区文发办

近年来,湖里区高度重视文化产业发展,将文化产业作为主导产业之一,纳入全区"2＋4＋N"发展战略,通过打好"强化领导、政策促进、平台服务、项目带动、活动助力"组合拳,实现文化产业持续较快增长。根据市统计局快报数据,2019 年湖里区规模以上文化企业营收 255.9 亿元,同比增长 37％,尤其是影视企业新增 179家,总注册资本超过 10 亿元,影视产业实现了"从无到有、从有到优"的飞跃。

一、湖里区文化产业发展优势和困难

一是发展空间优势。湖里的营商环境优良、文创园区发展成熟、居住环境舒适宜人,还拥有较大体量的旧厂房和新区开发空间,未来三年湖里区七大片区旧城改造还将释放出近 300 万平方米的用地空间,非常适合文化创意产业规模化集聚发展。

二是交通区位优势。湖里区是厦门经济特区的发祥地,是厦门重要的中心城区之一,交通便捷,是陆、海、空进出厦门本岛的必经之地,适合节奏迅捷的商务交流活动;同时湖里片区两岸自由贸

蓝皮书

易核心区面积 19.37 平方公里,针对台湾地区、东南亚等区域具有极大的区位优势。

三是产业政策优势。湖里辖区拥有自贸区湖里片区、火炬高新技术产业区、特区·1980 湖里创意产业园、湖里创新园、两岸金融中心等一批重要产业园区,文化企业、资本、人才、活动不仅享受厦门市的产业发展政策,还可享受湖里区、自贸区、火炬高技术产业区及相关园区的多重产业政策支持。

湖里区文化产业发展存在巨大优势,同时也面临些许困难。一是老工业厂房园区项目缺乏园区配套人才公寓,审批的时限、流程还难以有效控制。二是对于具有一定社会效益但经济效益不突出的领域,产业引导政策制定难度大。例如厦门市乃至福建省创意设计高端服务平台红点设计博物馆(中国·厦门),五缘湾文展苑拆迁安置的博物馆、艺术馆。这些博物馆、艺术馆租金承担能力较弱,缺乏与公共性相匹配的政策支持。三是缺乏政策性招商用房,由于目前全部厂房都归属各类市场主体,若通过财政资金投入目标企业、人才引进和改进公共基础服务设施,代价高昂。四是文创园区缺乏管理标准。一些较早形成的文创园区或集聚区,如五缘湾文展苑、乌石浦油画村、东镀古玩城等,二次升级缺乏指导标准。

二、总体思路

充分发挥文化产业在促进经济发展、创新驱动、城市更新、品牌建设的综合作用,按照"政府引导、市场运作、各方扶持"的原则,以国家级文化产业示范园区创建、以中国电影金鸡奖落地厦门为契机,科学规划布局,加大扶持力度,发挥文化产业在湖里区的先导作用,以文创园区建设运营为抓手,促进产业集群发展、推动产城融合、提升区位品牌。

三、规划布局

2013年以来,湖里区形成了一批产业园区或集聚区。

创意设计类,建成运营4个:海峡建筑设计文创园、海西工业设计中心、海天家装设计文创园、红点设计博物馆。

影视文化类,建成招商4个:东南天地影视产业园、新时代影视文创园、恒天影视基地、未来电影世界。

古玩艺术类,建成运营2个:厦门古玩城、东镀古玩城;建成招商1个:海丝艺术品中心。

文化旅游类,建成运营9个:闽南古镇、枋湖旅游文化产业园、凌云玉石、绮丽珊瑚、红顶美术馆、海峡新岸、乌石浦油画村、惠和石文化园、五缘湾文展苑。

数字创意类,建成运营2个:趣游游戏、云创智谷。

其他综合类,建成运营4个:华美空间文创园、客家大厦、文创口岸、五洲汇。

湖里区已形成26个文化创意产业园区或聚集区,呈现出较快的增长势头。此外,边规划边招商项目4个:印华地砖厂、安联厂房、灿坤文创园、长城工业厂房。

四、思路举措

1.抢抓"金鸡"落地厦门的影视产业发展机遇。围绕打造影视剧本创作基地、影视拍摄和制作基地、影视衍生开发基地,发展影视协拍、影视金融、影视人才培训、影视版权交易等多项影视服务领域,加快引进落地一批重点影视支撑项目,推动形成较为完善的影视产业链,延伸形成影视产业与艺术、设计、文化旅游及城市更新良性互动促进的局面。一是加大影视资源虹吸力。通过积极举办国际性影视活动或金鸡分论坛活动,发挥国家级影视产业平台作用并举行业之力,吸引国内外细分行业龙头企业和海内外高能量影视领军人才带动发展。二是加快影视基地布局。与思明区、集美区错位错时发展,发挥区位空间优势,补厦门影视基础设施之短板,促进影视产业链集聚发展。三是树立影视服务标杆。强化政府内部协调机制,在影视协拍、政策兑现、破解瓶颈方面树立口碑和影响力;强化政府与影视业界的联动机制,提升影视要素资源的服务供给能力。

2.以产业公共服务平台和重大带动性项目为抓手推进产业链条构建。一是发挥红点创意设计高端服务平台作用。重点依托红点设计博物馆的创意展示平台、设计孵化平台和设计教育平台,政策扶持办好概念、传达、产品设计展,建立联结境内外设计师、制造业企业与经销商平台,助推湖里区创意设计人才升级,促进厦门市乃至周边地区工业设计企业、制造业的发展。二是持续推进特区·1980 湖里创意产业园(国家级闽台文化产业园)建设。采取创意设计和影视产业为双主导产业,延伸带动相关文化创意产业、旅游、商务及其他生活消费行业的发展,带动特区发祥地产业人口、居住人群、城区形态的转型升级。

3.多管齐下促进文化消费和经济增长。一是实施"悦游·湖里"系列文化旅游活动计划。对全区现有的文化、体育和旅游活动进行统筹,重点加强特区·1980 创意产业园、五缘湾城市新客厅、仙岳山公园等片区的活动带动,致力于提升湖里区城区形象和影响力,实现文化旅游赋能经济、激发活力的目标。二是推动非遗文化产业化。推动非遗产品商业化设计,扩大非遗衍生产品的日常消费和旅游伴手礼市场需求;通过政策扶持、政府购买、借助文博会展平台、公益化活动推广等手段,鼓励非遗项目创新产品、开拓市场,既实现非遗文化活化传承,又把文化资源优势充分转化为经济发展优势。三是扎实开展文化企业帮扶。落实放、管、服工作,提高审批效率。

4.实施文创园区二次提升战略。一是对文创园区进行再定位。例如,乌石浦油画村可以再定位为乌石浦艺术区,对现有空间和新开发空间实施整合,发展油画和当代艺术为主体的复合型艺术交易市场和文化旅游区。二是对产业业态进行再优化。摆脱"二房东"的惰性思想,发挥出产业运营商的积极作用,围绕园区定位进行业态调整、组合、升级,通过增强产业链关联和公共服务配套水平,提升园区企业的竞争优势和经营效益,政府可以相应给予一定的政策导向。三是力争实现园区的 IP 化、平台化、信息化、智能化。不仅要提升园区的品牌形象,提高服务质量,增强对园区企业的黏性,还要通过平台服务来"挣园区之外的钱",拓展园区规模和进行品牌输出。

5.继续推动文创园区、集聚区、特色小镇开发。因地制宜挖掘特色,结合旧城、旧村、旧厂房的改造更新,打造本地特有专属 IP。可以推动相关前期调研工作,例如,根据厦门漆画、漆艺及其衍生品业已形成的基础和优势,探索打造漆艺美术小镇;整合五缘湾周边陆、海资源,结合东部大开发,打造环五缘湾国家级旅游度假区、推动建设凤头渔村风情小镇;结合旧村改造,打造钟宅畲族民俗文化区。

五、机制创新与保障

一是发挥文化发展改革领导小组协调促进作用。统筹协调促进文化产业高质量发展,发挥牵头抓总、统筹协调、工作指导和督促落实作用,包括研究制订促进文化产业发展政策和年度重点工作安排,负责指导建立重点产业项目库,督促、检查和通报工作进展,协调解决项目重大问题。

二是强化公共服务平台抓手。吸纳重点影视企业代表,参与影视文化产业协调小组的产业促进工作,支持红点设计博物馆发挥创意设计领域的专业化服务能力。构筑政府公共服务和产业服务平台,有助于正确处理好市场决定和政府促进之间的关系,提高政府决策水平,打造高效、服务型政府。

三是实施重点项目带动战略。坚持抓引进和促落地并重的原则,将项目纳入考核,定期跟踪项目前期策划、立项、建设、招商及运营情况;关注重点项目落地,策划生成一批新的前期项目,使产业工作落到实处。

四是突破体制机制难题。在湖里老工业区旧厂房改造方面,在与市区前期出台政策相一致、片区功能定位相吻合的前提下,通过联席会议(特区·1980 湖里创意产业园工作协调小组)协调解决旧厂房空间功能变更改造提升,持续推动特区·1980 湖里创意产业园的发展。

五是推动文化事业与产业相结合。湖里区政府参与资助区域品牌活动或社会公益活动促进了文创园区的共建共享氛围,带动了园区的文化消费;采用政府与社会资本合作模式,鼓励和调动社会力量共同建设公共文化空间。

执笔:林燕平

时间:2019 年 12 月

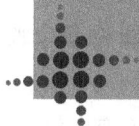

厦门报业传媒集团2019年工作总结和2020年工作思路

◎ 厦门报业传媒集团有限公司

2019年,在市委宣传部的指导和报社党委的领导下,厦门报业传媒集团认真学习贯彻党的十九大、十九届四中全会精神和习近平总书记系列重要讲话精神,不忘初心,牢记使命,以习近平新时代中国特色社会主义思想为指引,按照报社党委确定的全年目标任务,坚持社会效益和经济效益两手抓,坚持以"三铁精神""四过硬"推动"五聚焦"部署,各项工作扎实有序推进。2019年主要工作情况、存在的主要困难和问题以及2020年工作思路如下:

一、2019 年主要工作

1.产业经营发展保持稳健。集团坚持创新驱动,加大活动策划,从单纯广告发布向全程策划服务转变,塑造强媒体属性的资源整合服务商角色,在传统报业广告经营较上年同期下滑15%的形势下,商业印刷较上年增收500万元,城市捷报、报业国旅、书画院均提前超额完成年度营收和利润指标,其他经营实体均能顺利完成全年目标。预计集团全年实现营收 2.3 亿,实现净利润 3200 万元。集团资产总额从成立之初的 1.28 亿元增加至 3.3 亿元,较好地实现了国有资产的保值和增值。全集团资产结构合理稳健,账款结构持续优化,资金状况稳妥可控。

一是主营业务力保稳定。集团立足媒体创意营销本质,结合客户和市场的需求,在重大策划上不断推陈出新,传统项目做出新意,同时落地了一批创新策划活动,如新中国成立 70 周年系列特刊和书画展览、粉丝节招商、禹洲集团党报阅读示范小区及社区报、建瓯文旅品牌推介会、社区艺术节、民俗文化节、湖里非遗文化节、跨年音乐节、军工展、海峡两岸禅文化节、水晶湖郡设计大赛、地铁 TOD 社区宣传等,有效促进了广告投放;印务中心在确保各报保质保量印刷出版的前提下,充分利用更新改造的印刷设备资源,进一步拓展商业数码印刷业务,全年业务营收较上年增长 50％以上,同时通过竞标取得了《人民日报》在厦门分印点的代印业务;城市捷报收入与利润同比增长 40％以上。发行公司通过狠抓破订和投诉服务工作、全员营销与活动策划、党报单位订阅和大客户开拓,顶住巨大压力,日、晚报 2020 年度订阅总量和报款收入同比保持稳定,为报业各项工作打下了良好基础。

二是产业布局不断优化。实施项目带动,2019 年 9 月,湖里西泠艺苑项目作为市里重点工程建设项目正式开工;华亿和城市捷报内容生产、出版业务蒸蒸日上;基层党建氛围布置项目做出品牌;经过多年努力,争取到第四十四届全国文房四宝艺术博览会在厦门举办,第一年就做到了"京外展"规模最大,收效及展商反馈进入历年最佳场次之列;促成"全国文房四宝书画艺术精品展"长期落地厦门,其他相关报业文创产业系列项目有序开展;同安户外LED 电子视屏建设、翔安文创合资公司等多个区域整合营销推广项目落地启动,华亿文旅成为翔安区属重点文化企业,依托集团资源,全方位拓展翔安区域业务;HiShort 厦门短片周活动执行及招商;高端商业印刷、系列会展业务、高端定制文化旅游、现代美好生活电商服务平台等初见成效,进一步优化了集团产业布局。

三是股权投资运作持续深入。密切联系厦门农商银行、国贸教育基金、天视文化等被投资单位,尤其关注农商银行的上市筹备情况,及时向报社领导提供决策信息。

2.党建工作扎实有效。集团上下始终坚持党要管党、从严治党的方针,认真贯彻落实党建主体责任,坚持"四个意识",坚定"四个自信",坚决做到"两个维护"。为更好发挥党组织的战斗堡垒作用和共产党员先锋模范作用,便于党员的管理、教育,根据《党章》要求,经报社党委批复,集团党支部(原厦门日报社第七党支部)升格为厦门报业传媒集团党总支,下设 4 个党支部。集团党总支深入学习贯彻党的十九大精神、抓好思想政治工作,夯实党员干部思想基础,组织开展多形式、多层次、全覆盖的学习宣传活动,进一步学习宣传党的各类会议精神和习近平系列重要讲话精神;严格落实"三会一课"、组织生活会、谈心谈话、党费收缴、民主评议党员和党员领导干部双重组织生活等基本制度,全年召开党员大会 11 次、支委会 6 次、党小组会 24 次、民主生活会 1 次、组织生活 1 次、民主评议党员 1 次、主题党日和志愿活动共计 17 次;加强党员教育管理,不断加大党务干部培训力度,组织新任党支部书记参加党务知识培训等;坚持把纪律和规矩挺在前面,严格落实中央八项规定精神,组织党员干部及关键岗位人员逐级签订《党风廉政责任书》,实现业务工作与党建工作的同部署、同责任、同考核。

3.制度建设卓有成效。为落实巡察整改要求,进一步规范集团董事会组成人员和日常运作机制,经报社党委研究同意,解散集团经营管理委员会,重新选举集团第二届董事会,并且修订公司章程,增设"公司党组织"一章,进一步规范党组织设置,增强党组织地位作用;进一步完善各项规章制度,先后修订了《厦门日报社广告应收款管理办法》《厦门日报社非货币交易行为管理规定》《厦门报业传媒集团招聘工作管理办法》《厦门报业传媒集团有限公司业务接待管理办法》等规章制度;进一步完善招聘流程,由社办统一刊登招聘启事,集团办配合社办对整个招聘流程进行监督、指导,确保招聘程序的合规性及招聘过程的公平性;大力推进廉政风险防控机制建设,认真梳理职权清单,加强廉政风险防控,梳理查找廉政风险点,修订完善廉政风险防控手册;认真清理违反发放津补贴问题,理清人员及金额,组织实施清退;严格规范业务接待标准,对超标准接待情况,要求相关人员按规定退款。

4.强化规范,科学管理。针对巡察披露的工作中存在的问题,集团在 2019 年狠抓落实整改,做到合法合规、科学管理;充分应用 ERP 系统,所有作业表单在系统上实现流程再造、过程管理,加强内部控制制度的建立和健全,做到有错必纠、防患于未然。广告应收账款不管从账龄、结构上都得到了严格控制和严密监控,做到每一笔业务都清清楚楚,风险降到最低。

印务中心于 2019 年 10 月接受 SGS 专家审核,正式通过了国际公认的检验、鉴定、测试及认证机构的严格审核流程,获颁 ISO9001:2015 质量管理体系国际认证证书,进一步提升了质量管理的标准化、专业化建设。

二、存在的主要困难和问题

集团改革发展在取得成绩的同时,也面临诸多困难和问题,主要有以下几个方面:一是传统业务形成结构性依赖,经营风险无法分散,经营性现金流入不足。集团营收占全报社系统总营收近 50%,净利润占全报社系统的 80%,新创业务板块、子公司营收及利润贡献不足。缺乏可持续、可转化的新业态项目,市场抗风险能力低。二是传统广告营收下滑,转型升级艰难探索。受传统业务持续缩量、品牌延续效应薄弱、新兴业务不及预期等因素影响,部分主营项目营收出现明显降幅,尤其是传统商务与户外广告持续滑落;印刷设备老化,生产场地狭小,设备自动化程度不高;受政策影响,户外屏体资源建设难以推进;展览项目市场化程度不够,缺乏自有场馆,艺术教育板块体量萎缩;参与招标时核心竞争力不强,成本压力大;策划、项目方案落地困难,展会行业竞争激烈;多种经营开展不力,用户数据和社群营销开展不足,安全体系不够规范,行业标准执行有待提高;每年平均 4000 多万元的利润尚不足以满足"产业反哺事业"的需要。三是办报成本不断攀升。虽然新闻纸的价格略有回落,但人力成本仍居高不下;同时员工专业技能不足,员工危机感、转型意识有待提高;人才梯队要培养和调整,薪酬体系差异化、竞争力不足;人才断层现象严重,团队的凝聚力、战斗力有待提高;传统版面广告的下滑倒逼媒体经营单位只能通过活动策划执行来带动广告创收的上涨,广告经营成本不断上升。四是报纸发行挑战严峻。受媒体格局、舆论业态、传播方式以及受众阅读方式深刻变化影响,报纸发行遭遇严峻挑战,发行量虽保持总体稳定,但仍难以止住下跌趋势,靠完全市场化发行难以为继。发行一线人员缺乏,多种经营开展不力。

三、2020 年工作主要思路和计划

2019 年,集团要认真贯彻落实报社党委工作部署要求,始终坚持党建工作和业务工作并举,坚持社会效益和经济效益结合,抓住机遇,深耕细作,实施创新驱动、项目驱动,保持营收利润稳定,进一步推进产业转型发展,提升产业反哺事业水平。主要工作思路如下:一是强化观念、强化规范。集团要自上而下形成管理创新的战略,形成全员主动去追逐市场、发现市场的局面。运营团队要

蓝皮书

进一步强化市场化意识,开展必要的"务虚"工作,不能停留在原广告作业模式,不能坐等,要敢于去市场闯荡,去市场寻找新的项目和商业盈利模式。同时,改进业绩考核方式,将目标任务逐级分解、精细管理,通过绩效考核"倒逼"强化市场意识、成本意识、项目管理意识、利润中心意识等。二是强化整合。按产业链调整的需要,做好内部机构和人员的调整,整合相关资源,突破原有作业模式。2020年完成事业部的机构调整,成立园区运营管理公司,拟设立地产营销管理公司;将晚报传媒经营权下放给晚报,拟设立报商公司及推进茶叶博物馆项目,建立责权利更加明确的管理构架,理顺界限,强化企业化、市场化机制。三是强化项目生成。重大策划、重要活动、重点项目仍是做好2020年工作的重要抓手,集团上下要细化日常业务,加强与客户的沟联,确保常规策划、活动推陈出新,做出亮点、做成实效;创新策划和活动结合市场、形势变化,满足客户的个性化需求,引领媒体营销的潮流;要充分发挥报业品牌、人才、专业、资源优势和报业传媒集团市场主体优势,着重做好西泠艺苑特区1980苑项目建成投产、房地产异地楼盘代理销售业务、华扬联众多媒体营销代理合作及用户数据深度挖掘项目、《人民日报》在厦门分印点的代印业务,稳步推进发行公司读者数据平台及天然泉水厂的投资设立、全国青少年人工智能科创大赛、2020全国文房四宝书画艺术精品展、山海协作文化旅游推广、"丝路百工"文化(非遗)创意展、2020首届中国(厦门)台科搏国际挑战赛、户外视屏业务及联播网建设的深入推进及视频业务的开发、同安竹坝青少年农业科普教育基地、HiShort厦门短片周活动执行及招商等项目,努力推动报业产业发展再上新台阶。四是强化作为。集团自上而下要转变作风、创新突破,通过项目倒逼,大小长短项目配套结合做,加强员工的学习与成长,做到慢不得等不得,说做一致,一抓到底。强化督察、督办、制度管人机制,真正落实"抓一件、成一件"的工作作风。五是强化人力资源管理。加强新媒体、新技术、新应用等专业知识的更新学习；树立榜样效应，营造积极向上的工作氛围，重塑"团队、争先、效益、共享"的企业文化；重新整合事业部与人力资源，再塑作业流程，以更优化的管理制度与更合理的薪酬绩效机制，协调推进企业人力资源管理，推进人才激励机制建设。

时间：2019 年 11 月

蓝皮书

Wenhua Jiaoliu

文化交流

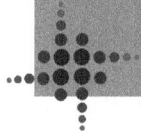

文化同根　闽台情缘

——第六届龙少年文学奖综述

◎ 大龙树(厦门)文化传媒有限公司

2019 年第六届"龙少年文学奖"在国家新闻出版署、国务院台办、福建省委宣传部、福建省台办、厦门市委宣传部及厦门市文化和旅游局的指导下,主办方福建省新闻出版局、韬奋基金会、台湾教育文化经贸促进总会,承办方大龙树(厦门)文化传媒、龙图腾文化有限公司,协办方香港中华书局、澳门启元出版社的共同努力下,已圆满结束。现将工作总结如下:

一、项目整体概述

第六届龙少年文学奖于 2018 年 12 月启动,2019 年 10 月结束。该文学奖围绕"缘"这个主题,由海峡两岸及香港、澳门的中学生进行文学创作。参与总稿件 3 万余份,其中台湾地区稿件 832 份,经过初审、复审及终审,最终有 211 名学生的优秀作品脱颖而出,其中获奖台湾学生 50 名,澳门学生 38 名,香港学生 11 名。目前获奖作品已出版简、繁体两种版本的作品集(正式出版物),并在两岸四地同步发行。获奖学生还免费参加了"龙少年文学交流夏

蓝皮书

令营",两岸四地师生 65 人齐聚福建开展文学交流,了解中华文化,让来自台湾、香港、澳门地区的学生有一种回到祖国怀抱的归属感,为中华文化的传播和传承做出贡献。

二、项目成效及在台宣传影响力

相比往届,第六届"龙少年文学奖"在社会影响力、知名度和美誉度上均取得了突破性的进展,以下是所取得的工作成果:

(一)大陆及港澳台地区的投稿量和覆盖面有较大幅度的增长,在台覆盖全县市

1.大陆地区:

(1)总收稿量为 21484 篇,较 2018 年相比增长了 71%。

(2)覆盖了 22 个省份 42 个城市,相比 2018 年增加了 7 个城市。

2.港澳地区:2019 年香港地区有 6 个学校参与了征文,澳门地区有 12 个学校参与。

3.第六届龙少年文学奖依然覆盖全台湾地区各县市。

(二)积极运用新媒体传播方式,引起了广大青少年的关注,极大地扩展龙少年文学奖项目在两岸四地的影响力

1."龙少年文学奖"获得新浪公司"微博校园"的全程支持,70个官方账户两岸四地同时转发,四地累积点击量达 62.1 万,单条资讯的最高阅读量是 19.4 万。

2.台湾"教育部国民级学前教育署"和台中、高雄、苗栗等县市教育局等也都予以认可,专门下文推荐鼓励学子积极参与征文比赛,全台湾地区 80 个教育部门、近百所学校的官方网站同时对"龙少年文学奖"进行了推广。

3．"龙少年文学奖"头条号的单条信息最高访问量达 13 万。同时使用腾讯 QQ 和微信公众号与各个中学学生负责人、语文老师或者文学社联络，得到了积极的响应。香港地区使用中华书局的官方 facebook 账号，发布了"龙少年文学奖"的征文启事，并在纸媒体上发布了颁奖仪式的信息。

（三）颁奖典礼和开营仪式圆满举办，众多媒体参与，使龙少年文学奖影响力更加广泛

2019 年，龙少年文学奖首次在福州大戏院举行了一场以"家园·龙少年"为主题，兼具知识性、艺术性和趣味性的颁奖典礼及开营仪式。

福建省委宣传部副部长、福建省新闻出版局局长陈立华，台湾地区财团法人文化基金会荣誉董事长洪孟启出席并致辞；国务院台湾事务办公室交流局副局长李京文授予夏令营营旗；省文化和旅游厅副厅长黄苇洲、中华教育文化经贸促进总会总编辑张再兴、中华海峡两岸文化资产交流促进会理事长庄伯和、台湾龙图腾文化有限公司副总经理罗爱萍上台为学生颁奖；省委宣传部、省新闻出版局、韬奋基金会、台湾财团法人文化基金会、省港澳台事务办公室、厦门市委宣传部、厦门市文化和旅游局等单位领导出席晚会。龙少年文学奖主办方韬奋基金会秘书长张增顺、大龙树（厦门）文化传媒有限公司总经理张叔言在晚会结束后接受媒体采访。香港地区的颁奖仪式于 11 月底在香港中华书局的门店举行。

晚会吸引了媒体的广泛关注，福建省各大媒体和北京新浪均有报道，福建综合电视台、东南卫视和爱奇艺等进行影像播报；平潭时报、东营网、中华少年作家网等网站刊登"龙少年文学奖"资讯。

（四）第六届龙少年文学交流夏令营在福建省圆满举办，让来自两岸四地的学生们对两岸文化一脉相承、同宗同源有了更深入的理解

第六届龙少年文学交流夏令营以"文化同根，闽台情缘"为主题，让海峡两岸和香港、澳门地区的学生能以福建省为窗口，了解祖国改革开放四十年的建设成就和博大精深的中国传统文化。

福州的三坊七巷，体现了文脉的集中传承，是闽都文化的代表。来自台湾的朱澐虹同学对三坊七巷的描写是"这是许多伟人的心血，随着时间推移，此番心血未被时间洪流淹没，反倒如陈年的美酒，愈陈愈香，这是传统，亦是艺术，更是学问，没点淋漓尽致，又堪得住雨水的侵扰。"

泉州的闽台缘博物馆、蔡氏古名居和龙山寺，让同学们感受到闽南建筑尤其是闽南大厝的独特魅力。台湾学生郭宇璇说："隔着一座海峡，那里有我已经遗忘的时光，与终于拾回的宝藏。我们都是一家人。"

厦门的科技馆、鼓浪屿、市图书馆，以及炫酷科技的研学课程体验，更给两岸四地的学生留下深刻印象。澳门杜莹说："这里是我的家，我在这里生活过。这或许便是那缘。正如这世上如此多的好去处，我兜转着，却又随着夏令营到了这里。"

三、结　　语

"龙少年文学奖"每年一届，每届一个主题。越来越多两岸四地热爱文学的青少年通过这个平台交流，了解中华文化，传承中华文化。我们将再接再厉，把"龙少年文学奖"办得更好，使"龙少年

文学奖"项目成为大陆与台港澳地区青少年文化交流的知名品牌；成为两岸四地以及世界华人青少年文化交流的平台；成为中学生，尤其是港澳台地区中学生及全世界华人中学生了解中国、凝聚人心的大平台。

执笔：郑品芳

时间：2019 年 12 月

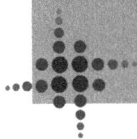

同读一本书　同走一段路　创作一本书

——2019 海峡两岸青少年悦读节综述

◎ 厦门外图集团有限公司

在厦门市委宣传部的指导和支持下,由中国出版协会、福建省新闻出版局主办,厦门外图集团有限公司、台湾中华青年交流协会承办的 2019 海峡两岸青少年悦读节于 2019 年 7 月 17 日至 9 月 22 日在厦门成功举办,该项目列入 2019 年国台办对台交流重点项目。本次活动以"书"为媒,以文会友,促进了两岸青少年阅读交流和心灵契合,积极探索两岸融合发展的新路,取得了良好的交流成效,总体活动情况报告如下:

一、基本情况

书籍是两岸青少年心灵沟通的桥梁。海峡两岸青少年悦读节活动于 2019 年 7 月 17 日至 23 日在厦门举行,活动形式新颖,内容丰富,得到了两岸青少年的一致好评,成为厦门对台青少年交流的文化品牌,取得良好的交流成效。本次活动邀请 60 名台湾青少年与 350 名福建青少年结对开展为期一周的阅读交流之旅,携手同读一本书,同走一段路,创作一本书。开展包括海峡两岸青少年中华经典诵读展演、海峡两岸青少年阅读马拉松赛、海峡两岸青少年阅读沙龙、"悦读越青春"人文讲堂等丰富多彩的文化活动。活动期间,两岸青少年先后参访了厦门嘉庚纪念馆、闽南院子、鼓浪屿菽庄书院、林语堂纪念馆、外图台湾书店、厦门市图书馆集美新馆、厦门地铁官任站阅读主题车站等知名人文阅读地标,感受厦门发展和人文之美,还参访了三坊七巷冰心文学馆、中国闽台缘博物馆等,体验同文同种的闽台人文情缘。

9月20日第十五届海峡两岸图书交易会开幕当天,参加活动的两岸青少年提交了精心创作的交流见闻文章,汇编出版《两岸书缘——海峡两岸青少年悦读节优秀作品集》一书,在两岸同步推广发行,进一步提升活动影响,丰富两岸青少年的阅读视野,增进两岸青少年的了解和友谊。

二、活动特点和做法

一是两岸选手代表性强。本次活动面向台湾地区 16 个县市的 180 余所学校发布活动公告并组织报名,经过台湾地区承办单位中华青年交流协会组织的面试选拔,来自台南大学、台东大学、成功大学等 13 所大学的 14 名大学生和来自台北市立中山女子高级中学等 32 所高中的 40 名高中生,共 54 名台湾优秀青少年代表参加活动。他们都是爱好中华文化,支持两岸青少年交流交往,具有较强写作能力的年轻人。其中大部分台湾青少年学生是首次来祖国大陆参访交流,由台湾中华青年交流协会郑婷文秘书长、台湾师范大学潘丽珠教授等 6 名老师带队。大陆学生选手,从福建省各重点高校和高中报名学生中筛选,主要标准是积极上进、热情阳光、写作能力好。参加活动的两岸青少年覆盖面广,代表性强。

蓝皮书

二是阅读书目更具吸引力。本次活动选择蒋勋《生活十讲》、连俞涵《山羌图书馆》等书,供两岸青少年阅读交流,图书中华文化内涵丰富,将阅读与行走探访有机结合,两岸青少年碰撞出灵感火花。

三是参访行程更具中华文化内涵。本次活动组织两岸青少年除参访展现中西文化交融的鼓浪屿"世界文化遗产"行程外,还有厦门老院子、陈嘉庚纪念馆、开元寺、福州三坊七巷、泉州博物馆、闽台缘博物馆等,书香氛围浓厚;组织观看《闽南传奇》大型实景剧表演,引导两岸学生结合活动参访见闻和阅读交流体会进行创作,加深对中华文化内涵的理解。

四是活动更加新颖多样。举办海峡两岸青少年阅读马拉松,两岸300名青少年齐聚厦门市图书馆,共同阅读闽台优秀作品《山羌图书馆》,在开阔阅读视野、感受中华文化的同时,体验极限阅读的乐趣,促进两岸青少年的心灵沟通。主办方在福州举办一场中华经典诵读展演活动,为两岸青少年提供一个文化交流的平台,两岸青少年以古装、民乐、舞蹈等形式,同台展才艺,斗阵读经典,诠释阅读国学魅力。两岸青少年在厦门五通码头以音乐快闪的形式,合唱经典曲目《送别》,为朝夕相处一周的台湾小伙伴送行。其间还组织了两岸青少年阅读沙龙、文章创作研讨会、联欢晚会等丰富多彩的交流活动,两岸青少年在品味书香、共读经典的氛围里增进了解,深化友谊。

三、活动成效和体会

海峡两岸文化同根同宗,书籍是两岸青少年心灵沟通的重要桥梁,2019海峡两岸青少年悦读节以书为媒,以共读中华经典作品为载体,开创了两岸青少年文化交流的全新形式,取得了良好的交流成效。

一是有助于促进两岸青少年间的阅读交流。2019海峡两岸青少年悦读节以共读中华经典作品为载体的交流模式，在两岸尚属先例。通过阅读交流，指导老师引导两岸青少年分享心得，拓宽了阅读视野，提高了中文写作能力，增进了两岸青少年间的了解和友谊，为推动两岸青少年交流做出了积极的探索和尝试，取得了良好的成效。台东女子高级中学的余偲绮在文章中写道："我们七天一起共创美好回忆，我们的小手紧握着彼此，直到最后一分秒。我很珍惜这七天的相处时光，从谈话中发觉我们的共通点进而产生共鸣，从娱乐中分享快乐，能和大陆伙伴们互相学习是个千载难逢的机会，期盼有朝一日，我们能再次相逢，大陆也在我心中留下最美丽的容颜。"

二是有助于台湾青少年读者增进对中华文化的认同感。参加活动的台湾青少年很多都是第一次来大陆，对祖国大陆的认识不够客观全面。大家在参访交流中，结合参加中华经典作品研读、中华文化知识讲座，亲身领悟了两岸同属中华文化的历史渊源。他们表示，福建和台湾有着共同的风俗习惯，一脉传承，大街小巷的寺庙宗祠和闽南古厝、骑楼建筑似曾相识，对同读中华经典书籍感到非常亲切。来自台中教育大学的林郁欣说道："从台湾而来的我，继承了中华文化，仍以这份古老文明骄傲不已，不只是知识，语言、文字、饮食、建筑、习俗和艺术汇聚成独特的文化，在属于我们的土地上仰首绽放。"

三是有助于台湾青年对祖国大陆发展成就的了解。在参访中，台湾青少年见证了祖国大陆的商业繁荣，井然有序，体验了移动互联网支付的便捷，感受到出版业浓厚的人文气息，纷纷感慨福建经济社会的飞跃发展，表示希望有机会来祖国大陆学习、创业和就业，加强交流和联系。

2019海峡两岸青少年悦读节以书为媒、以文会友，以同读、同参访、同创作的方式,开展两岸青少年交流的做法,不仅形式新颖,而且务实有成效,受到两岸青少年一致欢迎。能够发挥新闻出版业在推动两岸文化交流中的独特优势和作用,值得认真总结和推广,进一步扩大活动受众和规模,为深化对台文化交流、推动两岸出版产业合作做出更大贡献。

执笔:陈毅振

时间:2019 年 10 月

Gonggong Wenhua

公共文化

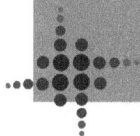

做优秀内容提供者
和全民阅读指引者

——2019 年厦门市专题读书月活动总结

◎ 外图厦门书城

　　外图厦门书城以"推广阅读、享受阅读、分享阅读"为宗旨,致力于做优秀内容的提供者和全民阅读的指引者,积极提供公共文化服务。为配合厦门市推动全民阅读,创建学习型社会的部署,外图厦门书城在厦门市委宣传部的直接领导下,自 2008 年起,每月推出不同的阅读主题,广泛开展了各种内容丰富、形式多样的专题读书月全民阅读活动。

　　第 16 次全国国民阅读调查数据显示:2019 年我国成年国民的综合阅读率保持增长势头,数字化阅读方式的接触率均有所增长,但我国成年读者纸质书报刊的阅读时长有所下降。在传统纸质媒介中,我国成年国民人均每天读书时间最长,为 19.81 分钟,12.3%的国民平均每天阅读 1 小时以上图书。手机和互联网成为我国成年国民每天接触媒介的主体。数字化阅读的发展,提升了国民综合阅读率和数字化阅读方式接触率,整体阅读人群持续增加,但也带来了图书阅读率增长放缓的新趋势。这更坚定了外图厦门书城一如既往地举办厦门市专题读书月,推广全民阅读的信心。对纸质图书的阅读培养和传承,推广传统纸质阅读的价值是外图厦门书城义不容辞的责任。现将 2019 年厦门市专题读书月活动的主要成果总结如下：

一、主题活动精彩纷呈，覆盖推动全民阅读

以进一步推动全民阅读为信念，外图厦门书城 2019 年度月份主题活动结合了每月的重要节日，针对不同的阅读群体，敲定科学合理的阅读主题，共策划实施"任岁月流转，你我天真如初""诗酒趁年华""女性私房书""4·23 世界读书日，我要在书里慢下来""啤酒与诗歌""有梦就是孩子""抛掉书本上街去（書を捨てよ町へ出よう）""Young and Beautiful""总有人正年轻""不忘初心，书香同行""焕新阅读：向更好出发"等 12 项主题活动。全年共同举办了近 300 场全民阅读活动，吸引数万名读者直接或间接参与阅读活动，为建设"文化鹭岛"提供强大的精神文化力量。

在这些活动中，有店内常规主题书展、厦门本土作家品读会、两岸三地名家读者见面会、亲子阅读分享讲座、科普知识讲座以及故事屋绘本 DIY 手工课堂等各项主题突出鲜明的活动，并邀请了50 余位文化名人加入专题读书月活动中，共举办 50 余场新书发布会及读书讲座活动，与广大市民读者分享了传统阅读所带来的美感体验。这些作家名人包括著名畅销书作家安东尼、独木舟、笛安、大冰、苑子文、卢思浩等，台湾作家黄光男等，厦门本土学者林祁，厦大人文学院教授满新颖，厦大教授王宇，作家南宋、王永盛、徐小泓、夏炜、李秋沅、苏西等。直接、间接参与读者超 35 万人次。全年人流量达 150 万余人次，平均每月人流量达 13 万人次，在原有传统阅读主题的基础上，将"4·23 世界读书日"、"著作权保护宣传月"、阅读基地暑期夏令营、"小小图书管理员"、"书香鹭岛活动月"等活动融入当月阅读主题中，努力将阅读意识植入广大市民生活、工作习惯中，争取以最大的社会合力为市民创造阅读氛围。

特别是 4 月份在世界读书日主题活动期间,以深入实施全民阅读工程为主旨,开展读书沙龙、读书讲座、经典诵读、阅读故事会等丰富多彩的阅读活动,重点开展 2019"领读中国"20 城全城寻书厦门站,同时切实做好正版阅读理念的宣传;在 11 月份承办的 2019 "书香鹭岛活动月"中继续延续"阅读·文明·发展"的主题,设置了"庆祝新中国成立 70 周年""全民阅读""亲子阅读""延伸阅读""精品图书展读""版权宣传"等 6 大系列、80 余项形式多样的服务活动。邀请新华书店、厦门大学出版社、鹭江出版社、书香阳光文化传播有限公司、晓风图书文化有限公司、言几又书店等 9 家厦门市重点、特色出版物发行单位,联合展出政治、社科、少儿、畅销文学、养生保健、经营管理等各类出版物多 8000 种 2.3 万余册,全场购书享 7.5 折优惠。

此次书市参展单位类型更加多元,图书专题更加多样,专门设置"庆祝新中国成立 70 周年"专题展区;首次设立台版图书专区,展出白先勇、蒋勋、黄春明等 60 多位台湾知名作家代表作签名本 100 余种,满足市民的阅读和收藏需求。书市的另一大亮点是首次与版权宣传活动同期举办,把开展版权保护与崇尚阅读相结合,营造尊重版权、阅读正版的氛围。同时还继续设置"你读书,我买单"专区,开展图书荐购活动,受到了广大市民的欢迎。

二、加大对外活动文化输送,服务基层市民阅读

2019 年,外图厦门书城继续巩固和扩大店外活动,累计创建了 61 所阅读基地学校。邀约了著名儿童文学作家郭姜燕、子鱼、汤素兰、董恒波与阅读基地学校师生面对面,分别在金安小学、莲龙小学、安兜小学、翔鹭小学、金山小学、天安小学、民立小学、江头小学、故宫小学、松柏小学、思明第二小学、湖明小学、美山小学、曾

营小学等阅读基地学校开展了 31 场校园读书节书展活动,参与师生人数超 10 万人次。

除了阅读基地书展进校园外,阅读继续深入基层社区街道及图书馆,举行了中山公园书展、翔安区图书馆书展、集美软件园厦门国际动漫节书展、美术馆书画展、会展中心稻盛和夫书展、市图书馆"鹭岛书市"大联展活动等,为社区街道居民提供优质阅读渠道;与部队开展共建,挑选了近千种图书,对图书馆室藏书进行更新、补充,丰富部队官兵们的业余文化生活;进企业,以书香鹭岛读书月活动为契机,在企业举行图书书展,为企业职工提供精神养分。

三、夯实阵地品牌特色活动, 优化读者体验感和参与度

2019 年,外图厦门书城自创的三档品牌文化活动——又见书单、电影沙龙和 why to 外图取得了一定的成效,收获大批忠实粉丝。这三项品牌活动以阅读和分享为核心,邀请不同领域的嘉宾读者分享故事、阅读观感、观影心得,推荐阅读书单。2019 年举办"他们在岛屿写作系列"纪录片展播、书店环球漫游系列活动等,充分调动厦门市作协及各高校文化学者的广泛参与,吸引广大阅读爱好者参与其中,实现了文化平台的成功打造。2019 年这三档活动共举办超过 30 期,其中,电影沙龙专项与版权局达成长期共建关系,通过影视作品及原著的推广,倡导版权保护及阅读正版的理念,取得示范性成效。

此外,外图厦门书城与市社科联密切合作,在书城阅读区坚持举办鹭江讲坛活动,邀请相关专家、讲师举办专题讲座等。2019 年 10 月,特别邀请厦门市著名文史专家彭一万、龚洁老师开展学

术专著首发式,邀请厦门市委党校常务副校长施凤堂教授开展题为《不忘初心牢记使命》的专题学习会;此外,全年常态化开展鹭江讲坛,推出系列人文知识讲座,切实做好倡导全民阅读以及文化推广的工作。

此外,2019 年成立外图"关注未来"科普讲坛,联合福建省亚热带植物研究所、思明区科协打造系列科普活动,在书城以及厦门市阅读基地校开展公益科普活动,主要有植物系列"我国师大名花科普""我国六大茶科""童心探自然科学体验场:科普阅读与彩绘"夏令营,动物系列身边的鸟儿进校园活动、爱鸟周科普宣传周、鸟类摄影展、爱鸟护鸟专题讲座等,累计开展 12 期活动。

在各项专题阅读活动中,外图厦门书城还开展了大量互动问答、亲子共读、手工 DIY 等富有参与性和体验感的系列活动。例如:金安小学亲子共读分享会,每期围绕一本书,小朋友可以和家长在现场共同分享读后心得;"小小图书管理员"活动,不定期招募体验互动,让小读者独立完成图书整架分类,从而体验到图书管理人员的日常;龟糕印公益课堂系列,龟糕印传承人潘海员老师现场教授小读者传统手工雕刻技艺,了解传承的重要性,尝试体验材料和技术及表现形式的创新,加强文化渗透,努力宣传非遗文化,推广民族传统工艺事业。这些活动跳出了传统的刻板阅读体验,读者可以在享受活动参与乐趣的同时,感受与家人亲密互动的快乐时光,从而把书本阅读知识提升到实践运用。正是这种开放有趣的读书月活动拓展创新形式,吸引了众多市民读者前来参与报名,受到很多读者的肯定与赞扬。

四、纵深新旧媒体合作,线上线下融合发展

媒体方面,通过电视台(如聆听两岸、城市 T 频道、厦门电视

台、海峡卫视)、广播(如厦门新闻广播、厦门人民广播)、报纸(如厦门日报、厦门晚报、海西晨报、海峡导报、东南快报)、网络(如凤凰网、新浪网、腾讯网、厦门网、小鱼网)等媒体发布超 150 篇/次关于专题读书月各种文化活动的报道,达到了立体式的宣传效果,对引领全民阅读、营造良好书香阅读氛围起到积极作用。开创阅读基地,在学校设置青少年学生阅读宣传栏,定期更新阅读推荐书目,并在寒暑假期为阅读基地学生发放课外阅读推荐书单。

　　2019 年,书城还实现了活化媒体资源联合开展阅读推广活动的新形式。先后与市文广移动传媒公司合作,举办"2019 年阅享生活·读行厦门悦读节"活动,为市民无偿提供悦读节活动互动礼品书籍 300 册、10 元无门槛购书抵用券近 2000 张,并在厦门公交、地铁、广播、电视、微信公众号、城市媒体等平台上滚动播出活动宣传片、活动预告和专题报道,营造了良好的文化氛围,掀起鹭岛全民阅读的热潮。同时,还联合海西晨报及全国几十家媒体,开展 2019"领读中国"20 城全城寻书大型公益活动,充分借势扩大活动及书城的影响力。

　　除此之外,外图厦门书城继续将微信作为推动新兴阅读平台发展的新力量,将其打造成为厦门市专题读书月活动信息发布和好书推荐的一个重要窗口,安排专人每周更新读书月活动信息,发布推荐图书目录。2019 年书城微信共推送文章 500 多篇,其中,服务号累计发文 240 余条,订阅号共发文 290 余条,类型包含活动软文宣传、回顾,成为线上销售及对外宣传的主要途径。服务号涨粉近 3000 人,订阅号也从 2000 多粉涨至破万,阅读数及互动数与 2018 年同期对比均有显著提升。单篇推文阅读人次最高达到万次,单篇推文留言数最高有近百条。策划线上互动活动超过 20 档,收到众多粉丝读者的肯定与好评。目前公众号粉丝总计 6 万余人,微博关注近万人,线上线下互动的阅读引导取得了更进一步的成效,不少读者正是通过这种方式,获得了更多的阅读资讯。与此同时，书城依托互联网技术，积极推动实现实体书城智能化，为读者提供更多的自助消费体验。如利用微商城实现自助查书和自助购书；利用二维码、微信平台、微信支付实现读者自助付款。未来将在适当时机开发图书定位终端查询系统软件、布置查询终端，实现通过手机、电脑登录查询终端准确获取图书的实际位置，提高查询的便捷性。线上线下实现你中有我、我中有你，线上营销、线下体验、交易方式多样化。

服务号对比：

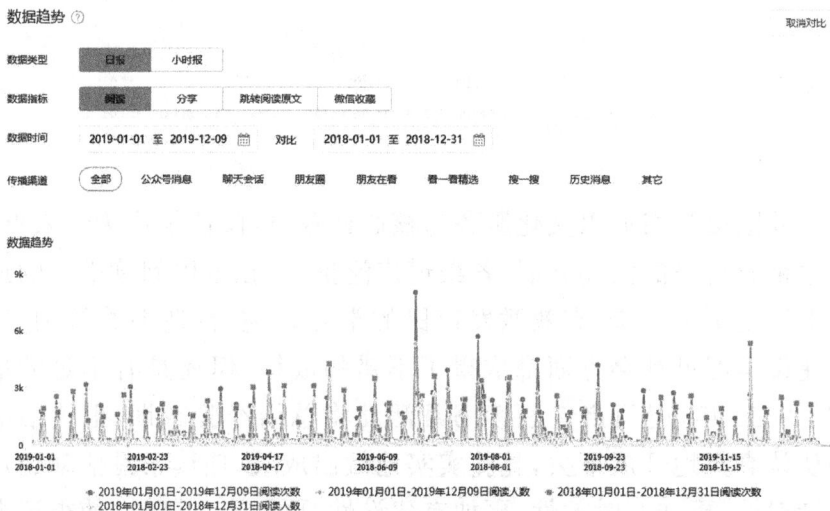

订阅号对比：

数据趋势 ⑦   取消对比

数据类型	日报	小时报				
数据指标	阅读	分享	跳转阅读原文	微信收藏		
数据时间	2019-01-01 至 2019-12-09 🗓 对比 2018-01-01 至 2018-12-31 🗓					
传播渠道	全部	公众号消息	聊天会话	朋友圈	朋友在看	看一看精选 搜一搜 历史消息 其它

数据趋势

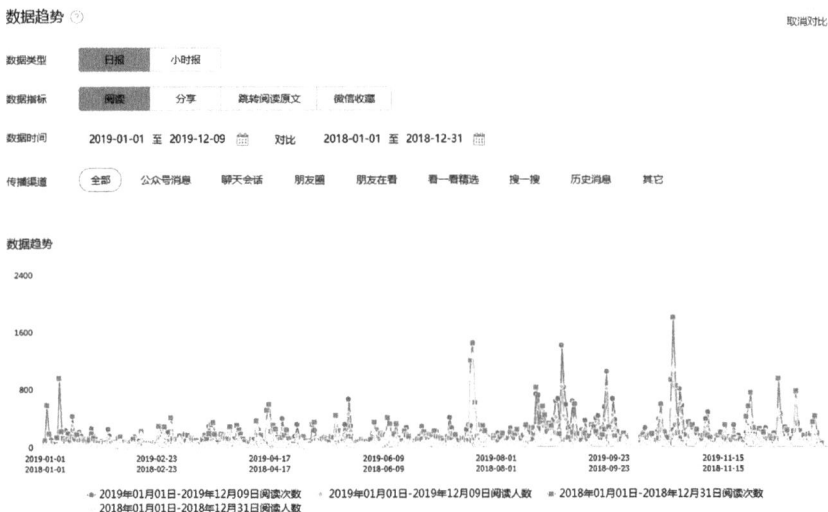

-⊷- 2019年01月01日-2019年12月09日阅读次数   → 2019年01月01日-2019年12月09日阅读人数   ● 2018年01月01日-2018年12月31日阅读次数
2018年01月01日-2018年12月31日阅读人数

外图厦门书城以文化服务为核心任务、以阅读推广为切入点，通过精彩纷呈的活动开展，各渠道广泛推广，在全民阅读推广的道路上迈出更大一步，有效激发市民的学习兴趣，营造书香氛围，推动建设学习型社会方面都取得了不错的成绩，但还是有不足的地方。2020 年，厦门市专题读书月活动将总结经验教训，把读书活动认认真真地开展下去，扎扎实实地做出成效，使读书月活动更加有针对性，更加有时效性，更加有建设性，更加有创新性，使得读书这一古老而传统的文化行为不断获得新的内涵，成为厦门人的一种生活方式，一种生活自觉，成为厦门这座城市的独特气质阅读。我们期盼新的一年厦门专题读书月活动更上一层楼，带动更多的市民读者参与和加入阅读大集体中。

执笔：林元添

时间：2019 年 12 月

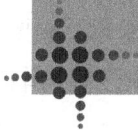

高校教学、实践

——厦门非物质文化遗产活态传承的新范式

◎ 李晓丹

2007 年 6 月,文化部批准在福建省设立首个国家级区域性文化生态保护实验区——闽南文化生态保护实验区。厦门作为闽南地区的中心城市,在闽南文化生态保护实验区建设中发挥重要作用,非物质文化遗产(以下简称"非遗")的保护和传承是其中一项重要的工作内容。

一、厦门非遗保护状况和厦门高校的教育教学现状

厦门市非遗的申报和保护工作情况良好:

1.厦门市较早动手并一直积极开展非遗普查和申报工作,截至 2019 年 3 月 8 日,厦门市"共有人类非遗代表作名录 1 项,国家级非遗代表性项目名录 11 项,省级 36 项,市级 16 项,合计 64 项"。

2.厦门市较早成立非遗保护组织机构,较早并延续多年举办了不少相关活动,为活态文化遗产保护提供展示平台。

3.厦门学界对厦门非遗保护的研究已经形成初具规模的著述、论文、研究报告等,其中有学者对厦门的非遗总体状况进行研

蓝皮书

究,也有学者着眼于厦门非遗的个别特殊视角进行研究,如对漆线雕、中秋博饼、个别区镇的非遗状况等进行研究。

4.厦门市抓紧在教育领域内对厦门非遗进行活态传承,主要呈现出来的特点是学童化,幼儿园、小学的闽南童谣教育等做得较到位,这符合非遗的发展规律。

厦门高校对厦门非遗的活态传承可以分成两部分,一为科研,已经形成初具规模的著述、论文、研究报告等,一为教育教学。就教育教学而言,高校教育在厦门非遗活态传承上主要集中在文化产业的相关研究拓展,就教育教学的普遍性意义上则稍显作为不足,群体性广泛性上铺开不够。

2019 年 5 月到 7 月,课题组设计了两套调查问卷对厦门高校大学生的厦门非遗认知现状、认同程度等进行了调查。之所以设计两套问卷,主要是由高校的生源特质决定的。厦门高校的生源主要有两种,一种是厦门本地生源,另一种是外地选择厦门高校就读的非厦门籍学生。不同的生源会对厦门非遗拥有不一样的看法。

对两类群体的基本调研结果均显示,厦门高校在读大学生对厦门非遗的认知状况都不高,就教育教学方面而言,高校在教育教学的普遍性意义上则稍显作为不足,群体性广泛性上铺开不够。

二、厦门非遗保护,高校教育教学可以也应该发挥更大作用

对于厦门非遗的保护,高校可以通过自己的教育教学发挥更大的作用,促进厦门城市发展。我们还是以高校的生源特质分两种类别来讨论。

毫无疑问,对厦门本地生源非遗的教育、实践,可以加深厦门

本地人对乡土文化的认同,促进其传承发展。我们的问卷调查显示,当问道:你是否愿意为厦门的非遗保护贡献自己的力量? 83.65％的大学生回答:愿意,厦门本地居民有义务和责任去保护和传承厦门的非遗。11.54％的大学生选择"无所谓"。只有 4.81％的大学生认为:不愿意,跟自己没有太大关系。当问道:如果您的父母是某一非遗传承人,您愿意传承下去吗? 74.04％的大学生表示"非常乐意",21.15％的大学生表示"无所谓",只有 4.81％的大学生明确"不愿意"。而针对"如果有宣传厦门非遗的活动",75％的大学生愿意有力出力,出谋划策,提供资源,积极协助或者积极参加。

对非厦门籍学生进行厦门非遗的活态传承教育教学,其最大的好处就在于:可以帮助厦门吸纳教育型移民这一最具竞争力的移民群体,帮助毕业后留在厦门的教育型移民群体更好地实现文化认同,使其愿意扎根厦门,更好地建设厦门。

厦门的教育型移民指从厦门市以外考入厦门的高校,毕业后留在厦门工作的群体,还有就是外地高校非厦门籍的毕业生来厦门应聘,留在厦门发展的群体。

"相比较于其他类型的城市移民群体,教育型移民具有以下几大比较优势有助于提高城市竞争力:

第一,年龄优势。绝大部分教育型移民年龄在 20 岁至 35 岁之间,属于青年群体,这部分移民群体生产性功能很强,潜力巨大,对提高城市竞争力很有好处。

第二,智力优势。几乎所有的教育型移民都受过大学以上的教育,他们的受教育程度高,具有专业技能,其中一部分人还具有一定的管理经验,这同样对提高城市竞争力很有好处。

第三,创新优势。教育型移民属于青年群体,他们较具有青年所拥有的敢闯敢干、开拓创新的精神。不仅如此,一般来说,相比较于原住民群体,移民群体会更容易接受新观念和新技术,更具有

蓝皮书

开拓精神和冒险意识,他们所具有的创新优势能给原住民社会文化注入新的活力,拉动当地创新创业。"[2]

第四,融入性优势。已有的研究表明:教育本身不仅可以有助于个人社会经济地位的提高,同时还是社会阶层之间的准入壁垒。[3]在对新社会、新生活的融入过程中,教育型移民相较于其他移民群体更具有融入性优势,因为教育年限越高的人更可能取得移入地的户籍并找到稳定的工作,由此受到的社会排斥也较少。

我们从以上几大优势可以得知教育型移民是极具竞争力的,把教育型移民吸引到厦门,留在厦门,必将有利于厦门的城市发展。

选择厦门高校就读的非厦门籍大学生有可能就是日后的厦门教育型移民,对这部分群体进行包括厦门非遗在内的厦门文化的相关宣传教育,有利于其较早地或更大程度地对厦门文化进行认知进而认同,更有可能更愿意留在厦门。我们的调研显示了这一点:

在我们的问卷调研中,548 名非厦门籍大学生对"您毕业后会选择在厦门工作、生活吗?"这道题做出了如下选择:49.27%的人选择"如果可能,还是想留在厦门",13.32%的人选择"一定尽自己所能留在厦门",总倾向性达到 62.59%。另外有 30.11%的人选择"无所谓,随缘,走一步看一步",只有 7.3%的人坚定地选择"离开厦门"。

在 62.59%的表达留在厦门的倾向性非厦门籍大学生中,对"如果您毕业后想选择在厦门工作、生活,您是否愿意在现在的学习生活中多多了解厦门本土的社会风俗文化(包含非遗)?"这道题,44.9%的人表示"非常愿意",44.61%的人表示"在一定程度上愿意",10.2%的人表示"视情况而定",只有一个人表示"不愿意"。

我们的调研表明:对非厦门籍大学生进行厦门非遗的活态传承教育教学,还有另一个好处就是,哪怕这些在厦门高校就读的非厦门籍大学生坚决地选择在毕业后离开厦门，这些毕业生也会是厦门文化传播的良好载体。

在我们的调研中，7.3％坚定地选择"离开厦门"的人中，选择离开厦门的原因［多选题］、比例如下表所示：

选项	小计	比例
想回到自己的家乡	20	50%
厦门的发展机会毕竟有限，自己有更好的工作选择	15	37.5%
排斥厦门的气候、环境	4	10%
排斥厦门的社会风俗文化等	2	5%
厦门安居乐业的成本过高，无法承受	10	25%
其他	8	20%
本题有效填写人次	40	

7.3％的坚定地选择"离开厦门"的人中，离开厦门后对厦门非遗整体的态度会是？［单选题］

选项	小计	比例
愿意主动宣传介绍	7	17.5%
如果刚好有碰到相关的情况，愿意介绍看看	24	60%
无所谓	7	17.5%
排斥	2	5%
本题有效填写人次	40	

从以上调研可知，仅就厦门城市发展而言，在厦门高校进行厦门非遗教育教学实践，至少具有下面的几大益处：

1.加深厦门本地青年大学生对厦门乡土文化的认同，更有利于促进厦门非遗的传承及发展；

2.帮助厦门吸纳教育型移民这一最具竞争力的移民群体,帮助毕业后留在厦门的教育型移民群体更好地实现文化认同,使其愿意扎根厦门,更好地建设厦门;

3.离开厦门的非厦门籍高校毕业生则是厦门文化传播的良好载体。

三、保护厦门非遗,大学生的热情和高校据此可创新的教育教学方式

我们的课题调研表明:在厦门高校在读的大学生群体中,无论是厦门籍还是非厦门籍生源大学生,他们都对保护厦门非遗有着很大的热情。其中,最让课题组感到意外和振奋的是下面的这个调查结果,突破了"公地悲剧"的课题组理论预设。

课题组经过反复思考、讨论,在针对厦门籍本地生源的问卷调查中,设置了需要付出性层层递进的三道调研选择题:

第一道是"您对以厦门非遗为主题的相关课程感兴趣吗?"——学生的主要任务是学习,完成这个任务最简单,不需要占用特别的时间和精力的付出;

第二道题是"如果学生会有宣传厦门非遗的活动,您会怎么办?"——比起学习任务,势必会占用大学生更多的时间和精力,要求其付出会更多;

第三道题是"如果您的父母是某一非遗传承人,您愿意传承下去吗?"——显而易见是要求大学生付出最多。

根据以往的各类调查经验,在个人利益发展和社会整体利益发展过程中,往往会存在着个人利益发展和社会整体利益发展相互冲突的社会陷阱,即"公地悲剧"(Tragedy of the commons):假设某个村庄有一片牧民可以自由放牧的公共用地,大多数牧民更

可能选择多养羊从而增加自己的个人收益,而很少考虑草地承受能力的问题。因为多养羊自己就能多获取收益,而草场退化的代价则是由整个村庄负担的。这就是"公地悲剧","每个人都被困在一个迫使他在有限范围内无节制地增加牲畜的制度中。毁灭是所有人都奔向的目的地,因为在信奉公有物自由的社会中,每个人均追求自己的最大利益"。人口问题,污染问题以及军备竞赛问题,均具有与此相同的结构。

本课题组的调查先理论预设了非遗传承中"公地悲剧"的存在,即大家都认为社会发展中非遗的传承很重要,但是要每个个体为非遗传承有所付出,尤其是时间、精力甚至利益付出的时候,很多人却选择不付出,因为付出是自己的付出,而非遗的不断遗失却是整个社会集体负担的结果。

但是我们的问卷调研突破了这一点,在厦门非遗的传承问题上,厦门高校的厦门籍大学生并没有明显的"公地悲剧"状态存在,而是有很大的热情想为厦门非遗的传承贡献自己的一份力量。具体如我们的问卷调研结果所呈现的那样,上述三道题正向选择的比例并没有因为需要个体付出的越来越多而逐步减少,而是呈现了越来越多的势头,厦门高校的厦门籍大学生有很大热情想为厦门非遗的传承贡献自己的一份力量。

既然大学生有很大的热情,那么高校的教育教学要考虑一个非常重要的问题就是我们要如何建立并形成厦门非遗活态传承的教育教学实践新范式。

第一,我们要创造机会,让学生有机会碰到有关厦门非遗。我们针对非厦门籍的在厦门高校就读的大学生调研给了我们启发。

在我们的问卷调研中,我们设置了这样的一道题:您对厦门非遗整体的态度是?[单选题]

调研结果如下:

选项	小计	比例	
愿意主动接触	138		25.18%
如果碰到了可以了解看看	363		66.24%
无所谓	45		8.21%
排斥	2		0.36%
本题有效填写人次	548		

可见,愿意主动接触厦门非遗的人不是太多,但如果高校多多设置相关的"机会",就会有更多的大学生碰到了愿意了解看看。

第二,在课题组对厦门籍和对非厦门籍的厦门高校在读大学生的问卷调研结果中,举办活动、开设课程是大学生更倾向接受的宣传厦门非遗的方式。

此外,以上述两点为基础,结合课题主持人十余年教学经验的结晶,课题组主要创新使用了下面两种教育教学实践新范式:

(1)在全体本科生都应该学习的思政课社会实践课程中,组织学生对厦门非遗进行口述调研等,可以口述调研非遗传承人,也可以调研个别厦门非遗的传承发展情况等。

口述历史指的是由准备完善的访谈者,以笔录、录音或录影的方式,收集、整理口传记忆以及具有历史意义的观点。

口述史调研是本课题主持人十余年教学经验的结晶,有相关的论文、课题、论文获奖和学生成果汇编,2018 年 9 月 27 日《中国青年报》(08 版)和 2018 年 10 月 10 日《中国教育报》(08 版教育展台)都报道了本课题主持人的"口述史"思政教育方法。

在上述教学研究的基础上,课题组组织、指导学生对厦门非遗进行口述调研,取得了一定的成果。

(2)根据授课班级情况和所指导的学生社会实践情况,将部分厦门非遗与专业相结合进行学习与拓展研究,如:结合音乐工程相关专业学习与拓展研究厦门南乐、歌仔戏、闽南童谣等,结合设计艺术相关专业学习与拓展研究珠绣手工技艺、漆线雕技艺等，结合土木工程与建筑学相关专业学习与拓展研究嘉庚瓦制作工艺等，结合传媒与文化传播相关专业学习与拓展研究春仔花习俗、中秋博饼习俗、闽南皮影戏等。

与专业相结合的相关学习与拓展研究也是本课题主持人十余年教学经验的结晶，有相关的论文和学生成果汇编，2018 年 9 月 27 日《中国青年报》(08 版)同时也报道了本课题主持人与专业相结合的相关学习与拓展研究方法。

在上述教学研究的基础上，课题组将部分厦门非遗与专业相结合进行学习与拓展研究。其中最典型的是指导厦门理工学院学生暑期"三下乡"社会实践活动中外国语学院的"指尖上的文化传承心怀中的文化自信"社会实践活动。

这个社会实践学生团队的主要专业是汉语国际教育专业，结合其专业课程《中华才艺》，他们需要接触并学习非遗，并在对外的汉语国际教育中向外国友人宣传中国非遗、厦门非遗。在这个团队 2018 年、2019 年两个暑假的社会实践中，他们采取实践教学的形式，针对小学生开展皮影制作、嘉庚瓦等厦门非遗相关课程，对非遗的宣传和保护取得了一定的成果。

总之，厦门高校完全可以建立并形成厦门非遗活态传承的教育教学实践新范式，以此促进厦门非遗保护并促进厦门城市发展。

时间：2019 年 11 月

蓝皮书

Wenhua
Huizhan

文化会展

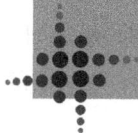

坚持守正创新
实现"安全、精彩、圆满"目标

——第二十八届中国金鸡百花电影节
总结报告

◎ 金鸡百花电影节执委会

在中央宣传部和福建省委省政府的关心支持下,由中国文联、中国电影家协会、厦门市人民政府联合主办的第二十八届中国金鸡百花电影节(以下简称电影节)于 2019 年 11 月 19—23 日在厦门成功举办,实现了"安全、精彩、圆满"的目标,得到了社会各界的充分肯定。

中共中央政治局委员、中宣部部长黄坤明出席开幕式并讲话,传达了习近平总书记的重要指示精神并提出了贯彻意见,同时宣布从 2019 年起金鸡奖将每年评选一次并连续在厦门举办。

本届电影节是承上启下的一届电影节,是全面展示新时代中国电影风貌的重要窗口和探索中国金鸡百花电影节专业化、市场化和国际化发展的有益尝试,也是中国金鸡百花电影节改革创新的新起点。本届电影节主基调昂扬奋进,营造了中国电影人大团结的浓厚氛围,展现了新时代电影人的新气象,也表达了厦门实施"以节促产"战略、推动电影产业高质量发展的决心和信心。

本届电影节于 11 月 19 日开幕,23 日闭幕,共计 5 天。电影节期间共举办了开幕式、提名者表彰仪式、闭幕红毯和颁奖典礼等

蓝皮书

4 场大型活动,共评出最佳故事片、最佳导演等 19 个奖项,在全市岛内外六个区的 10 家影城展映影片 82 部(国内影片 37 部、纪录电影 5 部、港澳台影片 13 部、国际影片 27 部),185 场,举办了 15 场论坛和 27 项系列活动。此外,于电影节前期在闽西南(龙岩、泉州、漳州、三明)展映影片 28 部,154 场。

本届金鸡百花电影节期间共接待嘉宾 1594 人,其中重要嘉宾 30 人,包括中央政治局委员、中央书记处书记、中宣部部长黄坤明,中宣部常务副部长、国家电影局局长王晓辉,中国文联党组书记李屹,福建省委书记、省人大常委会主任于伟国,省委副书记、省长唐登杰,省委常委、宣传部部长梁建勇,省委常委、秘书长郑新聪,原国家新闻出版广电总局副局长张丕民等 8 位部级及以上领导,杨在葆、王铁成、许还山等 14 位老艺术家,以及陈道明、张宏、成龙、吴京、张涵予、黄渤、张艺谋、冯小刚等 8 位中国影协领导和著名电影人。

本届电影节具有以下几大特色:

一是举办时机特别好。2019 年是新中国成立 70 周年,本届电影节是十九届四中全会召开后举办的一场国家文化活动,是党中央调整国家电影宏观管理体制之后首次举办的金鸡百花电影节。我们坚持守正创新,在各项活动内容中充分展示了中国电影事业 70 年来取得了巨大成就和积极贡献,突出反映新时代中国电影迈入"黄金时代"高质量发展的阶段性成果,使得整个筹办工作过程成为坚定文化自信、营造良好发展环境、激发文化创新创造活力和更好满足人民文化权益的过程。

二是规格高、规模大。中央政治局委员、中宣部部长出席开幕式开创了电影节自创办以来的先河。本届电影节光走红毯的电影人就达 600 多人,比以往电影节增加一倍以上,可谓群星璀璨。举办各类活动 432 场,活动数量创历史之最、活动质量创历史新高。

三是市民参与广泛。秉承"全城金鸡""全年金鸡"的办节理念,让电影节成为市民广泛参与的群众性节日,提升市民文化参与感、获得感。围绕电影节的筹备和举办,开展了系列电影主题鲜明、内容丰富多彩、市民广泛参与的文化活动。邀请各界代表、市民群众参加开幕式、走红毯、颁奖等大型主体活动,举办系列配套活动 38 场,贯穿了全年,辐射岛内外,为市民提供了影视文化大餐。还举办了 15 场论坛活动,向厦门业界和市民开放邀请等。通过各种活动让电影节成为市民群众的文化节日,同时也展示了厦门人民热情自信、喜迎金鸡的精神风貌。

四是"以节促产"战略成效显著。2019 年以来,厦门市以举办电影节为契机,大力推动影视产业招商引资工作,真正实现金鸡赋能产业发展,全市共签约 29 个项目,签约额 74.18 亿,包括中影、华策、凤凰卫视、北京无限自在等落地厦门。截至 10 月,厦门影视服务中心累计入驻企业 500 余家,其中 2019 年新增入驻企业 160 多家,新增产值近 10 亿元,新增注册资本 3 亿元,来厦拍摄报备剧组 44 个。实施"借节促销"文化旅游"组合拳",形成"金鸡"影视主题旅游线路 63 条,打造酒店"金鸡"特色餐饮、住宿服务 356 款,扩大了金鸡效应。

本届电影节自申报起就得到了中央、国家部委和福建省委省政府的高度重视,在申报和筹备的每个关键时间节点都得到了中宣部和省委省政府的强力支持,这是厦门市申报成功并精彩办节的重要保证。在本届电影节筹备举办过程中,中宣部常务副部长王晓辉、中国文联李屹书记、国家电影局常务副局长孟祥林多次听取汇报、提出办节要求,福建省委书记于伟国、省长唐登杰亲自部署、亲自推动。电影节期间,于伟国书记还亲临主场馆检查指导,并出席第 32 届中国电影金鸡奖颁奖典礼暨第 28 届中国金鸡百花电影节闭幕式,唐登杰省长出席开幕式并致辞,宣传部部长梁建勇听取汇报并到现场指导,充分体现了中央和国家部委、省委省政府对厦门的关心支持和对在厦举办第 28 届中国金鸡百花电影节的的高度重视,省委宣传部等省直相关部门对筹办工作也给予了具体指导和大力支持。

本届电影节得到了媒体和社会各界的高度关注。中央广播电视总台、人民日报、新华社、中国新闻社四大"航母"全面领航,各专业媒体百花齐放,福建、厦门地方媒体全面开花,呈现报道篇幅大、时间长、时段佳,报道角度更加丰富多彩,传播方式更加多样立体的特点。央视电影频道开闭幕式两场直播影响巨大,电影频道的红毯仪式直播,在同时段排名第2,全年特别节目排名第1,闭幕式同时段排名第2,全年特别节目排名第4,通过金鸡奖闪亮的舞台将厦门再次带到全球的聚光灯下。电影频道与厦门广电联合推出的6天84小时的5G全景直播,覆盖全网50多个平台,直播观看总量超过4.5亿次、相关微博话题阅读量超过90亿次、短视频播放量超过6亿次;人民日报官方微博开幕式和红毯仪式的5G直播观看观看人数达2545万人次,《福建日报》聚焦电影节活动,更以《金鸡报晓,福建电影再启航》为题刊发述评,探讨福建电影的过去和未来;福建广电旗下综合频道、东南卫视等也在重要时段刊播新闻、专题片等,为电影节造势;《厦门日报》推出9个版金鸡特刊,详谈厦门六区的影视发展优势;厦门广电充分发挥优势,挖掘电影节特色和亮点,有6条新媒体原创内容均超过10万阅读量。"金鸡奖84小时直播""星辰大海演员计划"等相关话题登陆全平台热搜超过80次,新媒体关注度堪称中国电影节历史之最,裂变式提升了活动的影响力和受众覆盖面。

时间:2019年11月

搭建交流平台 促进文旅融合

——第十二届海峡两岸(厦门)文化产业博览交易会总结

◎ 海峡两岸文博会筹备办

由中央台办、文化和旅游部、国家广电总局、福建省人民政府主办,厦门市人民政府、台湾亚太文化创意产业协会承办的第十二届海峡两岸(厦门)文化产业博览交易会(以下简称"海峡两岸文博会")于 2019 年 11 月 1 日至 4 日在厦门举办。本届海峡两岸文博会以习近平新时代中国特色社会主义思想为指导,落实习近平总书记在《告台湾同胞书》发表 40 周年纪念会上和参加第十三届全国人大二次会议福建代表团审议的重要讲话精神,根据文旅部和福建省委主要领导关于"明确定位、突出特色、体现融合、注重实效"的要求,秉承"一脉传承·创意未来"主题,着力打造两岸文化交流与文化产业深度对接平台,取得圆满成功。现将主要情况及成效报告如下:

一、基本情况

海峡两岸文博会主会场设在厦门国际会展中心,展览面积 75000 平方米,参展企业 1211 家,展位数 3512 个,其中台湾地区参展企业384家,展位数898个,两项指标继续领先大陆同类展会。主会场重点打造省市名企、工艺艺术、创意设计、数字影视、文创旅游等五大专业板块,全面展示建国70周年文化和旅游产业发展最新成果,进一步强化两岸文化和旅游产业合作对接平台作用。举办各类论坛、对接会、推介会、签约专场等39个活动;另设28个分会场,举办141场专项文化活动。展会期间签约文化和旅游投资项目103个,投资总额507.22亿元,较上届翻一番;现场交易额50.62亿元,较上届增长了248.4%,其中订单额49.75亿元;参观展会总人数30.2万人次,其中主展馆17.8万人次。

中宣部副部长孙志军,中央台办副主任龙明彪,文化和旅游部副部长张旭,福建省人民政府副省长郑建闽,文化和旅游部产业发展司司长高政,国家广电总局规划财务司副司长王高峰,中国轻工业联合会副会长陶小年,台湾亚太文化创意产业协会理事长陈立恒等领导、嘉宾莅临展会参观并出席相关活动,对本届海峡两岸文博会给予充分肯定和高度评价。

二、主要特色

(一)突出两岸交流合作

充分发挥两岸文化产业交流合作平台作用,打造海峡文化旅游品牌,推进两岸文化旅游产业投资贸易、人才交流等领域合作。一是首次设立两岸主宾市,加强海峡两岸城市文化交流。特邀宁波市与台中市联动亮相,宁波馆通过"书香宁波、创意宁波、音乐宁波、影视宁波"四大板块打造"文化宁波2020";台中馆围绕"品台中"主题,透过文创产品,展现环保、设计、绘画等创意元素。主宾城市着重展示文化产业重点项目、发展成就、特色文化资源及当地优秀文化,促进两地文化经济项目对接。二是首次举办两岸文创人才专场对接会。以"深化两岸人才交流对接,服务文创产业融合发展"为主题,设置文创人才对接服务展区,举办文创人才交流对接会、两岸(厦门)青年创意创业大赛,汇集具有代表性的台青创基地、众创基地和文创园区,帮助企业与两岸文创人才面对面对接交流,开展就业、创业及人才项目合作,近百家大陆文创企业共提供600多个岗位,108位台湾青年人才与会寻找就业和创业机会。现场还为首批8家文创实训基地授牌,搭建两岸文创人才"就业+创业+柔性引才"服务平台,建立长效人才培养和服务对接机制。三是台湾文创主题馆数量创新高,活动成亮点。南投、彰化、高雄和金门等县市都设立特色文创主题馆。此外,台湾生活馆汇集法蓝瓷、吉而好、春稻等5家台湾知名文创品牌,集中展示台湾工艺传承与创新成果;台湾工艺之家协会以"台湾工艺之巅"为主题倾力打造台湾顶级工艺展馆,成为展会热点。四是对接两岸高校资源。两岸高校设计展汇聚了49所两岸高校,集中展示青年文创设计成果,其中厦门大学、华侨大学、台湾实践大学、台湾亚洲大学等两岸17所高校设置独立展区,展示"第九届福建省高校艺术设计奖"的250件入围作品。展会首次设立闽台家园台湾青年创新创业基地展区。举办海峡两岸大学生文化创意论坛。作为国台办2019年对台交流重点项目"第六届海峡两岸大学生创意文化节"的重要组成部分,以"与你一起实现梦想"为主题,汇聚两岸文创领域的专家、高校学者及大学生代表,共同围绕两岸大学生文化创意设计实践合作等进行交流。

(二)突出文旅融合发展

按照"宜融则融、能融尽融,以文促旅、以旅彰文"的思路,促进文旅资源综合开发,推动文旅产业发展。一是深耕文创旅游板块。设置特色文旅展区、文旅IP展区等。其中,福建省文化和旅游厅组织策划的"全福游、有全福"形象展、"非遗与美好生活"以及闽台文创三大主题展区,展示新中国成立70年来福建文化和旅游产业发展成果,展出福建"福文化"文创大赛成果和福建文创联盟100多件创意精品、福建省实施传统工艺振兴计划以来取得的阶段性成果;闽台文创主题展区以台湾眷村为主题,邀请台湾地区文创龙头企业、文创业者参展参赛,观者云集。二是构建文旅投融资合作平台。文化和旅游部继续在海峡两岸文博会上举办全国文化旅游精品项目交流对接会。文化和旅游部产业发展司、福建省文化和旅游厅、厦门市人民政府相关领导,以及国家开发银行等金融机构负责人,重点文化和旅游项目单位负责人等200余人参会,共推出59个文化旅游产业项目,9个重点文旅项目在现场进行路演推介,并与金融机构及投资方进行深入沟通,其中2个路演项目初步达成合作意向。三是加大文旅项目招商对接。福建省文化和旅游厅组织了"全福游、有全福"文化旅游投融资合作暨重大项目推介专场活动,其中,福建文旅投融资优选招商项目展,以"共促文旅投融资,共享发展新机遇"为主题,推出各地优选的191个文旅投融资招商项目,类型涵盖区域标志性产品项目、文旅融合重大项目、滨海休闲度假项目、海岛旅游开发项目、文旅特色小镇项目、重点景区提升项目,以及康体养生、旅游精品演艺等新业态产品项目。投融资合作暨重大项目推介会上,国内文化30强企业和旅游20强企业,携程集团、春秋航空等大型民营企业,国开行福建分行、农发行福建分行、进出口银行福建分行等金融机构以及来自全国兄弟省市知名文旅投资企业、知名闽商等400余人参加推介专场活动。推介活动现场共有32个重大项目集中签约,投资总额184.97亿元,对接成效显著。

(三)突出创新增强活力

吸收新力量、拓展新业态,使得展会保持旺盛的活力。一是强化合作,整合资源,丰富展会内容。首增中国工艺美术学会、中国旅游研究院、台湾工艺之家协会作为协办单位,提升行业交流专业化水平。与中国工艺美术学会携手同期举办创意工美系列活动,展览规模 1.2 万平方米,折合展位数 466 个,展示玻璃、雕刻、金属、漆艺、陶瓷和纤维等六大种类工艺精品;同时举办"鹭岛学术对话"系列活动,围绕"工艺美术与新生活、新文化""工艺美术的品牌价值传播"等主题,邀请行业专家学者等发表主旨演讲,共论工艺、艺术发展之道;举办"创新作品大赛",从 370 余件入围作品中最终评审出 6 件金奖作品、11 件银奖作品、17 件铜奖作品以及 60 件优秀作品。携手中国旅游研究院举办海峡两岸文旅交流大会系列活动,围绕"艺术文旅新 IP""文旅大消费产业如何借势 IP 无界创新"等主题,邀请行业专家学者等以主旨演讲、圆桌论坛等形式,共论新文旅 IP 发展,由厦门文广传媒集团、华谊兄弟等 12 家单位发起的新文旅 IP 联盟于大会上正式成立。文旅 IP 展区汇集故宫鼓浪屿外国文物馆、风语筑、福清文旅 IP 等内容。携手樊登读书会举办 2019 知识经济博览会暨创新教育大会,以"知识赋能产业,创业引领未来"为主题,举办八场论坛。与厦门大学合作举办"全国大学生旅游纪念品创意大赛"。此外,专设金鸡百花电影节专题展区,展示第 28 届金鸡百花电影节相关活动内容,为电影节预热。二是省内各设区市全面参与,全方位展示福建发展新形象。本届海峡两岸文博会各设区市以特装展馆呈现,厦门市以各行政区主题展区呈现,总展位数合计 1052 个。各市通过现场展演传统文化艺术、非遗技艺,展示具有福建特色的工艺美术产品等,全面展现各地市文化和旅游发展新成果新成就。三是加强对外交流合作。文博会期间,福建省文化和旅游厅还邀请马来西亚、印尼、日本、菲律宾、澳大利亚、新加坡、英国等七个海外推广中心负责人和马来西亚、菲律宾、阿根廷、日本、澳大利亚等五个海外驿站负责人与会观摩,加强与"一带一路"国家和地区文化和旅游交流合作。

蓝皮书

(四)突出招商引资功能

按照"突出实效,做好招商工作"要求,重点落实客商对接和项目招商。一是采购商实现新增长。共邀请 23355 名专业采购商莅临展会,较上届增加了一万余名。中国传媒集团、中国动漫集团、春秋航空、中国书画研究院、中国文化产业园区联盟、中国对外贸易经济企业合作协会,以及河南省、贵州省、河北省、山东省、山西省、上海市、深圳市、南京市创意产业协会、创意产业中心等 40 家企业、机构组团参会,通过展位对接、活动对接、项目对接等形式进行全面对接。组团采购商现场交易额达 325.69 万元,意向签约交易额近 2200 万元。二是现场签约成效显著。展会期间进行了多场重点文化项目签约,一批文化项目正式落户厦门。其中,泊涵(厦门)文化传媒有限公司与集美区政府签订 2 亿元合作协议,计划在集美大社打造文化旅游园和集美直播文化产业园,产业园将集艺术家创作、艺术品拍卖、文化研学、网络直播等产业于一体,打造国家级旅游区和国内领先的线下网络直播园区,园区投入运营之后,预估年产值将达到 5.3 亿元;东娱(福建)文化传媒公司与集美区委宣传部签订 1000 万元意向合作协议,拟在厦门市集美区搭建"影视艺人经济产业园",开拓与发展影视艺人粉丝经济产业链;海丝文化传播中心等项目也在展会期间进行了签约。

(五)突出宣传塑造品牌

110 家海内外媒体共 507 名记者参与报道展会盛况,构筑了包括传统主流媒体、新媒体和自媒体在内的立体式传播格局。新华社、中新社、中央人民广播电台、新华网、人民网、中国日报等中央媒体对展会进行了现场报道,作为国家对外宣传的权威纸媒渠道——人民日报海外版专门以一个整版介绍海峡两岸文博会。港澳台媒体全程关注,东森电视台、台湾中华时报、中时电子报、台湾导报等 11 家媒体,香港大公文汇报、紫荆杂志、香港商报等 3 家媒体来到现场,进行专版专题报道。福建省主流媒体广泛报道,广播电视、网站等纷纷开设专版专栏和专题页面,并利用微博、微信、移动客户端、H5、朋友圈广告等传播方式,报道形式更加生动鲜活。央视新闻＋移动客户端、看厦门 App、厦门广电网、厦门广电官微官博、厦门卫视直播平台等数字平台同步线上直播,线上线下同步体验文博盛会。

三、主要体会

(一)领导重视、指导有力

主办部委领导先后两次听取筹备工作专题汇报。雒树刚部长提出四点要求:一要明确定位;二要突出特色、突出精品;三要体现文旅融合;四要重视举办论坛活动实效。陈元丰副主任指出:一要抓紧做好向全国清理和规范庆典研讨会论坛活动工作领导小组报备工作;二要谋划好明年文博会和旅博会合并事宜;三要突出地方性和民间性,选好大陆和台湾地区的主宾市,用好展会平台的话语主导权;四要扩大海峡两岸文博会在台湾岛内的影响。福建省委书记于伟国就落实主办部委领导要求做出批示:"要具体落实好雒树刚部长四点要求,'定位、特色、融合、实效'提得很准确,很切合两岸文博会实际,好好细化,不断提升办会质量、水平。"福建省政府多次专题研究海峡两岸文博会筹备工作,要求各相关部门通力协作,确保展会安全、顺利举办;郑建闽副省长专门召开专题协调会议并带队赴京向主办部委汇报筹备工作情况。厦门市高度重视筹备组织工作,市委常委会、市政府专题会分别研究部署落实筹备工作有关事宜,确保各项筹备工作按时间节点有序推进。

蓝皮书

(二)周密部署、确保落实

为贯彻落实国家部委、福建省委省政府的一系列指示精神,海峡两岸文博会筹备办周密部署筹备工作。及时召开专题会议讨论研究,进一步细化方案,提高办展水平。一是严格执行涉台管理有关规定,在办展过程中,主承办单位和运营机构认真学习领会习近平总书记对台工作重要论述,在海峡两岸文博会组织筹备和展出过程中,坚决贯彻党中央对台工作大政方针,持续推动两岸民间文化领域交流合作。遵守有关法律和规定,敏感及重大问题及时上报。加强与台湾承办方亚太文化创意产业协会沟通,确保海峡两岸文博会对台特色不褪色。二是节俭务实办展。在筹办过程中严格贯彻落实中央八项规定精神和中央关于厉行勤俭节约反对铺张浪费的规定,简化展馆布置、在展馆科学布局上下功夫,力求简约大方,不铺红地毯,重视活动形式和服务方式等方面创新,更加注重文化产业的对接实效,严格控制接待规模,节俭办会,将海峡两岸文博会办成务实、节俭、高效的展会。三是统筹部署宣传工作。在国台办、福建省委宣传部、省文化和旅游厅、厦门市委宣传部的领导和支持下,先后召开福建省内工作推进会、省政府新闻发布会、中央和省级媒体新闻通气会、厦门组展招商工作部署会、厦门媒体通气会、国台办新闻发布会,发布展会信息,推进组展招商及宣传工作有效开展,形成大规模、全覆盖、多层次宣传格局。

(三)加强协作、密切配合

省直、市直各成员单位全力以赴,各司其职。省市两级密切配合,省文旅厅,厦门市委宣传部、市文旅局多次组织召开专题协调会部署落实有关工作。省直各单位通力协作,积极参展参会,省委宣传部牵头负责媒体宣传工作;省文改办负责"福建文化品牌综合展区"策展布展工作;省广电局负责"福建广播电视和网络视听展";省教育厅负责"2019海峡两岸高校设计展";省贸促会组织 20余家重点文化企业参会。厦门市台港澳办、市财政局、市公安局、市卫健委、市信访局、厦门海关、市消防支队及各区等筹备工作领导小组成员单位做了大量卓有成效工作。严格履行相关展客商、展品审查要求和报批程序,把好台湾参展商、嘉宾及境外参展商的邀请工作和展品清关工作;加强人员检查及现场管理,采取有效措施确保活动顺利进行。厦门市文化和旅游市场综合执法支队、市场监督管理局等知识产权综合执法小组全程进驻展会现场,把知识产权保护和文化市场综合执法做好预防、做在实处。

四、下一步工作思路

(一)持续提升办会水平

坚持"明确定位、突出特色、体现融合、注重实效"总体要求,认真总结经验,在展区设置、配套活动组织等方面广泛征求各方意见和建议,全面提升新一届展会的办会水平。

(二)加强展会成果运用

强化签约项目跟踪服务,将签约项目纳入福建文化旅游项目库管理;跟进对接上台签约的各项战略合作协议,确保项目落地落实;推动福文化创意大赛成果转化,在各类文化和旅游平台展示推广大赛优秀创意作品,推动作品授权、交易,进一步开发、生产。

(三)加大招商推介力度

持续扩大对台特色和影响力,进一步加大面向海内外采购商的招商招展力度,特别是加大"一带一路"沿线国家和地区宣传推广力度。利用福建文化海外驿站、旅游推广中心等平台,推动精品项目海外展示推广。

时间:2019 年 11 月

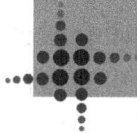

以书为媒　出新出彩
有影响有实效

——第十五届海峡两岸图书交易会综述

◎ 海峡两岸图书交易会组委会

在中宣部、国家新闻出版署、国台办和福建省委省政府、厦门市委市政府、市委宣传部及相关部门的指导支持下,第十五届海峡两岸图书交易会(简称"海图会")于 2019 年 9 月 20 日至 22 日在厦门举办。本届海图会以书为媒,出新出彩,有影响有实效,展现了厦门在两岸出版交流中的重要地位和产业优势,凸显了传承弘扬中华优秀传统文化的责任担当,探索两岸融合发展新路,取得了圆满成功。有关情况报告如下:

一、基本情况

第十五届海图会以习近平新时代中国特色社会主义思想为指导,贯彻落实习近平总书记在《告台湾同胞书》发表 40 周年纪念会上的重要讲话和参加十三届全国人大二次会议福建代表团审议时的重要讲话精神,结合新中国 70 周年主题图书展示,秉承"书香两岸·情系中华"主题,突出对台、突出交易、突出成效。

第十五届海图会由厦门市人民政府、福建省新闻出版局、中国

蓝皮书

出版协会和台湾图书出版事业协会、台湾图书发行协进会、台北市出版商业同业公会主办,河北省新闻出版局、厦门市文化和旅游局、海峡出版发行集团、河北出版传媒集团、厦门外图集团有限公司、北京书友之家、台湾图书出版事业协会承办,执行机构为厦门外图集团有限公司。展馆总面积34500平方米,其中厦门国际会展中心主会场13500平方米,比第十三届扩大70%,再创历届新高。同期在泉州、莆田等设立分会场,天猫和台湾博客来设立海图会网上展,活动影响更广,深受两岸出版业者、读者的好评,是近些年来海图会举办最为成功的一届。

中国出版协会常务副理事长邬书林,厦门市人大常委会党组书记、主任陈家东,中共福建省委宣传部副部长、省新闻出版局(省版权局)局长陈立华,中共厦门市委常委、宣传部部长叶重耕,厦门市人民政府副市长韩景义,中宣部进出口管理局副局长赵海云,中共中央台办、国务院台办交流局副局长李京文,中共河北省委宣传部副部长、省政府新闻办主任邸世泽,台湾图书出版事业协会理事长林洋慈等领导嘉宾出席。各出版集团、出版社和台湾、港澳出版机构及图书馆、版权发行机构、民营图书和专家学者、作家等3000余名业界人士参会,参观读者达23万人次。

二、主要特点和成效

(一)展览规模再创新高,图书展销两旺

两岸525家出版机构参展,其中台湾出版机构221家,邀请22家香港、澳门出版机构参展。两岸参展图书约20万种70万册,参展单位和品种再创历届新高,全面展现华文出版面貌。360余家图书馆、书商参会采购,同期举办86项高规格产业对接和阅

读交流活动,人气更旺。图书订购和零售总码洋 5070 万元,比第十三届增长 10.3%,其中图书零售增长 66%;两岸图书版权贸易 396 项,比第十三届增长 12.5%;两岸 26 家单位还签订了涵盖版权贸易、发行代理、数字内容、投融资等产业合作协议,意向金额近 6 亿元,进一步凸显海图会的两岸文化交流平台作用,取得了良好的社会效益和经济效益。

(二)主题图书备受关注,书香氛围浓厚

本届海图会绝大多数是近两年出版的新书、畅销书和精品书。展馆书香四溢,墨香沁人,吸引了馆配采购商参观选购。以"颂时代华章,赞大美中华"为主题的"中华人民共和国成立 70 周年"专题图书展区,《福州古厝》等 300 余种主题精品力作集中展示,成为本届海图会的一大亮点。福建展区主题图书和精品图书盛装亮相,福建省新闻出版局组织海峡出版发行集团精选《摆脱贫困》《中国改革开放全景录·福建卷》等 50 余本图书,展现福建出版行业的活力和繁荣气象。各参展出版社重点推出优秀主题图书,营造出版界共同庆祝新中国成立 70 周年的浓厚书香氛围。2019 年是厦门外图集团有限公司成立 30 周年,集团工会组织"我和我的祖国"青春快闪活动,现场欢快的乐曲吸引读者驻足欣赏,将主题展区的书香氛围推向高潮。

(三)探索两岸融合发展新路,打造书香家园

本届海图会积极探索两岸出版融合发展新路,精心布置阅读生活空间,营造"家园·书香两岸"氛围。海峡出版发行集团优秀图书发布并举办讲座,挑选精品图书与台湾业者洽谈版权合作。两岸出版高峰论坛以"融合·发展·走出去"为主题,邀请两岸三地 6 位嘉宾和 150 多名代表,探讨两岸出版融合发展的新路径。两岸出版馆藏交流会暨台湾原版重点图书推介会,两岸 300 余家

蓝皮书

图书馆、科研机构专业人士聚焦图书数字化的新思路。两岸 26 家单位达成合作并在现场签约,合作意向金额近 6 亿元。厦门外图集团与台湾龙冈数位等达成图书发行合作。现代出版社与台湾华品等达成版权交易。交通银行厦门分行与厦门外图集团签订"海峡出版物流中心"战略合作协议等。厦门作家夏炜、李秋沅等名家讲座,"绘本展嘉年华"等活动同期举办,打造台胞台企登陆的书香家园。

2019 年是海峡两岸图书交易会举办 15 周年,组委会向长期支持参与的两岸出版社赠送纪念牌,激励两岸出版人携手推动中华出版繁荣。中国出版协会常务副理事长邬书林呼吁,两岸出版人必须重视专业出版的价值,与科学家、高校和科研机构合作,做出中华民族对世界文明应有的贡献。台湾城邦媒体集团营运平台总经理叶君超在高峰论坛上表示,两岸同业对双方市场的深入理解,比以前单纯的版权合作更重要,完全有条件、有必要把合作步伐往产业链上下游延伸。台湾时报出版股份有限公司董事长兼总经理赵政岷表示,版权保护是对作家的保护,是对市场的保护,两岸在这方面还可以继续加强合作,鼓励更多的原创作品出现在市场上。台湾参展人士普遍反映,海图会架起了两岸出版交流的桥梁,将同文同种的两岸出版业紧紧连接在一起,成为两岸出版业共话未来、深度合作的专业平台,也共同面临和承担着做大做强华文出版业、传承发扬中华文化的历史命题。

(四)配套活动丰富多彩,读者人气高涨

本届海图会既是两岸书业者交流的盛会,也是读者参与的阅读嘉年华,创新举办了一社一书、台湾学术典籍联展、名家签名书联展、童书绘本联展,戴建业、黄春明等两岸 50 余位作家参加了活动。展会 3 天,吸引 23 万人次参与主会场和各分会场活动,读者人数为近年来的新高。有读者专程从福州及浙江丽水、宁波等地赶来。9 月 22 日 17 时闭幕后,为满足进馆读者选书热情,组委会临时

将展销区延迟一小时至 18 时闭馆。很多读者反映,本届海图会的场馆布置清新大气,活动更丰富多样,特别是首次发送 20 余万张书香抵用券,激发了大家的阅读兴趣,感受到两岸书香的家园氛围。

(五)冀台出版交流热烈,深受业界欢迎

河北展团组织 12 家出版发行单位携 1576 种、5000 余册重点、精品出版物参展,举办冀美连环画 70 年出版历程访谈、《形声学汉字》新书推介会等交流活动,设置吴桥杂技、武强年画、蔚县剪纸等非遗项目展演,集中体现"美丽河北,书香燕赵"的主题,深化冀台出版产业交流。

(六)宣传推广有声有色,品牌影响扩大

人民日报社、新华社、中央广播电视总台、光明日报、中国日报、中国新闻社、中国新闻出版广电报等中央媒体;福建日报、福建广电集团,厦门日报、厦门广电集团、厦门卫视;河北日报、河北广播电视台,香港商报、台湾中华日报等 120 余名记者采访报道,百度检索"第十五届海峡两岸图书交易会"相关网页 11.2 万条。厦门人民会堂、地铁站、图书馆、书店等设广告牌,网站、微信、微博等新媒体同步推广,扩大了海图会的影响。

三、工作体会

(一)各级领导重视支持,是海图会成功举办的组织保障

本届海图会得到了各级领导的高度重视和精心指导,为海图会成功举办提供了坚强的组织保障。中宣部、国台办、中国出版协会和省委宣传部十分重视,将海图会列入本年度对台交流重点项

目,给予业务指导和大力支持。厦门市委书记胡昌升、市长庄稼汉多次指示批示,指导本届海图会的总体发展思路和办展方向,并对相关政策落实、应急处理等事项提出具体指导要求。厦门市人大常委会党组书记、主任陈家东关心支持,出席海图会相关活动。市委常委、宣传部部长叶重耕,副市长韩景义多次听取工作汇报,及时协调解决筹备中遇到的相关困难和问题,指导推动海图会进一步创新思路,提升实效。在海图会筹备期间和举办过程中,市委宣传部、市文发办领导都高度重视和大力支持,统筹安排各项筹办工作,并在方案立项、资金扶持、宣传推广、产业对接等各方面给予精心指导帮助,协调各相关部门全力配合。市文化和旅游局加强业务指导,强化创新举措,规范项目流程,局业务处室现场办公,组织日常工作落实到位,推动海图会顺利成功举办。

(二)海图会以书为媒,深化对台文化交流的意义凸显重要

图书是文化的重要载体,具有较强的意识形态属性和社会效益属性。长期以来,厦门是对台图书交流交易的重要口岸。以中小型出版、单体书店为主的台湾出版业生存发展,高度依赖大陆市场,迫切希望通过参加海图会,加强与大陆出版业的交流合作,引进大陆优质图书吸引读者,赢得市场,提升在台湾市场的竞争力。海峡两岸图书交易会是作为在大陆和台湾轮值举办的两岸大型文化交流展会,搭建起两岸出版界和广大读者间文化交流的重要桥梁。通过本届海图会,两岸出版界围绕"融合·发展·走出去"等议题敞开心扉展开深入研讨,寻找合作商机,推动更多的大陆图书版权和实体图书进入台湾文化阵地,既传承弘扬中华文化,丰富了台湾读者的精神文化食粮,促进了台湾民众对祖国大陆的了解,也有利于促进两岸同胞的心灵契合和融合发展,起到了潜移默化的深远影响,在促进两岸文化交流中发挥着独特的重要作用。

(三)海图会务实创新,进一步彰显品牌影响和宣传活力

本届海图会积极发挥福建、厦门对台交流的区位和资源优势,进一步创新办展思路,提升交流实效。一是展区规划更加科学。设置大陆出版社展区、河北主宾省展区、台港澳出版社展区、采购征订样采区、版权贸易区、主题精品图书展区、数字出版及全民阅读区等8个专业展区。首次邀请港澳地区出版单位组团参展;首次设立以"打造两岸书香第一家园"为主题的阅读生活空间,"营造书香、竹韵、雅生活"的空间格调,邀请两岸作家举办签售讲座、花道茶道表演活动,吸引在厦台胞体验有花、有书、有茶、有爱的两岸书香氛围。二是展馆搭建更具书香气息。各展区采用不同色调营造阅读氛围,如童心万花绘——童书绘本联展区设计,从蓝天白云、青山绿水中吸取灵感,营造了一个童趣盎然、清新自然的阅读空间。河北主宾省展区融入长城元素,展现了书香燕赵的文化底蕴。三是配套活动讲求实效和人气。如两岸版权贸易对接会,组委会提前征集两岸各家出版社的版权对接需求,精心牵线搭桥,邀请两岸出版社开展"一对一"对接洽谈,现场氛围热烈;组织社会阅读机构举办书法大赛、咪咕数字阅读、绘本剧表演、朗诵比赛等活动吸引读者自发参加,场面火爆。创新举办一社一书、版权对接、高峰论坛、看样采购等业界活动,在两岸出版界取得良好反响。

(四)海图会运作机制需要更加科学,经费投入亟待提高

海图会工作意识形态性强,外图集团制定各项工作预案,建立了最严格的图书审读机制,邀请省、市审读专家对参展图书进行审读。依托厦门外图集团在两岸图书贸易和出版交流的影响,积极推动招商招展和活动策划工作,取得良好的成效。但也存在财政经费投入和承办单位自筹经费投入不配套问题,财政经费投入多年来没有提高,制约了海图会的发展。政府财政经费投入应按相

应比例增加,以鼓励和扶持海图会进一步创新活力,增加实效,扩大影响。

四、下一步工作思路

　　近期,组委会将贯彻落实党的十九大精神和对台方针政策,按照相关部署和工作要求,抓紧投入第十六届海图会的前期策划筹备工作,及时研究上报工作方案。参照海图会长期以来形成的在两岸轮值举办的机制和惯例,建议 2020 年第十六届海峡两岸图书交易会在台湾举办,河北省继续作为主宾省参展。我们将在上级领导的重视支持下,精心组织运作,确保海峡两岸图书交易会届届相连、常办常新,为持续推动两岸文化交流和出版产业发展繁荣做出新的贡献。

执笔:陈毅振、汪凯
时间:2019 年 9 月

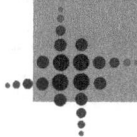

九州风雅首聚八闽
鹭岛魅力惊艳海峡

——第四十四届全国文房四宝艺术博览会综述

◎ 厦门报业传媒集团

由中国轻工业联合会、厦门市委宣传部指导,中国文房四宝协会、《中国文房四宝》杂志社、厦门市文化改革发展工作领导小组办公室、厦门日报社共同主办,厦门海峡书画艺术产业协会、厦门报业传媒集团承办,厦门日报书画院、厦门日报《文创周刊》策划执行的第四十四届全国文房四宝艺术博览会暨第五届海峡书画艺术产业博览会,于 2019 年 10 月 24 日至 27 日在厦门国际会展中心A1A2 馆成功举办。市委常委、宣传部部长叶重耕出席开馆仪式,并会见了中国轻工业联合会、中国文房四宝协会和百年品牌企业的领导。

中国文房四宝协会是负责全国文房四宝行业管理的国家一级协会。由其主办的"全国文房四宝艺术博览会"是全国文房四宝行业举办时间最长、最具权威性的年度盛会。经过数年的争取和引入工作,本次展会是 44 届来首次在福建举办。中国文房四宝协会及各地商家对厦门留下了极好的印象。协会领导及众多展商给予此次组展、办展工作以高度的评价。

本届博览会汇聚逾万种文房四宝名品、精品,展商包括大量文房四宝行业的大品牌、老字号,总展出面积超过 1 万平方米,展位达 437 个,参展商家超过 200 家。不论参展机构数量还是文房四宝工艺大师及非遗传承人数量都是博览会创办以来在北京以外所办展次中规模最大的一次,收效及展商反馈位居历年最佳场次之列。据不完全统计,全程观展人次近 4 万,产生了良好的社会效益与经济效益。

一、主要亮点

(一)文房巨擘云集鹭岛,代表中国当今产业最高水平

来到厦门的 200 多家参展商都经过组委会把关,均是国内文房四宝行业的领军机构,在业界享有盛誉。其工艺、质量一流,代表了当今中国文房四宝产业的最高水准。

此次博览会的毛笔板块延续往届精彩纷呈的态势。不仅有"华夏笔都"江西文港的几千种毛笔来到厦门,还有历史名笔——湖笔首次组团倾力加盟。湖笔中最具权威的湖州市善琏湖笔厂,携双喜湖笔、周公笔庄等一系列百年字号、老品牌第一次来厦。同时,1916 年始建于北京的毛笔老字号戴月轩也在展区首排亮相。

名墨板块则以大众耳熟能详的京城百年墨业一得阁为主打,展出了一系列中外墨汁。155 岁的一得阁以特装展位出席本届展会,带来的产品涵盖了从学生练习墨到专家用墨等各级别各大品类。除北京老字号外,安徽老字号胡开文墨也展出一系列传统及创新的墨条墨块产品。不仅如此,上海周虎臣墨、备受欢迎的红星墨、专营日本进口墨的一批展商都首次亮相鹭岛文化舞台,为厦门消费者带来了更多选择。

宣纸板块由首次来厦的中国宣纸股份有限公司领衔。该公司是国内最大的文房四宝生产企业之一。公司建于 1951 年,历经近

70 年的发展,其"红星"宣纸已成为传奇。公司获得无数荣誉,是全国最具影响力的国家文化产业示范基地之一。除此以外,泾县宣纸、书画纸产业重点骨干企业之一的泾县明星宣纸厂,始于明末清初的老号"汪同和"宣纸以及泾县的一批名纸商家都首次来厦。

同时,首次组团登鹭的还有闻名全国的"中国书画纸之乡"——四川夹江县的展商。夹江手工造纸始于唐、继于宋、兴于明、盛于清,拥有一千多年历史,有与宣纸"堪称二宝"的美誉。目前夹江已是全国最大的书画纸生产区。

此次博览会砚台展区首次全面汇集了全国名砚。被称为"中国四大名砚"的甘肃洮砚、广东端砚、安徽歙砚和山西澄泥砚,唐代李白诗中"宣州石砚墨色光"的安徽宣城宣砚,自晋以来备受柳公权、欧阳修、唐彦猷、苏易简等历代文人墨客所推崇的山东青州红丝砚以及宁夏蓝宝的历史名砚贺兰砚也一同登场,实属难得。

(二)非遗大师联袂来厦,传统技艺辉耀海峡

本次来厦的文房四宝行业翘楚中,不仅有许多优秀机构,还有一大批由国家评定的非遗传人,中国文房四宝协会推介的"大国工匠""文房四宝大师"等传统技艺的代表性传人,覆盖传统文房全领域。

前来参会的名匠包括纸笺加工技艺传承人刘靖、曹素功制墨技艺传承人鲁建庆、端砚制作技艺传承人梁焕明、青州大福砚传承人杜吉河、周虎臣毛笔制作技艺传承人吴庆春,还有本省的漳州八宝印泥传承人杨锡伟等。他们在传承的同时不断创新,在推动传统技艺创新性发展方面做出了杰出贡献。制笔大师马志良,带领湖州市善琏湖笔厂获得专利 88 项,每年开发十多个新品种;纸笺大师刘靖,带队恢复了代表我国传统纸笺最高水平的"手绘描金粉蜡笺",还恢复并发展了金银印花笺、泥金笺、绢本宣等一批纸笺名品;制墨大师汪培坤不仅挖掘了失传近百年的生鲜纯土漆烧制漆

烟炱技艺,更科创研发了徽墨"幻彩法"描金技艺,这些成果都在现场得到了展示和交流的机会。

厦门首次汇聚如此多的文房四宝行业大师,全面展示传统笔墨纸砚技艺,在互通互动中,采购商和观众的视野得到开阔,传统文化技艺在海峡西岸熠熠生辉,得到进一步传承与推广。

(三)文化大牌共襄盛举,新品精品震撼登场

在文房四宝、非遗大师云集的格局下,本届博览会汇集了众多百年品牌和业界大牌。

西泠印社集团策划了"海峡文澜"主题展区,一系列名画以及西泠印象旗下商品接连亮相;商务印书馆精选了 2019 年最新出版的系列丛书以及年度热销榜图书来到厦门;西安碑林博物馆展出了从秦汉至近代、涵盖西安碑林藏石代表性精品的名碑名拓;成都杜甫草堂博物馆呈现了结合成都城市特色的系列文创品以及 2019 年最新研发的杜甫诗集系列产品;百年品牌诗婢家则携独家复刻画、当家油烟墨等文房产品及"黑白月"熊猫系列文创产品到厦;十竹斋艺术馆也推陈出新,将最近在大英图书馆等各地博物馆展出的木刻水印版画制品带到厦门;同时保利厦门也以精美的展区展出了 2019 年征得的书画拍品,每一件都十分难得。

(四)深入策划配套展览,层次丰富度进一步增强

本届博览会延续了以往海峡书画艺术产业博览会的特色,就在地特色及文化普及做足文章,以层次多样、内容丰富的配套展览策划为观众带来文化盛宴。

其中:翰墨旋风——福建书坛"8090"国展精英媒体提名展,特邀在中国书法家协会举办的全国级大展中入展、获奖的福建籍"80后""90后"青年书法家。作品质量上乘,代表性强,汇集全省九地市作品,让观众一饱眼福。鹭潮松风——张晓寒美术研究会部分

会员作品展,展出了厦门知名的艺术团体成员创作的50多幅国画作品,大部分都由资深艺术名家创作,非比寻常。山风海涛——闽西书画院书画家厦门交流展,展品都来自闽西书画院书画家,共有20多幅,呈现了兄弟县市的文化风韵。漆彩翔韵——翔安农民漆画展中50幅来自翔安的农民漆画作品特色显著,展现了厦门本土基层文化建设的累累硕果。醉美平和——平和书法摄影展,展出一批平和籍书法家和摄影家书写平和、展现平和之美的作品,也是闽地文化的艺术之花。

在当代书画摄影名家作品登场的同时,组委会和西安碑林博物馆还联合策划了"石墨镌华"西安碑林名碑拓片展,为博览会增添了历史的厚重。展览中的名碑拓本,时间跨度从秦汉至近代,涵盖西安碑林藏石代表性精品。原碑多数为国家一级文物,如颜真卿所书的《多宝塔感应碑》《颜氏家庙碑》《颜勤礼碑》,僧怀仁从内府藏王羲之墨迹中集字刻成的《集王圣教序碑》,柳公权的《玄秘塔碑》《回元观钟楼铭》,还有《曹全碑》《大秦景教流行中国碑》等,件件闻名海内外,让广大市民有幸近距离欣赏传统文化瑰宝。

二、主要成果

(一)两岸对接,"一带一路"交流成果显著

本届博览会突出两岸及香港与内地的文化对接,不仅有台湾地区的企业,还有香港特别行政区的企业,参展的有海峡两岸文创协会、台湾觉无忧艺术、台湾水方创意国际、台湾华瀚文创科技、台湾我爱中华笔庄、台湾顺基国际、香港汇泉轩、香港文联庄、香港友生昌笔墨庄等来自台湾及香港地区的企业,数量超过往届。

其中,台湾中华笔庄再来厦门参展,精心挑选了龙舞春风、开

蓝皮书

智高升、舞墨添金等三款手写春联礼盒;觉无忧艺术公司,展现了专注于东方笔墨风格的文创设计与产品;华瀚文创科技则以中华文化为底蕴,发挥诗词之韵与书法之美结合科技元素,打造一系列兼具科技文创特色的时尚产品。

值得一提的是,来自景德镇的 89 岁高龄的管定华先生在展会上呈现他的两岸心愿。他是本届博览会上年龄最大的中国文房四宝大师,近年极少参展。得知 2019 年在厦办展,他说:"哪里我都可以不去,但厦门一定要来,因为这里离台湾近。"他曾努力恢复了失传已 200 年的文房用具"水滴",并设计烧造出了"拆可做文具、合则成花瓶"的"瓷制组合文具"。此次他特别展出了一件台湾书法家题字、由他配画的合作组合瓷瓶。他说:"共同的根是我们的文化,希望有一天,两岸也能像这个瓷瓶一样合在一起。"

延续"一带一路"文化交流特色,2019 年组委会特邀了韩国首尔书法家协会前来办展。展览展出了来自韩国书法家协会、首尔书法家协会的 21 位艺术家的 42 件书画作品。艺术家们以传统翰墨或西式油彩作为创作载体,或用韩文或用汉字展现出不同的艺术风貌。不仅作品来到厦门,韩国首尔书法家协会会长郑永夏、韩国书法家协会副理事长李奇钟还携主要创作艺术家远道而来,出席博览会开幕式并与中国书法家们深度交流。

(二)名企集中、专家导览,博览会成市民艺术生活嘉年华

本届博览会是福建首次举办汇集如此多文房四宝大品牌、老字号、知名厂家的盛会。博览会充分展现出了产业精品和历经千年传承下来的文化以及最新的文房四宝发展趋势。数家百年品牌、多个配套精品展与文房四宝大展组成一场文化盛宴,开启了观众畅享书画生活的大门。

不仅如此,2019 年组委会还创新观展形式。一方面召集厦门日报书画院的书画老师组成志愿导览团带观众看展,同时特邀来厦参展的非遗传承大师举办微讲座,让市民朋友和书画爱好者们不仅看展出,还能增长知识。

从博览会第一天开始,志愿导览团就义务为看展观众导览,讲解文房四宝知识,揭示书画、金石、拓片精品背后的故事。面对西安碑林博物馆的拓片,老师们从刀工、拓片技术、碑文的艺术和文献价值讲到书法史;在保利厦门的中国书画经典作品主题展区,分享鉴赏门道并逐件讲述艺术家的故事。非遗大师方面,湖州制笔大师杨松源掏出不少干货分享,从湖笔制作的制作工序到择笔的诀窍,无不细致解惑。宣砚大师则以老砚、创新砚为案例为观众讲述砚石历代沿革。

导览让观展变成一场现场体验课,许多商家也反馈是首次见到这一观展形式。闭馆时,很多观众都双手提着心仪的纸笔,既有精神收获,又有物质收获。

(三)交易火爆、对接频繁,平台效益凸显

文房四宝博览会首次来厦举办,为力促各方初次合作取得成功,将博览会办出特色、办出影响,为其长期落地厦门打下良好基础,厦门组委会在充分实现社会效益的基础上也全力调动各项资源,进一步提升展会的平台效益,为展商带去销售对接的经济实效。组委会不仅对全市媒体矩阵进行投放,更面向全省展开宣传和专业观众邀约。

展览交易接洽效果显著。展会第二天,来自浙江富阳越竹斋的潘筱英就已经在四处闲逛了。她所带的七十多款纸基本卖完,展位上仅存已被预订的少量纸样。文港资深制笔人张华对一同前来的文港展团做了调查,大部分反馈展览效果一年好过一年,同时评价本届展会是博览会京外办展中成效较佳的一届。

会期不少品牌产品被一扫而空,一得阁、诗婢家的高端墨汁,"红星宣"中的高端"净皮"宣纸,还有一批名牌湖笔,都被书法爱好

者们抢购一空。调查中,许多商家反映产品带少了,不少同行对没来厦门感到可惜。

(四)各方高度认可,拓展城市文化朋友圈

会后,中国轻工业联合会、中国文房四宝协会领导及各地商家都纷纷为厦门城市氛围及展览工作点赞,十分认可厦门城市的人文素养和办展前景。

通过抽样调查,一大批商家都对厦门组展工作表示了认可,对厦门办展前景十分看好。其中北京一得阁、上海朵云轩、安徽宣砚、上海周虎臣曹素功笔墨、北京戴月轩、胡开文墨厂、银川贺兰砚协会、安徽多家宣纸企业及文港商家等一系列重要展商展团都对继续在厦办会表示大力支持。

商务印书馆涵芬楼营销总监李志萍认为2019年博览会人气与专业度都有明显的提升,同时对厦门市场十分看好。她说,近4000元的《四库全书图鉴》首日售罄,其他书籍和文创产品的销售情况也很好。

北京一得阁墨业有限责任公司总经理马静荣表示从展会一开门就感受到了厦门人的热情。对于厦门的展览平台效益,他深度认同:"在此不仅能结识更多厦门朋友,还能与台湾同胞、台湾企业建立联系、达成合作。"

杭州西泠文化创意有限公司董事长王恩清也高度评价了厦门的城市影响和展览成效。他认为厦门在文化产业和创意产业发展方面有着得天独厚的优势。这里既有丰富的文化资源,又有独特的对台区位优势,同时还有良好的社会人文气氛。他希望西泠印社能与厦门的艺术产业进一步合作,在新业态的文创、出版、培训等方面进行深入交流。

江西美术出版社连续五年参与了海峡书画艺术产业博览会,社长周建森认为本届博览会较往届取得了很大进步,达到了一个

新高度。他表示本届展会不仅参与的商家数量有了极大突破,厂商的地域丰富性和代表性都更加全面。同时展览的平台实效性进一步放大。他相信通过博览会的平台,厦门的城市文化氛围将有进一步的提升。

中国文房四宝协会副会长黄太海认为,践行国家"一带一路"倡议和创新驱动战略离不开对优秀传统文化的传承及现代化创新。各方展商都看好厦门这个对外交流的窗口城市,也希望借助这个平台为传统文化带来更多创新性的发展推动。他认为,借助于厦门这个富有活力的大舞台,将让优秀的传统文化有更多的交流、创新和发展。

中国文房四宝协会秘书长米军十分感谢厦门市委宣传部及各部门的大力支持,对筹办团队给予了高度评价。他认为,厦门对于文化产业的重视让他们产生深度共鸣。厦门办展团队的精干、实干和周到让中国文房四宝协会各位成员留下了深刻的印象。他表示博览会来到厦门,让各地展商有"抬头看世界"的机会,也是众望所归。他说:"在厦门这样一个与台湾有着千丝万缕联系的城市办展有更为深刻的历史意义。台湾对于传统文化的研究、发展有许多值得借鉴的地方。两岸文化交流,厦门是一个无可替代的窗口。"

三、展会取得成功的主要因素

(一)得益于市委宣传部的高度重视

本届博览会历时数年的申办过程中都得到了市委宣传部的大力支持。市文发办全力指导、协助申办沟通和邀请工作。2019年4月,市委宣传部副部长、市文发办主任戴志望携筹办团队前往北京洽谈。2019 年 5 月,市委常委、宣传部部长叶重耕更是亲自接见了中国文房四宝协会的来厦考察团,最终敲定办展意向。

(二)得益于不懈努力的进取精神

厦门日报社、厦门报业传媒集团团队从 2015 年就开始与中国文房四宝协会接触,并持续跟踪进展、寻找办展契机。市委宣传部副部长,厦门日报社党委书记、社长江曙曜也亲自前往北京争取。在办展合作确定后,江曙曜社长、蔡廷谦总编辑多次举行专题会议部署安排,并对办展工作实时跟进、支持,同时调动全报社、全报业集团的力量,力求让这一全国大展首次来厦就能打出开门红。

(三)得益于全国展商的倾情支持

厦门日报社、厦门报业传媒集团从 2015 年设立厦门日报书画院后,对行业进行了多年的精心耕耘,在良好的互动中保持了与业界领导机构以及各重要文房四宝基地的伙伴关系。在本次展会中,西安碑林博物馆、西泠印社集团、商务印书馆等一批文化界巨头以及江西文港、安徽宣城等文房重地继续给予展会全力支持,保证办展顺利进行。

(四)得益于全媒体放能宣传效应

作为厦门城市首屈一指的全媒体放能专家,厦门日报社发挥媒体专业性,不仅大力推进展会邀约推广,更借博览会的抓手全力宣传、提升厦门城市文化形象。

厦门日报社一方面调动了旗下全媒体矩阵资源,以平面、音频、动态广告、短视频等形式,在厦门晚报、海西晨报、城市捷报、海视传媒、厦门日报各级官微上密集推送。另一方面,在其他媒体也投放了高频次宣传。其中在厦门本地媒体中的厦门电视台、厦门新闻广播、厦门移动电视、东帝士广告、思界文化传媒、骏豪广告的荧幕及户外广告载体展开了近 1 个月的推广。对外在《福州日报》《闽北日报》《闽南日报》《三明日报》《湄洲日报》《闽西日报》的纸媒及新媒体上做了专版、专题报道。

2020 年，厦门日报社、厦门报业传媒集团团队将在市委宣传部的领导下，继续保持同中国文房四宝协会及文化大牌、产地展商的接触，在办展、合作、投资、创新等方面研发新思路，全力进取，及时与各方沟通，让办展工作更为有序、高效，让更多喜爱文房四宝的人加入进来，打造更精彩的文化盛宴，为厦门文化名城建设助力。

执笔：陈思宇

时间：2019 年 11 月

传播中华文化　推动出版交流

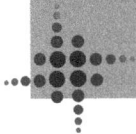

——第三届东南亚中国图书巡回展综述

◎ 厦门外图集团

在中共中央宣传部、中国书刊发行业协会、福建省新闻出版局、厦门市委宣传部、中国（福建）自由贸易试验区厦门片区等各级部门的悉心指导和大力支持下，经厦门外图集团有限公司精心筹备，第三届东南亚中国图书巡回展于 2019 年 10 月 31 日至 11 月 6 日在泰国、马来西亚、菲律宾、老挝、柬埔寨、缅甸等东南亚六国成功举办。本届巡回展参展图书精品荟萃，版权对接务实高效，配套活动丰富多元，有力推动了中国与东南亚地区出版合作与文化交流，提升了中国出版的国际影响力。

一、总体概况

第三届东南亚中国图书巡回展以"传播中华文化，推动出版交流"为宗旨，深入东南亚六国，举办图书展售活动 10 场，展出图书 10000 余种、30000 万余册；开展中外出版社版权对接活动 292 场，达成中国图书版权输出意向 821 项，预计印数 2460 多万册，总定价 1.23 亿元人民币；值得一提的是，2019 年首度举办的中马出版合作论坛暨版权对接洽谈媒合会,组织中马出版社一对一版权对接活动 206 场,达成两国出版合作意向 421 项,各项数据均创马来西亚出版对外交流合作新高,一跃成为马来西亚规模最大、影响力最显著的对外版权合作平台;为了配合图书展售和版权对接活动,还举行赠书交流、非遗文化展演、中国书架设立等各项配套活动 22 场,进一步丰富展会内容,凸显展会特色。在中外各方的通力合作下,本届巡回展图书销售、版权输出、参与机构、观展人数、媒体报道等各项数据均创历史新高,展会规模、质量及知名度明显提升,平台影响力日益显著,取得了极大的社会效应和品牌效应。

二、展会成果

(一)参展图书精品荟萃,广受东南亚各界欢迎

本届巡回展云集众多国内出版大社、出版集团近年以来出版的新书、精品书和重点版权书,品类覆盖科技、文史、少儿、经济等领域,丰富多元,精品荟萃,为东南亚当地民众饱览中国好书搭建一站式服务平台。由于第三届巡回展举办时间正值新中国 70 周年华诞,巡回展组委会专门设立"新中国成立 70 周年"主题图书展专区,集中展出党的十八大以来一系列公开发行的各语种习近平总书记著作以及反映中国在经济发展、文化交流、科技教育等领域取得的历史性成就的主题出版物,帮助东南亚各界切身了解一个开放创新、砥砺奋进的中国。展会期间,众多当地政商界人士、学校师生以及普通民众竞相前往观展购书,除了中华传统文化和汉语学习的书籍依然热销外,东南亚各界越来越关注介绍中国道路和中国发展经验的书籍。如此次参展的 300 册泰文版《习近平谈治国理政》,备受当地读者欢迎,仅仅 3 天就在泰国销售一空。据

统计,本届巡回展各会场累计观展人数超过 20 万人次,图书销售额达 126 万元人民币,较上届提升 11.5％。

(二)中国图书版权备受追捧,大规模输出迎来里程碑

版权对接活动一直以来都是巡回展的"重头戏"。第三届巡回展秉持"搭平台,促交流"的理念,先后于泰国曼谷和马来西亚吉隆坡举办版权对接洽谈媒合会。两场活动赢得了中外出版业界的高度关注和踊跃参与,共有包括中方人民出版社、安徽时代出版集团、泰方 Amarin Printing and Publishing PCL、马方 MenMen Group SdnBhd 等 135 家中外出版大社、名社、出版集团携版权样书分组轮流进行一对一版权推介洽谈,促成了一大批中外出版社版权合作意向的达成。版权活动场场爆满,尽管组委会每日安排了多达 10 轮、长达 8 小时的洽谈,但还是难以满足东南亚业界对中国图书版权的巨大需求,众多东南亚出版社纷纷利用原本的休息间隙,尽可能争取更多的对接洽谈机会,以大规模引进优质的中国图书版权;国内出版社更是直呼洽谈版权到"失联",均表示大量输出版权甚是意外,也十分惊喜,2020 年将携更多版权图书参展。此外,两大版权活动现场还举行了中外出版合作项目的签约仪式,共同见证了西南大学出版社与泰国蜘蛛出版社的《易汉语》丛书项目等 6 项代表性项目达成合作协议。在中外业界的共同努力下,本届巡回展版权对接活动可谓是成果颇丰。据统计,两场版权对接洽谈媒合会共举办一对一版权对接洽谈活动 20 轮、292 场,达成中泰、中马版权合作意向 821 项,较 2018 年增长 117％,巡回展平台影响力迎来跨越式提升,对推动中国与东南亚地区出版交流、版权贸易具有里程碑意义。

(三)系列活动深入基层,中华文化广泛传播

为进一步提升中华文化对外传播广度,本届巡回展就以下两

方面做出了重大努力。一是提高地域覆盖广度。本届巡回展除在泰国宋卡国王继承王位六十周年国际会展中心设立主会场外,还分别于泰国曼谷南美书局、马来西亚吉隆坡厦门大学马来西亚分校、柬埔寨金边皇家大学、亚欧大学、柬埔寨福建会馆民生中学、菲律宾宿务中华中学、老挝琅勃拉邦新华学校以及缅甸仰光福星孔子课堂等地设立分会场。巡回展以书为媒,深入东南亚六国,为中国与各会场所在国的友好关系不断注入文化力量。二是提高人群覆盖广度。本届巡回展面向东南亚地区各地会场、高校、图书馆、出版社等机构开展了丰富的交流活动,包括图书展售、版权对接、赠书交流、非遗展演以及中国书架设立等。通过巡回展平台,中国出版精品和中国文化瑰宝进一步向广大的东南亚地区出版业者、政府要员、高校师生以及普通民众等各界人士辐射传播,宽领域、多层次、全方位提升中华文化的海外影响力和感召力。

(四)台湾出版社主动融入巡回展,共同讲好一个中国故事

　　共有3家台湾出版社主动融入东南亚中国图书巡回展平台,跟随大陆业者"统一"行动,共同向东南亚各国读者展示了中华文化魅力。巡回展让东南亚各国读者在畅享中华文化大餐的同时,也对两岸文化一脉相承有了更深的了解和认识,获得了意想不到的宣传效果。

(五)海内外媒体全面报道,巡回展品牌深入人心

　　第三届巡回展自筹备以来,组委会根据筹备阶段和展中展后不同阶段的特点,分步骤、有重点地部署了媒体宣传计划,精心策划新闻亮点,与海内外主流媒体积极沟通协调,保持密切合作联系。巡回展期间,中方中新社、中国新闻出版广电报、泰方星暹日报、马来西亚Sinar Harian等70余家中外主流媒体对巡回展系列活动和展会成果进行了实况直播报道和转载报道,形成了广播电

视、报纸、网络"三位一体"的立体宣传态势,大幅加深了东南亚各界对于中国社会、中华文化的认知和了解,进一步彰显了巡回展平台影响力,扩大了巡回展品牌知名度。

三、下一步工作计划

东南亚中国图书巡回展历经三年耕耘,已进入到谋求突破的关键阶段,外图集团作为巡回展承办单位,将矢志不渝办好巡回展,在巡回展规模、成效、特色、品牌等多方面突破创新,推动巡回展成长为更有生命力、更有影响力的坚实平台。第四届巡回展主要工作计划如下:

(一)增设主宾省

第四届巡回展拟邀请安徽省作为主宾省,由安徽时代出版传媒集团组织安徽出版机构参展,共同推动安徽出版和徽派文化"走出去"。主宾省的设立,将进一步丰富巡回展办展形式和活动内容,巡回展影响力和知名度将显著扩大。

(二)扩大会场覆盖面

为庆祝中越建交 70 周年,第四届巡回展拟新增越南会场,为中越两国的友好发展注入文化力量。巡回展落地国家将首次扩展到东南亚七国(越南、缅甸、泰国、老挝、柬埔寨、菲律宾、马来西亚),会场覆盖面逐步扩大。

(三)进一步丰富展会活动

除已有的版权对接、图书展售、非遗展演以及赠书交流等特色活动外,第四届巡回展拟举办交易中心揭牌、文创展览、文化论坛等全新交流活动,全方位、多层次、立体化展现中国文化精髓,促进文化交流。

　　巡回展的持续成长离不开中央、省、市、自贸区各级各部门的持续指导和支持。外图集团将进一步整合优势资源、不忘初心、砥砺奋进,进一步推动东南亚中国图书巡回展实现跨越式发展,使巡回展成为让东南亚各国高度认可的国家级出版盛会和文化名片,成为更具规模和影响力的中国出版"走出去"强势平台。

执笔:吴昀希

时间:2019 年 11 月

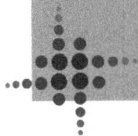

海内外大咖聚厦
同安释放"影"响力

——HiShorts！厦门短片周综述

◎ 同安区委宣传部

2019年12月16日，HiShorts！厦门短片周在环东海域同安新城中影泰得影城启幕。这是继第28届中国金鸡百花电影节之后，厦门迎来的又一次全国青年电影人的聚会。

本次短片周汇集了全国200多位青年短片导演和海内外100多位音乐、影视、文化行业大咖。他们齐聚同安，针对青年导演的发展以及短片的多样化发展进行全新探讨。

短片周以"国际化，年轻化，中国美"为核心，把镜头聚焦于海内外炎黄子孙的生存状态，无论是在中国本土的广大观众，还是生活在异国他乡的华人华侨和外国友人，都能够通过一系列短片影像，了解更多中国人的生活状态和精神风貌。本届短片周还精心设计了竞赛、展映、创投、论坛、派对五个板块，配套音乐沙龙、回顾展映和颁奖典礼等一系列有特色的活动环节。

作为同安区签约支持的重要影视产业项目之一，HiShorts！厦门短片周会将影视产业链上的各类企业汇集在同安，形成创意、制作、竞赛、展映、市场、创投等完整的产业生态，还会协助引进一批文化影视项目落户同安，为同安电影长期、健康发展搭建健康生态，培育丰沃土壤。下一步，该项目还将建立 HiShorts！中国青年导演的原创基地,实现影视文化与旅游产业的融合。同时,开办文创影视培训机构、短片联展影像馆,建立版权交易中心,以节带产,带动招商引资,让影视产业链上的各类企业汇聚在一起,形成完整的商业生态闭环。

未来,HiShorts! 厦门短片周将扎根环东海域,打造成兼具优美自然海岸风光与全球高品质影视内容赏鉴的文化品牌,并面向全球电影人,为同安新城注入青春活力和人气,形成具有同安新城特色的文化记忆。

一、吸引广泛,集中放映呈现影视盛宴

在互联网技术飞速发展的今天,智能设备不断拉近人与影视的距离。但是,能一口气饱览百部精彩短片的机会并不多。HiShorts! 厦门短片周就提供了这样一个契机——活动期间,有200多部优秀短片作品集中放映,其中,110部在环东海域同安新城中影泰得影城集中放映。

HiShorts! 厦门短片周吸引了世界范围内一大批优秀青年导演踊跃参与。自9月11日征片至今,组委会已经收到来自80多个国家和地区的1929部华语短片作品,其中超过300部短片曾在世界各地的多个电影节斩获大奖。经过层层评审,共有110部短片入围。短片周期间,组委会组织复审与终审,选出每个单元的最佳短片。

除了从剧情、纪录、动画、实验、商业等单元分别精选作品进行线下展映外,HiShorts! 厦门短片周组委会还精选出2017—2018华时代全球短片节中的120部优秀华语短片集中放映,让观众与优秀短片来一次大面积的亲密接触。

二、大咖加盟，两届奥斯卡得主参与评审和交流活动

作为鹭岛电影产业的新成员，HiShorts! 厦门短片周的分量不容小觑。该活动前身为华时代全球短片节，上两届活动共在全球范围内征集了 5509 部短片，覆盖 137 个国家和地区，其中 670 部达到院线放映水准。

过去两年中，主办方邀请到了国际知名导演李沧东担任终审评委，中国当代艺术家徐冰担任艺术顾问，2017 年戛纳金棕榈获奖作品《方形》制片人 Philippe Bober 担任终审评委，并通过活动策划吸引了著名演员刘佩琦、作家陈冠中等近 100 位文化艺术大咖参与评审和颁奖。

HiShorts! 厦门短片周延续全球短片节的盛况。此次，两届奥斯卡奖得主、英国知名纪录片导演柯文思空降厦门，在为期一周的活动中，他不仅担任竞赛单元的终审评委，还携纪录片作品《善良的天使》参与短片周评审和交流活动。观众们不仅在影院观赏这部纪录片，还现场聆听柯文思讲述如何创作纪录片，并现场互动交流。

此外，《齐马蓝》导演 Robert Valley，《燃烧》编剧吴政美，著名歌手、导演丰江舟等也受邀担任终审评委。

三、精准扶持，同安影视产业可望大发展

筑得梧桐木，引来金凤凰。近年来，同安区为推动该区由文化资源大区向文化强区跨越，结合文化产业现状和发展实际，出台了《同安区文化产业发展专项资金暂行管理办法》，统筹推进影视演

艺、文化旅游、创意设计、艺术品等文化产业高质量发展。

实行"科学管理、择优扶重、绩效导向、奖补结合"的管理模式，对符合专项资金扶持重点的影视、动漫等新兴文化业态，其作品在境内外出品、发行、播出实际收入达 200 万元以上的按 10％ 的比例给予补助。另外，实行以奖代补政策，对被省级以上大型展览、会议等采用的同安区文化单位原创生产的舞台艺术精品、影视精品、动漫游戏产品、地方特色文创产品等给予一次性奖励。

此外，同安区还将出台影视产业奖励扶持政策，将设立全市第一支文旅产业基金，为影视产业项目和企业的落地提供强大的支撑。除了成熟的影视产业发展政策，同安区还加大企业服务力度，在投资、交通、就医、住房、子女入学等方面，给予投资者全面优惠待遇，在企业上市、技术改造、市场开拓、人才引进和品牌创建等方面也会给予全力支持帮助，让千年古城成为影视产业发展的热土。

时间：2019 年 12 月

蓝皮书

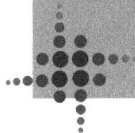

"兴·无止境" 时尚氛围营造

——2019年厦门国际时尚周综述

◎ 厦门国际时尚周组委会

在市委、市政府的大力支持下,2019年厦门国际时尚周以"兴·无止境"为主题于12月6日至9日成功举办。2019年厦门国际时尚周以厦门国际会议展览中心A6、A7、A8等馆为主场,联动思明、湖里分会场和厦门其他时尚地标,围绕"整合资源、服务产业、丰富内涵、持续发展"的总体思路,聚焦"传统品牌年轻化"和"年轻品牌的创新与传承"两个目标,按照"产业对接、时尚发布、时尚潮GO、时尚之城"四大版块,打造MIX PARK时尚观念实验展、TRENDY UP时尚秀、时尚观念FED Show、青年时尚榜单发布四大创新IP,并增加时尚产业资本对接这一特设版块,凸显厦门国际时尚周的独特性。

一、主要做法

1.优化运营机制。一是继续推行年度轮值主席制度,充分发挥专家主观能动性和行业影响力,邀请CAA中国(创新精英文化经纪公司)首席执行官顾抒航女士担任轮值主席,为时尚周提供泛娱乐行业的洞察和视角,提升活动品牌知名度。二是引入市场竞争机制、专业评审机制以及专业艺术顾问团队,提升时尚周整体专业化呈现。三是切实关注产业痛点和企业需求,进一步扩大企业的参与意愿,通过流量赋能、设计赋能、资本赋能等方式,参与2019年时尚周的企业比之前呈数倍增加。

2.紧跟创新模式。一是创新尝试"新零售"模式。"85后"至"00后"年轻人消费模式更多元化,本届时尚周联手淘宝直播优质MCN(多渠道网络服务)机构玩转新零售,打造集个性化定制、网红打卡、游戏体验等为一体的即看即购空间。二是积累优质泛时尚资源。多元融合看展、走秀、行业交流活动,探索时尚、科技、艺术、商业等多种品牌的时尚潜能。

3.持续提升影响力。一是与《第一财经》、《中国日报》和《华丽志》等头部媒体合作,对厦门市时尚产业政策环境、观音山龙头企业和厦门本土优质品牌作专题报道,《第一财经》官微报道阅读量近2万次。二是拓展传播广度,构建多维传播体系。携手时尚、文化、娱乐等行业近60位明星通过拍摄助力海报和祝福视频、举办重要嘉宾主讲论坛、发起公益活动等为时尚发声,提高关注度。吸引全国重量级媒体、驻厦媒体及厦门本地媒体均积极关注并参与时尚周报道,全网发稿量超700条。三是创新合作模式,以项目合作加码媒体融合。基于青年时尚榜单项目与新浪深度捆绑,携手新浪时尚总部打造全网参与的年度盛典,其中关联话题"9000岁的选择"登顶微博热门话题榜,阅读量达1.1亿次。四是强化自媒体运营,树立时尚周品牌口碑。在微信官方账号输出精品海报、优质长图、趣味H5等创意内容,爆款频出,在微信年度推文数与上年持平的基础上,阅读量同比增长近100%,粉丝同比增长70%;在微博官方账号方面,通过打通各维度传播内容和资源,与参与本届时尚周的明星、大V、品牌等积极互动,"厦门国际时尚周"微博话题阅读量达2.5亿,讨论2.2万,阅读量较上一年度增长58%。

二、举办成效

1.差异化定位更加清晰,时尚周新格局初显

2019 厦门国际时尚周打造了"可观赏、可体验、可讨论、可消费"四位一体的全新时尚体验,同时作为完全向公众开放的时尚平台,通过多元化内容链接品牌与用户,满足不同属性的时尚消费群体,让时尚变得更有趣、更生动,更平易近人。一是呈现最受青年喜爱的时尚生活方式。精准聚焦"85 后"至"00 后"等时尚消费中坚力量,持续挖掘时尚和泛时尚领域的新势力。MIX PARK 时尚观念实验展整体展区增加了近一倍,融衣、食、住、行、享、乐、购为一体,增设极限运动、嘻哈摇滚、街头滑板、机甲大战、音乐派对等新时尚元素。二是互动体验更为丰富,让时尚更"好玩"。时尚周期间,新锐身体护理品牌 LEPEBBLE 石/乐在现场搭建了五感体验馆空间,将身体护理的触感放大到眼、耳、口、鼻,让用户体会身体护理过程的美妙;大疆机甲大师将科技感十足的机甲对战带到了现场,吸引了大批观众体验围观,展商在赢得众多精准用户关注的同时,也获得了更多的订单。三是平台影响力再升级。不仅有多次在国际舞台上惊艳亮相的计文波、曾凤飞、JORYAweekend、密扇等知名设计师及品牌助阵,也有 AKCLUB、街瘾、两三事等新锐品牌的风采。第三届中国国际配饰设计大赛得到海内外广泛关注,有 7 位海外选手入围决赛,评委阵容也不乏意大利知名设计师 Elena Raho 等。2019 华人时装设计大赛参赛选手来自中国台湾、香港、北京、福建等 16 个省市,更有意大利、英国、日本等海外选手参与。

2.成为新老品牌转型升级、消费升级的阵地

随着新一代消费主力人群的成长,以市场为导向,传统品牌追求年轻化、年轻品牌注重传承与创新。时尚周已成为:一是传统品

牌的年轻实验厂。参与品牌通过对展台视觉进行大胆设计、加入用户互动环节、开放品牌大秀等方式,期望能够在时尚周找到与年轻用户更直接有效的沟通方式。匹克集团带来了旗下个性化产品定制平 IDX 爱定客,并展出定制版的匹克品牌"态极"鞋等产品,消费者可以根据需求进行产品颜色、图案的自由设计。二是新锐品牌的传承与创新平台。大量国内外新锐参与品牌,通过时尚周链接到更多发展可能。《奇葩说》《即刻电音》等娱乐节目负责视觉整体包装的独立设计师毛婷,带来了跨界快消、化妆品等多个行业的设计作品。猫王收音机在时尚周期间进行主题为"不正确"的新品首发,倡导年轻人自由、个性,创新的产品与营销模式获得其目标受众的踊跃参与。三是参与品牌获得感进一步提升。厦门国际时尚周以消费者为核心,通过植入各类艺术展演活动、品牌主理人互动环节等,让品牌直接与目标受众对话、面对消费群体,直接获得消费者的反馈,掌握消费者需求和看法。消费者能够近距离欣赏、触摸品牌,并现场下单购买。通过后期回访,80%的展商反馈参与体验感超值。

3.提升时尚周"赋能推新"能力,推动产业转型升级

得益于厦门对时尚产业的扶持和助力,时尚周逐渐成为助力厦门新经济发展的重要平台,对优质品牌,尤其是本土优质品牌的发展、转型升级起到重要的推动作用,并将不断通过跨界融合提升时尚新兴产业集群的孵化能力。一是产业交流活动更具针对性。作为时尚周中最具思想性的时尚产业活动,时尚观念 FED Show 不仅为时尚品牌产品定位与年轻人群营销提供了对接,借助新浪热点和微博大数据榜单的影响力,也让更多人关注厦门,聚焦厦门时尚产业。二是打造招商窗口,助力时尚产业高质量发展。红杉资本中国基金在本次时尚周系列活动——时尚产业投资论坛上正式发布"红杉时尚科技产业股权投资基金",联动国内超过 20 家时尚、文娱、新消费领域的投资机构以及厦门时尚、文创、科技、新消

费等领域的优质项目方,搭建了一个双向投资洽接的平台,共同探寻资本助推下的创新发展模式,促进行业转型升级。时尚周融合影视、体育、文化创意、餐饮、互联网等实现跨行业高质量发展,为厦门时尚产业发展引入优质资源的同时,也吸引一批国内外著名时装品牌落户厦门。三是提升在厦企业归属感,为厦门时尚产业赋能。本届时尚周紧扣新业态、新模式,发挥平台作用,为厦门本地企业、设计师、创业者、IP 服务,促进其与业界的良性互通和深度链接,提高产业端对时尚周的黏性,带动时尚产业发展,助力厦门市打造新经济高地。

执笔:刘　惺

时间:2019 年 12 月

Xiangguan Zhengce

相关政策

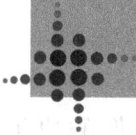

中共厦门市委办公厅
厦门市人民政府办公厅
关于印发文化产业、
旅游产业、会展产业高质量
发展三年行动计划的通知

厦委办发〔2019〕53 号

各区党委和人民政府,各开发区,市直各单位:

《厦门市文化产业高质量发展三年行动计划（2020—2022年)》《厦门市旅游产业高质量发展三年行动计划（2020—2022年)》《厦门市会展产业高质量发展三年行动计划（2020—2022年)》已经市委和市政府研究同意,现印发给你们,请认真贯彻执行。

中共厦门市委办公厅
厦门市人民政府办公厅
2019 年 11 月 11 日

厦门市文化产业高质量发展三年行动计划
（2020—2022 年）

　　为贯彻落实中央、省委省政府有关文化改革发展工作的决策部署及厦门市委市政府关于坚持高质量发展落实赶超建设高素质高颜值现代化国际化城市、加快高质量发展推动"双千亿"工作的有关部署，促进厦门市文化产业高质量发展，推动文化强市建设，编制本行动计划。

一、总体思路

　　以习近平新时代中国特色社会主义思想为指导，坚持党对文化工作的领导，依托厦门人文、环境、区位和经济发展等综合优势，以文化事业的繁荣发展为基础，以文化领域供给侧结构性改革为动力，推动文化产业重点发展门类实现规模化、集群化、特色化发展，突出以影视产业为引领，带动时尚、艺术、创意设计产业发展，形成新的城市文化生态；以网络视听产业为核心，推动文化科技融合发展，抢占 5G 时代文化产业发展制高点；以文化旅游为载体，联动演艺、娱乐、会展、海洋研学等业态，构建大文化发展格局，推进文化产业转型升级、高质量发展，充分发挥文化产业在厦门市经济社会发展中的独特作用，建设社会主义现代化国际化文化名城，助力厦门建设高素质高颜值现代化国际化城市，满足人民群众对美好生活的向往。

二、发展目标

全市文化产业年均增速保持在 15％ 左右，到 2022 年，力争文化产业营收达到 1800 亿，增加值占 GDP 比重达到 6％ 左右，建成全国影视产业高地、知名文化旅游目的地、全国重要文化创意中心、重要艺术品交易中心、国家级网络视听产业基地、全国文化和科技融合发展示范基地、全国重要对外文化贸易口岸和两岸文化产业合作示范区，成为全国文化产业发展示范城市。

三、实施八大行动

（一）新时代影视产业发展行动

坚持"全域影城"发展思路，落实"以节促产"战略，形成"影视＋"产业生态。办好中国金鸡百花电影节，着力塑造"厦门出品"的品牌形象，培育一批创作、拍摄、制作、发行等领域的标杆性影视企业，凝聚一批领军型人才，做大做强影视节展产业，构建现代化电影工业体系，力争到 2022 年，将厦门打造为全国影视产业发展新高地。

1.办好中国金鸡百花电影节。秉承专业化和市场化的办节理念，精心办好中国电影金鸡百花电影节，着力提升金鸡奖的品牌价值，全面扩大金鸡奖的国际传播力和影响力，把厦门打造成国际知名影视节展中心。充分发挥影视节展的文化交流功能、产业集聚功能及经济带动功能，形成汇聚优势影视资源和市场要素的平台。（责任单位：市委宣传部、市文旅局）

专栏 1　国际知名影视节展中心打造工程

　　厦门影视活动"走出去"和"引进来"：加强影视活动品牌经营，推动影视节展活动"走出去"和"引进来"，促进有国际影响力的影视活动和影视文化赛事落户厦门。

　　打造影视节展复合型文化产业链：聚合以电影节为中心，集聚旅游、时尚、创意、会展等在内的一系列产业形态，将电影产业发展为以"影视＋"为主要模式的复合型文化产业链。

　　2.打造全域全时拍摄基地。坚持核心引领、适度集聚、多点突破、差异发展的原则，建设重点影视基地，提升影视服务水平，形成"一核、多基地、全域影城"影视产业格局。"一核"：以岛内两区为核心，以总部运营、版权交易和宣传发行引领全市影视产业发展。"多基地"：依托影视产业园区、包印厂影视拍摄基地和软件园三期，适度集聚形成影视公共服务基地、内景摄影基地和后期制作基地。"全域影城"：在厦门全域范围内布局影视产业基地，打造"厦门影视拍摄地"。（责任单位：各区，火炬管委会、自贸委）

专栏 2　影视基地聚集发展工程

　　影视基地的建设内容：建设以专业摄影棚、数字摄影棚、实景摄影棚、影视拍摄综合服务体、后期制作为重点的影视产业基地。建设全国性剧本创作基地、影视编剧村。建设影视后期制作基地。建立影视协拍机制。

　　影视产业的综合配套：推动在厦高校成立电影学院，实施学历教育、职业教育、群众演员培训等多层次的影视人才培养体系。提升集美集影视产业园区聚集能力，提升同安影视城、老院子、华强方特等主题公园，打造星巢音乐、影视娱乐（音乐）等基地。

专栏3 　差异化影视产业布局工程

　　思明区:以优质影视内容创作为引领,发展影视宣发、后期制作、专业节展等影视业态。

　　湖里区:利用地理空间优势,建设影视拍摄、制作基地,开展影视配套服务。

　　集美区:发挥软件园三期和高校聚集优势,以包印厂影视拍摄基地为核心,打造集影视拍摄、后期制作、人才培育、专业服务为一体的影视产业基地。

　　海沧区:利用自然资源和相关产业优势,打造影视拍摄基地,开展影视摄制等配套服务。

　　同安区:依托同安影视城、方特主题公园等资源,发展影视旅游,孵化以传统文化为主题的影视旅游IP项目。

　　翔安区:打造影视创作、编剧、外景拍摄基地,孵化优质本土原创内容。

　　3.推出一批"厦门出品"影视精品。引导和鼓励创作一批品质高、票房好、有国际影响力的"厦门出品"影视剧,打造"厦门出品"品牌,提升厦门影视的辐射带动作用。(责任单位:市委宣传部、市文发办、市文旅局,厦门广电集团,各区)

专栏4 　"厦门出品"品牌打造工程

　　打造"厦门出品"全产业链:搭建影视拍摄、金融服务、版权交易、衍生品开发、高科技影视体验等平台,引导境内外优秀影视项目落户厦门。

　　支持"厦门出品"影视精品原创:支持剧本创作和发行基地建设,鼓励影视精品创作生产。到2022年推出5~6部有影响力影视作品,获得国内外权威奖项。

蓝皮书

　　原创剧本储备，优质 IP 孵化：建设影视剧本 IP 孵化生产基地，搭建项目交流推介平台，建立签约编剧储备库，围绕全面建成小康社会、建党 100 周年等重大时间节点和重点现实题材策划选题，重点扶持重大革命和历史、闽南文化、海洋文化、华侨文化等题材的优秀剧本创作。

　　培育影视领军企业：培育影视科技、制片、发行等领军型企业。组建厦门电影集团，加快广电资源和国有影院资源整合，打造国有龙头骨干影视企业。

　　构建厦门"百年电影"生态体系：梳理厦门"百年影院"文化脉络，深挖"百年影院"的文化内涵，增强厦门影视文化特色与创新，激活厦门本土"城市记忆"价值。

蓝皮书

　　4.实施"影视＋"融合发展计划。大力推动影视产业与数字内容、旅游会展、时尚设计、教育培训、金融服务等融合发展，催生新产业、新模式、新业态，拓展产业发展空间，以"影视＋"助推软件和信息服务、文化创意、旅游会展等千亿产业链建设。（责任单位：市文发办、市发改委、市文旅局、市工信局、市科技局、市金融监管局、市教育局，各区）

专栏5　"影视＋"重点工程

　　影视＋高科技计划：利用 5G、云计算、大数据、人工智能等提升影视文化产业的发展水平，建设国内领先、有全球影响力的影视制作科技中心。

影视＋金融计划：推动影视资源与资本市场对接，推动成立市级影视产业引导基金，助力影视产业发展。借鉴台湾影视文化金融发展经验，引导设立专业影视文化担保公司，作为影视产业配套。依托市场，鼓励金融机构参与发行影视文化资产证券化，拓宽影视文化企业融资渠道。

影视＋旅游计划：打造全域影视拍摄、生态度假、观光旅游、时尚休闲等一体的文化旅游综合体。

(二)文化旅游融合发展行动

推动文旅深度融合，充分发挥旅游的载体平台作用，聚合演艺娱乐、艺术、会展、海洋研学等文化旅游资源，形成大文化旅游生态圈。

5.构建智慧文旅生态体系。推进5G应用，建设引领新型文化旅游消费的小剧场、沉浸式演出场所、海洋研学等基础设施；重点建设一批集文化创意、旅游休闲、康体养生主题于一体的特色街区、文化旅游综合体。开启智慧景区、智慧酒店、智能导览系统、AI客服、大数据监控与指挥平台、生物识别电子门票等5G应用场景，构成智慧旅游产业生态体系。（责任单位：市文旅局、市科技局、市工信局，各区）

6.推出一系列优秀演艺产品。支持引进国际知名音乐节、演出团体，支持演艺娱乐节目研发，活跃演艺市场；加强演艺人才培养和引进；重点引进和打造大型实景演艺秀、特色闽南风情文化剧场等商业演艺项目。支持高甲戏、歌仔戏、南音、答嘴鼓等非物质文化遗产技艺发展。盘活现有演出剧场资源，培育小剧场资源，做大做强各具特色的驻场品牌，打造一批主题鲜活、特色鲜明的文化旅游演艺产品。（责任单位：市文旅局）

蓝皮书

7.打造一批精品文旅 IP。推出系列文旅 IP,激活文旅体验经济,形成新的消费增长点。扶持博物馆、艺术馆建设,开发博物馆、艺术馆经典文化旅游线路;推出一批"影视拍摄打卡地",打造"旅游＋文化＋影视"产业聚集区;提升沙坡尾海洋博物馆、华美文创空间、龙山文创园、红点设计博物馆、海丝艺术品中心、嘉禾良库等一批文创和旅游新空间,打造"旅游＋文创＋时尚"产业聚集区;挖掘"海上丝绸之路"等海洋文化资源,打造具有海洋文化特色的"文旅＋邮轮"、海洋研学、"渔村＋互联网"旅游精品路线;挖掘乡村旅游产品的民俗特色和文化底蕴,打造"旅游＋乡村＋民俗"品牌。(责任单位:市文旅局、市农村农业局、市海洋发展局、厦门港口局,各区)

8.引进和培育一批文旅龙头企业。对接世界 500 强、全国旅游集团 20 强和行业龙头企业开展招商,加快引进境内外知名文旅项目落户厦门;培育本地旅游龙头企业,丰富优质旅游产品供给,提升智慧旅游服务水平;做好文旅"三高"企业服务,提升华强方特二期、神游华夏园二期、灵玲国际马戏城二期等重点文旅项目。(责任单位:市文旅局、商务局)

(三)文化创意产业升级行动

推动创意与创新创业相结合、线上与线下相结合、孵化与投资相结合,为广大创新创业者提供良好的工作空间、网络空间、社交空间和资源共享空间,构建创意设计产业基地、园区、楼宇、众创空间等互为补充的产业载体布局,促进旧城功能提升和城市空间更新。

9.打造系列文化创意平台品牌。鼓励文化创意项目研发,打造一批聚集创新资源加研发转化的优质平台。整合国内影视后期、美术置景等顶尖行业资源,打造中国影视工业博览会。提升厦门国际时尚周、厦门文创季、当代好设计奖、海峡工业设计大赛、厦门好创意设计大赛、创意工美博览会、红点设计学院等活动和平台在文化交流、产业聚集和跨界融合等方面的功能，打造具有国际影响力的创意设计品牌。（责任单位：市文发办、市发改委、市工信局、市建设局，各区，广电集团）

10.提升文化产业园区功能。继续推进文化产业园区建设，提升海峡两岸龙山文创园、海峡建筑设计文创园、华美空间文创园、集美集影视文创园、海丝艺术品中心、包印厂影视基地、厦门工业设计园、嘉禾良库、沙坡尾文化创意港、红点设计博物馆、"特区1980西泠艺苑"文化产业园等文创园区配套服务功能，扶持园区公共服务平台和创客中心、创新工场建设，助力文化产业创新创业和集聚发展。（责任单位：市文发办、市文旅局，各区）

11.推动文创与其他产业融合发展。推动文化创意与制造业、服务业和战略性新兴产业融合发展，培育一批跨界融合的标杆企业。推进先进技术应用于文化创意内容生产，发展移动多媒体、虚拟会展、智慧文创等文化科技融合的新业态。（责任单位：市文旅局、市发改委、市工信局、市科技局、市会展局，各区）

（四）国际艺术品交易中心打造行动

推动形成中高端相结合、境内外相贯通的艺术品交易市场，构建专业化的"文化艺术品保税区"，建成国内最大的两岸高端艺术品交易中心、国际重要的艺术品交易口岸。

12.推进艺术品保税平台建设。发挥自贸区政策优势，推动在自贸区形成博乐德艺术品保税共享平台和海丝艺术品中心"一区两翼"的特色产业格局，推进文化保税平台等重点项目建设。（责任单位：自贸委、市文发办、市文旅局）

13.完善艺术品交易平台。办好艺术厦门国际博览会、全国文房四宝艺术博览会等专业展会。搭建艺术品交易多元化平台，推动线上线下交易相融合，为艺术品交易提供全方位、多功能的综合

服务体系。(责任单位:市文发办、市文旅局、自贸委,厦门日报社)

专栏6　艺术品交易平台搭建工程

　　优化现有的艺术品交易平台:集结艺术品交易和展览展示活动,鼓励各类艺术机构举办论坛、讲座、工作坊等艺术延伸活动,形成艺术品交易集群效应。

　　构建艺术品线上交易平台:引进大数据、云平台等先进技术,打造常态化线上展览、交易平台,推动艺术品交易线上线下相互促进。

　　完善艺术品交易专业服务:培育和引进一批艺术品修复、运输、金融等专业服务机构,建立艺术品服务专业机构资源库;提供高端化个性化服务,推动私人洽购服务。

　　14.打造艺术资源集中区。集聚艺术品领域上下游要素资源,打造艺术资源集中区。引进艺术品行业国际知名画廊、拍卖行、物流公司、艺术展览等落户厦门。营造创新创意环境,鼓励艺术创作,培育、吸引有实力的艺术家、收藏家和艺术经纪人才来厦发展。(责任单位:市文旅局、自贸委)

　　15.开拓艺术品金融业。推动艺术品抵押、艺术品按揭、艺术品信托、艺术品基金等金融新业态发展。开展艺术商业咨询、艺术资产管理、艺术市场研究等探索。(责任单位:市金融监管局、市文旅局、自贸委)

(五)国家级网络视听产业基地打造行动

　　发挥厦门在文化科技融合和移动互联网产业等方面的优势,力争于2022年前,打造具有集聚效应和领先地位的网络视听产业链。

　　16.建设国家级网络视听产业基地。以软件园二期、三期为核心,聚集一批网络视听内容制作、产品交易、集成分发、审核播控、技术研发、视听云计算及应用、基础电信服务等资源,搭建海峡两岸融媒体中心,创建国家级网络视听产业基地,实现集聚式发展,力争建成后 3 年入园企业总产值超百亿元。(责任单位:市文旅局、市文发办、市委网信办、市科技局、市工信局、火炬管委会,厦门广电集团)

17.培育网络视听骨干企业。鼓励全国知名网络视听企业落户厦门,培育一批具有引领作用的网络视听龙头企业,发掘一批具有"独角兽"潜质的精品网络内容生产企业,建设 2～3 家具有强大传播力、公信力的新型媒体企业,带动网络视听产业转型升级。(责任单位:火炬管委会、市委网信办、市文旅局)

专栏7　电子竞技产业发展工程
规划完善电竞产业链,整合与电子竞技产业链相关的各级资源,找准电竞产业链中厦门的区域优势定位。 　打造高水平职业电竞俱乐部:引进和培育电竞职业人才,打造一批高水平职业电竞俱乐部和职业电竞赛事,树立厦门电竞产业品牌。 　加快配套服务:加快组建行业协会,建设沉浸式体验设施。

18.加强公共服务平台建设。加快网络视听产业公共服务平台建设,完善内容制作、审核、报批、科技融合、产权服务、人才培养、资格认证等平台服务体系建设,营造成本低、服务优的良好发展环境。(责任单位:市文旅局、市科技局、市工信局、火炬管委会,厦门日报社、厦门广电集团)

蓝皮书

专栏 8 网络视听公共服务平台重点工程

　　加快媒体融合:实施厦门电视台五套节目全流程的高清化改造,加快 5G、4K 和 AI 应用部署,完善下一代广播电视网(NGB),建设厦门广电媒体融合技术平台,打造厦门"智慧广电"。加快实施厦门日报社融媒体计划。

　　优化数字内容产业:对接台湾数位内容产业,引进境内外知名新媒体平台型企业入驻,推动数字内容产业向"大数据、大平台"方向发展。

　　知识产权保护:加强版权公共服务机构的建设。开展专项整治行动,打击侵权盗版行为。

(六)文化与科技融合发展行动

　　以创新和服务体系建设为重要抓手,围绕数字内容、创意设计、新媒体等重点产业领域,建设好国家级文化和科技融合示范基地。

　　19.支持文化共性关键技术研发。以数字化、网络化、智能化为技术基点,重点突破新闻出版、广播影视、文化艺术、创意设计、文物保护利用、非物质文化遗产传承发展、文化旅游等领域系统集成应用技术,开发内容可视化呈现、互动化传播、沉浸化体验技术应用系统平台与产品,优化文化数据提取、存储、利用技术,发展适用于文化遗产保护和传承的数字化技术和新材料、新工艺。(责任单位:市科技局、市文旅局)

　　20.鼓励文化科技成果产业化推广。打造推动文化科技融合发展的技术服务、产权保护、成果交易、活动展示、金融投资等各类平台,促进创新链和产业链精准对接,加快文化和科技融合成果从

样品到产品再到商品的转化。(责任单位:市科技局、市文发办、火炬管委会)

21.引进和培育"三高"文化科技企业。以火炬高新区为依托,策划引进一批"高技术、高成长、高附加值"文化科技型企业和文化科技融合型项目。支持本市"三高"文化企业发展壮大,培育、创建单体类文化和科技融合示范基地。(责任单位:火炬管委会、市科技局、市文发办)

专栏9 国家级文化和科技融合示范基地建设重点工程

聚集类:依托火炬高新区,加强厦门国家文化和科技融合示范基地建设,大力培育文化科技融合创新主体,打造一批文化科技企业品牌。

单体类:大力支持网络视听龙头企业发展,带动大批中小微文化和科技创业企业,培育若干家文化和科技融合的大型企业。

(七)对外文化贸易促进行动

以建设国家文化出口基地为核心,形成两岸文化交流活跃、"一带一路"深度对接、产业优质资源高度聚合的发展态势。

22.支持对外文化贸易品牌建设。扶持和培育外向型文化龙头企业,鼓励申报国家文化出口重点企业和项目;增强海峡两岸图书交易会、东南亚中国图书巡回展、海峡两岸文创展等平台的国际影响力和辐射力,促进文化贸易与文化交流、文化传播良性互动;加快推进中数集团厦门文化产业园、红点设计公共服务平台等项目落地建设。(责任单位:市商务局、市文发办、自贸委)

23.优化对外文化贸易结构。鼓励和引导文化企业创作开发体现中华优秀文化、展示新时代中国形象、面向国际市场的文化产品和服务,提高文化产品和服务的核心竞争力。依托央企、跨国行业龙头,搭载数字化产品或服务,面向"一带一路"国家输出智能化文化产品和服务,建设数字服务出口基地。扩大动漫节目设计制作、网页和手机游戏开发、影视演艺服务、出版发行服务、技术服务等服务出口。(责任单位:市商务局、自贸委、火炬管委会)

24.完善文化出口促进体系。积极争取在自贸区设立文物审批点,探索艺术品进出口"一证多批"业务模式和外商以合作方式开展电子出版物制作业务,鼓励文化企业在境外设立合资公司,开办本土化的海外专属频道、专属时段。建设文化出口企业联盟和文化行业自律协同发展模式。(责任单位:市商务局、自贸委)

(八)两岸文化产业合作推进行动

利用海峡两岸各类经贸文化展会平台和文化交流活动,推动两岸文化产业对接合作。引进和策划一批两岸文化产业节展和合作项目,拓展两岸文化交流合作渠道和空间。

25.巩固提升两岸文化展示交易平台。继续办好海峡两岸(厦门)文化产业博览交易会、海峡两岸图书交易会、海峡两岸民间艺术节等一系列展会活动,密切人员往来,提升两岸文化交流层次和水平。(责任单位:市文旅局)

26.推进两岸文化产业对接合作。推进高端艺术品产业、创意设计产业、数字内容与新媒体产业、演艺娱乐业与台湾相应的优势产业展开对接交流和合作。(责任单位:市文旅局,各区)

专栏10　两岸文化产业合作对接工程

高端艺术品产业的对接:着眼于台湾工艺产业上游的工艺设计与创作环节和下游的展示与交易环节,引进台湾工艺产品的设计理念和知名设计师、手工艺的教学模式以及制作环节的创新技艺,引进台湾工艺产品的艺术经纪人才、国际市场拓展经验及其展示交易模式等。

创意设计产业的对接:建设设计产业园,引进台湾的产品设计理念、机构和人才。

数字内容与新媒体产业的对接:吸引台湾"数位学习"和"数位出版与典藏"领域的企业、资金、技术、商业模式来厦投资发展,增强数字内容与新媒体产业发展的集群效应。

演艺娱乐业的对接:引进台湾演艺娱乐项目,以及艺术表演的市场拓展和活动筹划与监制等服务环节,包括"艺文+百货"商业模式;引入台湾的艺人及模特经纪服务、数字音乐平台等产业环节和"Live House"等演艺形态;与台湾演艺经纪公司、表演团体等文化艺术机构开展合作,鼓励台湾演艺界人士参与我市演艺娱乐产业建设,开发文化体验和演艺产品,共同培育两岸演出市场。

27.建立两岸文化产业人才交流合作长效机制。发挥台湾地区在文化产业人才培养、服务和国际化方面的经验和优势,积极开展两岸文化产业人才的合作与交流。搭建两岸文化产业人才服务平台,建立两岸文化产业人才培养和实训基地,支持和鼓励两岸文创人才共同参加国际性文化创意赛事和活动。(责任单位:市文旅局、市文发办、市委组织部、市台港澳办、市人社局)

四、保障措施

(一)加强财政金融支持

加强文化领域金融供给侧改革,探索构建多元化文化产业投融资体系。强化财政资金支持,借鉴兄弟城市的先进经验,建设文化产业综合服务平台和文化金融服务中心。鼓励专业股权投资机构发起设立文化产业发展基金,按专业化、市场化运作模式,重点投向我市鼓励发展的文化产业门类。支持金融机构开发适合文化企业特点的文化产业金融产品和服务,加大对文化行业小微企业的信贷支持力度。(责任单位:市财政局、市金融监管局、人民银行厦门中心支行、市文发办、市文旅局)

(二)加强人才队伍建设

制订我市文化产业人才认定办法,开展评选认定工作,发挥优秀人才的引领带动作用。支持吸引外地文化名家、创意大师在厦门创办工作室。加强专业人才培养,开展市校合作、校企合作,建设一批人才培养实训基地,孵化培养大批青年文化人才。(责任单位:市委宣传部、市文发办)

(三)加强发展空间保障

优化提升文化产业功能区,按照主业清晰、管理有序、体系健全的原则,优化文化产业园区功能布局,聚焦主导产业,提高专业化服务水平,推动产业资源和配套服务设施向主要园区倾斜,实现各园区专业化集聚、差异化发展,形成竞合效应。按照保护与再利用并举的原则,充分挖掘我市老旧工业厂房、仓储用房及相关工业设施和置换的原部队用地及相关设施的文化内涵和再生价值，兴办公共文化设施，建设新型城市文化空间。加大文化产业发展建设用地保障，优先保障新增重点文化产业项目的土地供应，优化土地资源供给。（责任单位：市资源规划局、市文发办、市文旅局）

（四）加强招商引资

突出招大商、大招商，持续优化文化产业政策和服务环境，在影视、数字内容与新媒体、文化科技、演艺娱乐等重点门类加大项目策划和招商引资力度，加快落地一批具有示范带动效应的重大文化产业平台和项目。加强"点对点"招商，吸引移动互联网等领域优秀"文化闽商"来厦投资创业，或者将区域总部、研发基地、重大建设项目落地厦门，培育壮大移动互联网、新媒体、内容创作生产等优势产业集群。（责任单位：市文旅局、市文发办、自贸委，各区、火炬管委会）

（五）加强组织领导

强化市文化改革发展工作领导小组的统筹领导职能，各区各相关部门按照"主管主办"和"属地管理"原则承担主体责任扎实推进各项工作落地落实，切实在全市形成领导有力、上下联动、部门协同、竞合发展的文化产业发展大格局。（责任单位：市文发办，各区文发办）

厦门市旅游业高质量发展三年行动计划
（2020—2022 年）

为贯彻落实《中共厦门市委关于坚持高质量发展落实赶超建设高素质高颜值现代化国际化城市的意见》和《中共厦门市委、厦门市人民政府印发〈关于加快高质量发展推动"双千亿"工作实施意见〉的通知》精神，推动我市旅游业高质量发展，结合本市实际，制定本行动计划。

一、总体思路

以习近平新时代中国特色社会主义思想为指导，按照目标导向和问题导向原则，围绕高质量发展落实赶超建设高素质高颜值现代化国际化城市的目标，以供给侧结构性改革为主线，以改革创新为动力，通过实施旅游项目带动、旅游产品升级、文旅融合发展、旅游推广创新以及旅游环境优化等五大行动，全面促进我市旅游业现代化、集约化、品质化和国际化，加快推动我市建设国际滨海花园旅游名城。

二、发展目标

实现旅游产业结构显著升级、旅游产品业态显著丰富、旅游环境品质显著改善、游客结构显著优化、游客消费显著提高，对全市经济增长的贡献率明显提升。到 2022 年，力争实现旅游总收入

2500 亿元,年均增长 15％左右;接待国内外游客超 1.3 亿人次,年均增长 10％左右。

三、重点任务

(一)实施旅游项目带动

优化旅游产业空间布局,以项目建设和招商引资为抓手,通过优化存量,引进增量,强化业态创新和项目落地,增强城市旅游核心吸引力。

1.优化提升现有旅游片区质效

(1)鼓浪屿历史国际社区。全面贯彻落实《厦门经济特区鼓浪屿世界文化遗产保护条例》,围绕鼓浪屿世界文化遗产的独特魅力,对岛上业态进行精品化及标准化提升。通过文旅融合赋能,强化音乐之岛的人文气质,形成集文化观光、文化体验、文化研究、休闲度假、教育研学等功能于一体的世界文化遗产深度体验地。(责任单位:鼓浪屿管委会,思明区政府,市文旅局)

(2)中山路—厦港文化休闲街区。充分挖掘中山路步行街发展优势与文化潜力,进一步凸显中山路步行街的特色魅力,强化商旅文融合发展,打造环境优美、商业繁荣、文化浓厚、管理规范、兼具南洋特色与闽台风情的高品质步行街。依托厦港片区包括沙坡尾老渔港、老街巷、老市场等历史遗存,通过都市更新和优化提升,建设"最厦门"的历史文化街区。(责任单位:思明区政府,市商务局、市资源规划局、市文旅局)

(3)园林植物园、园林博览苑、天竺山森林公园景区。以提质升级为目标,对照国家 A 级景区建设标准,以绿色生态为重要支撑,通过景区资源整合、空间结构优化、引擎项目带动、产品创新发展等举措,开展景区争创 5A 行动,全面提升景区服务环境和服务品质,有序推进景区及周边公共服务设施建设,促进景区丰富内涵,提升体验。(责任单位:市市政园林局、市文旅局,集美区政府、海沧区政府)

(4)环岛路休闲旅游带。整合环岛路沿线包括南普陀、厦大思明校区、胡里山炮台、曾厝垵、黄厝等多样化滨海资源,突出产业融合、业态提升、消费升级,打造特色文化主题休闲旅游带。重点整治曾厝垵街区环境,强化软硬件配套设施,科学分类布局文创村主题客栈、特色商店、宫庙文化、艺术空间、街巷休憩等,建设全国"最文艺"的文创休闲渔村。(责任单位:思明区政府)

(5)五缘湾旅游度假区。对照国家旅游度假区创建标准,充分利用五缘湾游艇港、五通客运码头和湿地公园等优势,进一步完善产业要素结构,引进高端滨海度假项目,重点发展游艇帆船体验游等亲海旅游项目,大力培育休闲度假购物旅游业态,将五缘湾片区打造成为集游览、游乐、体验、休闲、康养为一体的国家级旅游度假区。(责任单位:湖里区政府,市文旅局)

(6)东坪山生态旅游区。加快东坪山专项整治和片区发展提升,紧扣生态文旅新名片、闽南文化新传承的功能定位,重点围绕生态观光、运动体育和休闲旅游三大产品,积极推进东坪山生态休闲旅游区开发建设,力争形成本岛生态休闲旅游新地标。(责任单位:思明区政府,东坪山专项整治提升指挥部)

2.引进构建新的核心吸引物

(1)马銮湾集美岛片区。引进国内领先、世界一流的主题乐园及文旅自主知识产权品牌(IP),打造高端滨海主题旅游区,形成岛外新的文旅核心景区。(责任单位:马銮湾新城片区指挥部,集美区政府,市文旅局)

(2)环东海域丙洲岛片区。以知名 IP 驱动,推动主题乐园集群化发展,形成"主题乐园群＋文旅产品聚集区",构建集休闲游

乐、岛屿度假、免税购物等功能完备的一站式海岛深度游乐目的地。(责任单位:环东海域新城指挥部,同安区政府,市文旅局)

(3)打造旅游演艺精品。引进大型实景演艺秀、特色闽南风情文化剧场等商业演艺项目,鼓励发展中小型、主题性、特色类、定制类文化旅游演艺产品。探索市属专业文艺院团以多种形式参与旅游演艺项目,支持闽南大戏院、沧江剧院、嘉庚剧院,依托中演院线和保利院线等引进更多国内外一流精品剧目。鼓励各类演艺机构依托旅游景区及演艺场所开展主题和节庆表演。到2022年,初步建成集美旅游演艺集中区;重点打造和培育一台旅游演艺大戏,力争进入全国30个旅游演艺精品项目。(责任单位:各区政府,市文旅局)

3.加大项目招商。围绕旅游关键领域和缺失环节,针对旅游核心吸引物、旅游新业态、文旅融合、乡村旅游、高端住宿业、智慧旅游、旅游智库等七大重点领域,策划优质旅游项目,形成旅游招商项目库。紧盯世界500强、央企、民企龙头企业,特别是全球知名文旅IP巨头、全国旅游集团20强等建立目标企业库。发展旅游总部经济,吸引大型旅游企业总部或区域总部落户厦门。扶持一批"三高"旅游企业。加大项目招强引优力度,精准制定招商政策和服务举措,做好全要素服务保障。(责任单位:市文旅局、市发改委、市国资委、市资源规划局,各区政府)

(二)实施旅游产品升级

适应大众旅游时代多元化、个性化趋势,优化旅游产品结构,创新旅游产品体系,进一步提升旅游吸引力。

4.丰富海峡旅游。发挥对台区位优势,争取更多便利两岸人员往来政策落地,提高通关便捷度。深化厦金澎旅游合作,推动成立厦金澎旅游联盟,持续打响"来厦门·游金门·玩澎湖"旅游品牌。完善台胞来厦旅游奖励、经厦门口岸赴台湾旅游组团奖励、厦台双向旅游节事活动奖励等措施。深入拓展对台青少年研学旅行、医疗健检、乡村创意、自驾互通等旅游新业态交流往来,发挥厦门(集美)闽台研学基地作为"海峡两岸交流基地"的作用,进一步丰富集美对台研学旅行内容和业态,将集美区打造成为全国研学旅行示范区。做大做强海峡两岸(厦门)文化产业博览交易会、海峡旅游博览会、海峡两岸图书交易会、海峡两岸民间艺术节等,发挥两岸融合发展先行示范效应。(责任单位:市文旅局、市公安局、市台港澳办、市教育局、市口岸办,厦门海关、厦门边检,各区政府)

5.做强邮轮旅游。建设"港城融合、港旅融合"的国际邮轮母港,拓展以"邮轮+"为主导的海铁联运、海空联运的邮轮大交通体系。整合发挥"港、航、旅"优势,挖掘"海上丝绸之路"海洋文化资源,打造具有文化特色的邮轮精品路线。充分发挥外国人 144 小时过境免签政策的便利性,吸引更多国际邮轮来厦靠泊。加快厦门"海上世界"项目建设进度,完善邮轮产业链,提升港口服务游客的软硬件水平。加强邮轮旅游宣传推广,策划实施厦门邮轮旅游节,争取举办中国邮轮产业发展大会。建立邮轮船票直销体系。制订市级邮轮突发事件应急预案。力争创建中国邮轮旅游发展示范区。(责任单位:厦门港口局、市文旅局、市商务局,厦门海关、厦门边检,港务集团)

6.繁荣夜间旅游。培育"夜游、夜娱、夜秀、夜购"等夜间旅游品牌,重点打造餐饮"风味夜市"、购物"时尚夜市"、文体"活力夜市"、观光"魅力夜市"及综合"繁华夜市"等"五个夜市"。提升鹭江夜游、筼筜夜游、环鼓浪屿夜游等游船服务品质。开发胡里山炮台夜光秀项目,增加全市楼体艺术灯光秀及白鹭洲公园音乐喷泉、白鹭女神灯光秀的演出时间和演出场次。培育常态化的高甲戏、歌仔戏、南音、民间舞等具有浓郁闽南风情的夜间演出。打造和引进更多类似集美新城荧光夜跑等夜间品牌节事活动。鼓励有条件的景区开展夜间游览服务。推动公共文化服务设施延长夜间开放时间,开展互动体验活动。支持各区建设集文创商店、24 小时书店、小剧场、文化娱乐场所、餐饮等多种业态的夜间消费集聚地。完善夜间公共交通服务,延长公共交通末班车的运营时间,制订优化街面停车、临时停车以及减免停车收费等具体举措。引导旅行社积极宣传推广夜间旅游产品。到 2022 年,力争建设若干个国家级夜间文旅消费集聚区。(责任单位:市商务局、市文旅局、市交通局、市建设局、市公安局,各区政府,市政集团)

7.做大会奖旅游。积极加入全球展览业协会(UFI)、国际展览与项目协会(IAEE)、国际大会及会议协会(IC-CA)、国际奖励旅游精英协会(SITE)、亚洲会展协会联盟(AFECA)等国际会展权威机构,招揽引进国际高端会展资源。完善会奖旅游奖励政策,吸引大型国际会奖活动在厦举办,带动优质商务消费增长。利用投洽会、工博会、石材展、佛事展等会展节事活动商务客群聚集优势,做大会奖旅游市场。(责任单位:市商务局、市会展局、市文旅局,各区政府)

8.做优康养旅游。发展温泉养生、高端医疗、中医药保健、康复疗养等健康旅游,依托知名医疗企业及医疗机构,加快建设一批重点康养项目和养老旅游产品。支持医疗、养老行业进入景区、酒店。推动创建青礁慈济宫国家中医药健康旅游示范基地。发展温泉度假旅游,打造我市"温泉之都"品牌。到 2022 年,创建 1~2 家国家康养旅游示范基地。(责任单位:市卫健委、市民政局、市文旅局,各区政府)

9.推动乡村旅游。实施乡村振兴战略,设计一批乡村旅游精品线路,打造"一村一品"。建设集美白虎岩、同安竹坝、翔安大帽山境、香山乡苑、吕塘村等休闲农业与乡村旅游示范项目。推进乡村旅游提质升级,提升军营村、白交祠村、顶村乡村旅游内涵和品质,打造东孚、竹坝等省乡村旅游三星级以上休闲集镇和莲花村、澳头村等省乡村旅游三星级以上旅游村。完善民宿发展政策,支持岛外四区发展乡村民宿,助推乡村振兴。到 2022 年,新增 10 家省乡村旅游三星级以上旅游村,推出 10 条乡村旅游精品路线。(责任单位:各区政府,市文旅局、市农业农村局)

(三)实施文旅融合发展

统筹推进文旅资源共建共享,推动旅游与文化和合共生,实现以文促旅,以旅彰文,用文化丰富旅游内涵,用旅游传承文化影响。

10.发展影视旅游。办好中国金鸡百花电影节(金鸡奖年份)等国家级重要电影节(展),"以节促产"推动影视旅游发展。鼓励影视基地提升旅游吸引力,探索适合厦门发展的影视旅游模式。支持影视企业在影视拍摄制作过程中展示厦门旅游资源和特色文化,在广播影视节目中植入厦门旅游目的地形象。依托影视 IP 和景区特色,开发系列文化主题产品和影视衍生品。到 2022 年,打造十个"影视旅游网红打卡地"。(责任单位:市文发办、市文旅局,各区政府,广电集团)

11.创新非遗旅游。推动非物质文化遗产及其展示场馆转化为旅游项目、旅游商品、旅游景点,实现非遗产业化、产品化。利用中秋博饼、歌仔戏、南音、方言讲古等非物质文化遗产,打造特色文艺演出与节庆活动。推动莲花褒歌、厦门漆线雕、闽南传统天然香、惠和影雕、厦门珠绣、木偶戏、鼓浪屿馅饼等更多非遗项目与旅游结合。到 2022 年,打造具有较高知名度的 10 个非遗旅游商品、10 个非遗旅游景点、10 个常态化非遗文化旅游活动。(责任单位:各区政府,市文旅局、市商务局)

12.做实文创旅游。依托海峡两岸龙山文创园、特区 1980·创意产业园、嘉禾良库文创园、集美大社、沙坡尾、红点设计博物馆等,打造一批文创旅游区。办好厦门国际时尚周、厦门国际设计周、当代好设计奖、海峡工业设计大赛等创意设计活动,形成文创旅游新热点。发展黄金旅游文创,引进和培育黄金珠宝设计研发团队及创意设计企业,争取上海黄金交易所在厦定期举办"一带一路"国际黄金合作论坛和展会,提升厦门黄金产业知名度和区域影响力。打造厦门特色伴手礼,推出"最闽台伴手礼""厦门好礼"等系列品牌。推动老字号与旅游融合,提升老字号产品的市场知名度和附加值。到 2022 年,推出具有较高知名度的 10 个文创旅游景点。(责任单位:市文发办、市发改委、市文旅局、市商务局、市金融监管局,各区政府)

13.提升文博旅游。推进鼓浪屿"全岛博物馆计划",开展中山路、集美学村等历史文化街区"建筑可阅读"工作,让不可移动文物、历史建筑等"活"起来。加强博物馆吸引力建设,策划引进高水平文物展览,推动市博物馆、华侨博物院、陈嘉庚纪念馆等不断提升级别水平。加强博物馆数字化建设,推动展陈向多样化、复合型、互动式转变,成为旅游新亮点。提升战地观光园、厦门破狱斗争旧址、特区纪念馆和海堤纪念公园等一批红色旅游产品。到2022 年,打造具有较高知名度的 10 个文博旅游点。(责任单位:鼓浪屿管委会,市文旅局,各区政府)

(四)实施旅游推广创新

创新旅游宣传推广模式,拓展旅游宣传推广平台,加大厦门城市形象宣传,吸引游客,促进消费。

14.开展全球推介。有效整合全市各类对外宣传资源,围绕讲好厦门故事,开展形式多样的"大厦之门耀全球"旅游推介活动,同时进一步做好外国人 144 小时过境免签政策的宣传和落地实施。按照巩固传统市场、拓展新兴市场的思路,深耕台港澳地区和东南亚、日韩等传统市场,重点围绕我省、我市开通的洲际航线培育做大澳大利亚、新西兰、俄罗斯以及美洲、欧洲等新兴市场。到2022年,力争全市入境游人数突破 600 万人次。(责任单位:市委宣传部、市文旅局、市外办、市公安局、市口岸办,各区政府)

15.强化旅游营销。开展厦门旅游营销口号公开征集活动,增强旅游品牌营销,强化重大节事品牌效应,大力引进更多特色节庆、国际赛事和节事活动。针对海内外中高端客源市场,依托大数据分析,采取差异化宣传推广方式、手段和渠道,开展精准营销。建立传统媒体和新媒体相结合的全媒体传播机制,建设优质旅游资源库,开展厦门旅游形象和旅游产品海内外推介,提升精准宣传推广效果。(责任单位:市文旅局,各区政府)

(五)实施旅游环境优化

围绕创建全域旅游示范区的目标要求,完善旅游基础设施,全面提升主客共享旅游公共服务水平。规范旅游市场秩序,完善信用体系建设,切实增强游客旅游体验的满意度和获得感。

16.完善旅游配套设施。持续开展旅游"厕所革命",完善旅游线路沿途厕所分布,建设一批生态旅游厕所,推动 3A 级以上旅游景区第三卫生间全覆盖。在车站、机场、码头、景区等游客聚集区域,按照国家标准规范设置多国语言的引导和解说标识标牌;完善无障碍设施、母婴设施、医疗设施的配置;设置旅游集散中心或游客咨询服务网点,为游客提供交通换乘、线路产品销售、旅游信息咨询等一站式服务。加快岛内环岛滨海步道、八山三水步道、岛外滨海浪漫线等健康步道系统建设,完善自行车专用道等骑行通道网络,丰富游客休闲旅游的多元体验。(责任单位:各区政府,市文旅局、市交通局、市公路局、市卫健委、市建设局、市市政园林局、市民政局、市残联)

17.提升智慧旅游水平。利用五代移动通信(5G)网络、人工智能(AI)、虚拟现实技术(VR)、增强现实技术(AR)、移动支付等现代技术手段,提升旅游业智能化水平。优化全域旅游大数据平台,拓展旅游大数据应用,开发"一张地图游"和"一部手机游厦门"。加快推进智慧景区、智慧厕所、智慧停车场等旅游公共服务

蓝皮书

设施智慧化建设,加快推动旅游资源、产品、企业等旅游全要素上线,为游客提供高效便捷、权威诚信的智慧化服务。充分运用旅游服务监管平台、A级景区管理平台、旅游厕所管理平台、舆情监管平台、旅游车辆监管平台等,实现旅游监管信息化、智能化。(责任单位:市文旅局、市工信局、市市政园林局、市建设局,各区政府)

18.加强市场综合监管。做好旅游市场秩序整治提升、投诉举报处理、涉旅舆情处置等重点工作。按照"双随机一公开"工作要求,对旅游市场开展随机抽查。规范旅游行政执法,全面推行旅游行政执法公示制度、执法全过程记录制度和重大执法决定法制审核制度。完善旅游市场信用体系建设,全面实施旅游行业黑名单管理制度。加强信用信息归集、应用,对列入旅游市场黑名单的市场主体和从业人员依法实施联合惩戒。及时公布失信典型案例,做好以案说法,以法析理,加强警示效应。(责任单位:各区政府,市公安局、市交通局、市市场监管局、市文旅局、市信用办)

四、保障措施

(一)机制保障

市、区人民政府要加强对旅游工作的统筹领导,坚持政府主导、部门联动,企业参与,制定出台相应的支持政策措施,推动旅游业高质量发展。各有关部门要提高站位,强化责任,狠抓落实,形成推动旅游业发展的强大合力。各区政府要健全旅游业发展领导、协调机制与办事机构,加强统筹协调,营造良好的旅游业发展环境。市文旅局要会同相关部门加强督促检查,推动各项工作落到实处。(责任单位:市文旅局,各区政府)

(二)政策保障

落实国家、省关于支持旅游业发展的相关政策措施,统筹各部门资金支持旅游业发展,研究制定并积极落实财政支持旅游业发展的相关政策。充分发挥旅游发展专项资金对产业发展的促进作用。加强金融扶持,鼓励建立旅游产业投融资平台、旅游产业发展基金,积极创新符合旅游业特点的信贷产品和保险产品。探索多元化供地模式,保障旅游重点项目用地。贯彻落实《厦门经济特区旅游条例》,完善促进旅游业发展法治环境。(责任单位:市文旅局、市财政局、市金融监管局、市资源规划局,各区政府)

(三)人才保障

建设厦门旅游智库,建立旅游产业发展决策咨询队伍。完善旅游人才扶持政策,精准引进旅游产业高层次人才。依托高校和旅游企业,实施旅游人才培养计划,建立多层次旅游复合型人才教育培训体系。通过开展线上"云课堂"、线下培训超市、服务技能大赛等多种形式,提升全行业旅游从业人员素质。完善导游培训体系,健全导游执业保障体系,维护导游合法权益。探索建立文化和旅游复合型人才储备和交流制度。至 2022 年,累计培养 1000 名行业紧缺服务人才,1000 名行业管理人才,1000 名文化型导游人才。(责任单位:市文旅局、市委组织部、市人社局,各区政府)

厦门市会展业高质量发展三年行动计划
（2020—2022 年）

为贯彻落实《中共厦门市委关于坚持高质量发展落实赶超建设高素质高颜值现代化国际化城市的意见》和《中共厦门市委、厦门市人民政府印发〈关于加快高质量发展推动"双千亿"工作实施意见〉的通知》精神，推动我市会展业高质量发展，结合我市实际，编制本行动计划。

一、总体思路

以习近平新时代中国特色社会主义思想为指导，坚持政府引导和市场导向相结合、壮大主体和产业联动相结合、自主培育和大力引进相结合、完善设施和优化营商环境相结合的原则，大力提升会展业国际化、品牌化、专业化和市场化水平，发挥会展业汇聚人流、物流、信息流和资金流的作用，带动商贸、物流、旅游等上下游相关产业高效联动发展，服务我市经济结构调整与产业转型升级，助力我市经济社会高质量发展。

二、发展目标

通过三年的努力，我市会展业国际化水平得到明显提升，专业化运作能力进一步加强，品牌知名度进一步扩大，市场化运作机制基本形成，会展业整体指标按 10％递增，会展经济效益达 560 亿元，举办展览面积超过 290 万平方米，举办商业性会议超过 12000

场,外来参会总人数超过 270 万人,力争打造 20 个知名会展品牌,培育 5 家会展龙头企业,引进 5 家知名会展机构,将厦门建设成为"中国会展典范城市"和"国际会展名城"。

三、重点任务

(一)培育壮大会展主体,推动全产业链协调发展

1.激发会展市场活力。发挥政府在规划引导、协调保障等方面的作用,优化营商环境,培育多元化市场主体,鼓励企业根据市场需求办展办会。发挥行业协会在推进行业建设、加强行业自律方面的作用,做好政府和企业间的桥梁和纽带。逐步加大政府购买服务力度,推动会展项目市场化运营,鼓励公平竞争,激发市场活力。(责任单位:市会展局、市会展协会)

2.培育会展龙头企业。推动大型会展企业、媒体机构拓展会展队伍与会展项目,提高资本运作能力,通过收购、兼并、控股、参股、联合等形式,不断提升综合竞争力,着力打造集会展策划、工程设计、营销推广、接待保障、场馆服务为一体的会展龙头企业。3年内力争培育 5 家年营收超亿元的会展企业。鼓励企业开拓境内外市场,积极参与国际市场竞争,推动形成品牌化、集团化、国际化发展格局。(责任单位:市会展局)

3.引进优质会展主体。鼓励企业加强与境内外品牌会展机构和会展企业交流与合作,拓展新市场、新业务,延伸会展产业价值链。争取引进 5 家以上境内外知名专业会展企业,特别是专业会议组织机构(PCO)和专业展览组织机构(PEO),在我市设立会展主体或合作机构,开展会展项目运营,提升品牌会展策划与运营能力。(责任单位:市会展局、市商务局)

4.健全产业协同发展体系。以会展活动为主线,推动展览、会议、节庆、演艺、赛事协同发展,加强与文化、旅游、体育等产业联动,以会展企业为核心,形成包括策划组织、保障服务、宣传推广等会展全领域门类齐全、协作紧密、运作高效的专业服务体系,强化各环节主体活力,促进会展业上下游企业融合,协同发展,构建全链条高效联动的现代会展产业体系。(责任单位:市会展局,市各相关部门)

5.推动设立会展产业发展基金。积极推动有实力的机构成立产业发展基金,通过资本运作,引入实力投资机构、专业会展机构作为基金有限合伙人、一般合伙人,以参股、并购等方式引进和快速做大优质会展项目,突出会展企业的市场主体地位,培育富有活力的办展办会主体。(责任单位:市会展局、市金融监管局、金圆集团)

(二)建设提升会展设施,激发产业发展新动能

6.加快新会展中心建设。与国际顶级专业会展机构合作,高起点推进新会展中心规划建设和产业配套,力争 2022 年建成并投入使用,打造集会展、商贸、物流、文化创意、休闲娱乐、交通枢纽为一体的具备国际化运营水平的大型会展产业综合集聚区,增强我市大型会展活动承接能力,激发发展新动能。(责任单位:厦门国贸会展集团、市会展局、市资源规划局、市文旅局、市交通局)

7.完善提升现有会展设施。加快提升现有会展场馆,改进场馆功能,改善、更新场馆设施设备。完善商务、酒店、餐饮等配套功能和设施,建设交通换乘系统,改善公共交通设施,提高场馆承接能力和周边交通疏导能力。(责任单位:厦门会展集团、厦门佰翔汇展有限公司、市会展局、市资源规划局、市文旅局、市交通局)

8.构建会展产业聚集区。根据厦门城市空间结构和产业布局,突出产业特色和市场需求,统筹岛内岛外资源,推动会展场馆、酒店等提升专业服务水平,鼓励各区根据会展资源条件实现差别化、有序发展,完善功能配套,推动形成会展产业集聚区,全面提升厦门会展综合竞争力和城市服务功能。(责任单位:各区政府、厦门会展集团、厦门国贸会展集团、市会展局、市资源规划局、市文旅局)

(三)强化会展带动功能,助推重点产业快速发展

9.服务重点产业发展。发挥会展活动汇聚行业研发、设计、生产制造、市场拓展等高端产业资源的功能,促进我市重点打造的十二条千亿产业链发展,力争每条产业链都有品牌会议项目或专业展览项目支撑发展,助力企业获取行业前沿资讯,掌握最新技术和拓展市场渠道,带动主体和项目落地,助推重点产业快速发展。(责任单位:市会展局,市各相关部门)

(四)提升现有展会品质,扩大品牌展会影响

10.做大做强品牌展会。加大专业资源注入,持续提升投洽会、石材展、文博会、佛事用品展、工博会、国际海洋周、茶博会、游艇展等现有品牌展会的专业化水平。鼓励和支持我市品牌展会积极申报全球展览业协会(UFI)、国际大会及会议协会(ICCA)等机构的认证,提升国际化运营水平,扩大影响力。推动品牌展会发布行业权威政策信息,引领行业发展方向,抢占技术制高点,力争打造 20 个国际国内领先的品牌展会。(责任单位:市会展局,市各相关部门)

(五)拓展渠道整合资源,培育引进品牌展会

11.策划培育品牌会展项目。与拥有办展办会资源的全国性行业协会、学会开展密切对接,建立长期战略合作,深度挖掘与我市优势产业关联度高的会展题材,整合资源,精心策划培育面向市场、拥有自主品牌的专业展会。充分发挥成熟展会的孵化器作用,

采用"展中展"模式孵化培育专业型展会。将"中国国际工业互联网创新发展大会"、"中国国际绿色创新技术产品展"和"中国国际物联网博览会"等专业展会打造成为国家级、国际性品牌展会。（责任单位：市会展局、市会展协会，市各相关部门）

12.引进大型品牌展会项目。积极与境内外拥有品牌会展项目资源的专业商协会和大型会展机构对接，争取每年引进2～3个大型品牌展会落户厦门。（责任单位：市会展局、市商务局）

13.招揽竞标会议项目。加大扶持力度、提升服务保障水平，争取更多会议项目来厦举办。推动形成"专业行业协会＋专业会议公司"办会模式，积极引进重点产业和领域的专业品牌会议。加强与国际大会及会议协会（ICCA）、国际奖励旅游精英协会（SITE）等国际组织的交流，努力开拓境外专业合作渠道，充分发挥我市名校、名人、名企资源，聘请符合我市重点产业发展方向的学术权威、业界领军人物担任会议大使，支持我市会展企业提升国际会议竞标能力，联合竞标国际会议。争取每年引进3～5个具有行业引领力、专业影响力的境内外品牌会议项目落地厦门。（责任单位：市会展局、市工信局、市卫健委、市科技局、市文旅局、市海洋局、市科协、市医学会等）

（六）加大会展宣传力度，提升会展城市形象

14.开展城市整体营销。联合我市宣传、文化、旅游以及商务部门，推行"会展营销厦门"的城市整合营销理念，以"金砖厦门·会展名城"的统一形象，整合厦门城市优质资源，加强厦门会展城市整体形象的宣传，把会展品牌与城市品牌有机结合，以会展品牌带动城市品牌提升，以城市品牌提升增强会展品牌吸引力。深化与境内外权威会展机构合作，积极开展城市整体营销。（责任单位：市会展局、市委宣传部、市文旅局、市商务局）

15.创新营销推广手段。积极邀请全球知名会展咨询机构、媒

体机构,联合国内专业机构和我市相关部门,策划制定会展业营销推广方案。加强与《MICE China》《会议》《中国会展》《中外会展》等会展专业媒体的合作,定期推送我市会展动态。强化新媒体运营推广,综合运用微信、微博、App等方式进行宣传报道。在厦门会展官方网站、微信公众号、官方微博等多元媒体渠道上,持续推送厦门会展资讯,宣传厦门会展整体环境。积极开展境外营销,在国际社交平台上建立厦门会展业官方账号(MICE XIAMEN),用国际化语言编制内容,吸引国际官方办展办会机构和组织来厦参展参会、办展办会。(责任单位:市会展局、市委宣传部、市会展协会)

16.拓展全球营销网络。加强与国际权威会展组织的对接,积极加入全球展览业协会(UFI)、国际展览与项目协会(IAEE)、国际大会及会议协会(ICCA)、国际奖励旅游精英协会(SITE)、亚洲会展协会联盟(AFECA)等国际会展权威机构,拓展面向全球的会展营销网络,掌握会展业最新信息资讯,引进国际先进办展办会理念和模式,招揽引进高端会展资源,争取国际组织有实力的会员主体来厦设立分支机构。推动在厦创办国际会展合作组织。积极组织会展企业参与德国法兰克福国际会议及会奖旅游展(IMEX),西班牙巴塞罗那国际商务及奖励旅游展览会(IBTMWorld),美国拉斯维加斯国际会议及奖励旅游展(IMEXAmerica),澳大利亚墨尔本亚太会奖旅游博览会(AIME),中国(上海)国际会奖旅游博览会,中外会展项目合作洽谈会,中国会议产业大会等境内外大型会展专业活动,开展宣传推介和对接洽谈活动,推动成立厦门国际会展促进会,助力企业开拓会展市场。(责任单位:市会展局、市商务局)

17.办好厦门国际会展周。进一步提升厦门国际会展周的国际化、高端化、专业化水平,打造自主品牌的国际营销和会展项目对接平台。通过厦门国际会展周平台,邀请权威国际组织共同策划举办系列活动,提升平台国际影响力;与专业机构合作,组织更多品牌展览主办机构、国际会议买家、权威行业协会与我市会展企业、相关协会与行业主管部门对接洽谈,助推产业合作,提升平台实效性;邀请金砖国家会展机构,搭建金砖国家机制性会展交流合作平台,推动金砖国家会展和经贸合作;延伸"一带一路"合作,邀请更多沿线国家和地区实力会展企业、专业协会莅会探讨,推进交流与项目合作。(责任单位:市会展局、市会展协会)

(七)加快智慧会展升级,提高信息化发展水平

18.推进会展信息化建设。充分利用物联网技术、云计算、大数据分析等新一代科学技术,推动各品牌会展活动提升信息化运营水平,积极探索线上线下展会有机融合新模式,加速"智慧会展"的落地与推广,赋能实体展会,打通线上线下人流、信息流、资金流,实现产品、项目、资本的无缝对接,提升展客商参会实效;积极推动现有场馆引入智能化展馆服务管理,提升客商参展参会体验满意度;高水平规划新会展中心场馆,突出信息化、智能化特色,打造具备国际运营水平的智能型场馆。(责任单位:市会展局)

19.推进会展大数据平台建设。以"厦门市会展业公共信息服务平台"、投洽会"客商关系管理系统"等为基础推进我市会展大数据平台建设,汇聚我市会展产业链各环节数据,实现我市会展业管理与服务、市场资源优化配置以及专业会展项目策划的"智慧化",推动我市会展业升级发展。(责任单位:市会展局、厦门信息港公司)

20.推进数据平台对接。将会展大数据平台与我市"大数据＋旅游""大数据＋交通""大数据＋医疗""大数据＋智能制造""大数据＋现代服务业"等平台有效对接,助力会展业与重点产业的融合发展。(责任单位:市会展局、厦门信息港公司,市各相关部门)

(八)加强两岸会展交流,推动产业融合发展

21.推动两岸会展交流合作。充分发挥海峡论坛、两岸企业家峰会、工博会(台交会)、文博会等在厦举办的重大涉台经贸文化交流合作平台作用,支持台湾会展业者发挥自身优势来厦办会办展,鼓励在厦设立台资会展企业。以农业、数字科技、机械装备、生物科技、文化创意等为重点,共同策划举办具有闽台特色的专业展、精品展、巡回展。积极推动两岸在商贸物流、平板显示、计算机、软件信息、半导体与集成电路、金融服务、动漫游戏等领域举行行业交流、学术研讨等会议活动。(责任单位:市会展局、市商务局、市台港澳办)

(九)强化会展招商功能,促进主体项目落地

22.建立会展＋商务系统联动机制。开展会展招商,积极推动招商部门利用专业会展平台进行投资环境和政策推介、开展资源和项目对接,争取主体和项目落地。建立健全参会参展客商信息库,通过"网上投洽会"和"投资厦门"等平台及时更新、精准推送招商信息,开展线上服务和项目对接,打造永不落幕的招商引资工作平台。加强定向招商,探索建立对我国台湾、香港,以及新加坡等主要投资来源地的招商固定平台。增强重大招商活动的会议保障能力,提供高效的"一条龙"配套服务。(责任单位:市商务局、市会展局,市各相关部门)

四、保障措施

(一)机制保障

强化统筹领导,建立展会促进激励机制,加强各区、各相关部门间的合作,形成工作合力,鼓励支持各区、各部门、企业办展办会。建立健全统一的保障体系,提升大型活动保障水平。紧密围绕我市重点发展产业,联合工信、卫健、文旅、物流、金融等产业主管部门,建立会展平台与重点产业联席会议制度,整合资源和力量共同争取相应的产业高端会展平台落地厦门。(责任单位:市会展局、市商务局,市各相关部门)

(二)政策保障

进一步推进全市会展业信用体系建设工作,加强市场监管,加大会展知识产权保护力度。全面梳理、优化会展促进政策,出台并落实《关于进一步促进会议展览业发展的扶持意见》和《会展业发展专项资金管理办法》,加大扶持力度,简化重大项目的评估程序,制订可量化的评估标准,增强我市会展竞争力和城市活力。(责任单位:市商务局、市财政局、市会展局)

(三)人才保障

以"海纳百川"计划争取引进创意策划、营销推广、组织运营等高端会展专业人才,持续提高现有院校会展专业办学水平,鼓励支持我市高校新开设会展专业或设置会展课程,培育符合厦门特点和长远发展要求的会展专业人才,推动我市成为高端、专业会展人才集聚区。与境内外权威会展机构合作,积极筹建会展经济研究

蓝皮书

会(院),为我市会展业发展提供智库支持。与国际专业会展组织合作,引进 SITE、IAPCO、IAEE 会展从业人员高端培训。每年组织举办各类会展专业培训和会展沙龙活动,内容涵盖会展各项专业知识以及新理念、新趋势、新技术等,不断提升本市会展从业人员专业素养。(责任单位:市会展局、市委人才办、市人社局、市教育局、市会展协会,各相关高校、中等职业学校)

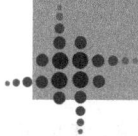

厦门市人民政府
关于印发影视产业发展规划
(2019—2025年)的通知

厦府〔2019〕237号

各区人民政府,市直各委、办、局,各开发区管委会:

　　现将《厦门影视产业发展规划(2019—2025年)》印发给你们,请认真组织实施。

厦门市人民政府

2019年8月9日

(此件主动公开)

蓝皮书

厦门影视产业发展规划(2019—2025 年)

影视产业是文化产业的重要内容,是文化价值传播的重要渠道。中国金鸡百花电影节(金鸡奖年份)长期落户厦门,并获得未来五届十年的举办权,为我市影视产业升级发展带来新的契机。面对新时代下国家对电影产业发展的新要求,厦门市委市政府提出紧抓机遇,"以节促产"推动影视产业发展。为进一步明确厦门影视产业发展理念、定位和方向,确定发展重点和目标,优化空间布局,创新政策举措,特提出我市影视产业发展规划,以推动我市影视产业高质量发展。

一、发展优势

(一)高素质之城

厦门是一座高素质的创新创业之城,近年来以"双千亿"工作为抓手,推进高质量发展落实赶超,建设五大发展示范市,综合实力不断提升,为影视产业发展注入强劲动力。2018 年地区生产总值 4791.4 亿元,财政总收入达 1283.3 亿元,三次产业结构为 0.5:41.3:58.2,形成以先进制造业和现代服务业为主体的现代产业体系。持续打造 12 条千亿产业链,其中软件信息、文化创意、旅游会展等 8 条产业链达到千亿级,获评全国首批服务型制造示范城市、"中国软件特色名城"等称号。政府管理规范高效,综合信用指数在全国 36 个省会及副省级城市中排名第二,营商环境经国家发改委评定居全国试点城市第 2 位,政府透明度指数位列全国第一。

(二)高颜值之城

厦门是一座高颜值的生态花园之城,城市气候四季如春,岛、礁、岩互相映衬,西洋建筑与闽南民居交相辉映,城在海上、海在城中,四季有花、处处有景,生态环境优良,被誉为"天然摄影棚",近年来每年有近百部影视剧来厦取景。长期以来,厦门深入践行习近平总书记关于绿色发展理念,大力推进国家生态文明试验区建设,扎实做好生态环境保护工作,蓝天、碧水、净土三大保卫战成效显著,空气质量始终保持在全国前列,"厦门蓝"成为亮丽的城市名片,先后荣获国家森林城市、联合国人居奖、国家生态市、全国文明城市五连冠等荣誉称号。

(三)国际化之城

厦门是一座国际化的开放之城,经济外向度高,外贸综合竞争力位居全国百强城市第5位,有利于快速集聚全球影视产业资源,促进影视产业"走出去""引进来"。从国家层面看,厦门地处祖国的东南沿海、台湾海峡西岸,面对宝岛台湾和东南亚大华语区,与海外华人圈有着天然密切的联系,具有链接台港澳的区位优势;从全球层面看,厦门地处环太平洋西岸中心点,在地理位置上与美国洛杉矶、法国戛纳、韩国釜山等国际知名影城相似,具备东西交汇、南北贯通的区位优势,是"海丝"战略支点城市和国际性综合交通枢纽城市,在国家"一带一路"建设中具有独特的国际地位。

(四)现代化之城

厦门是一座现代化的时尚之城,所特有的闽台文化、侨乡文化、海洋文化与西方文化相互交融,文化包容性强,对时尚性、创新性的外来文化接受度高,为影视产业发展积淀了深厚的人文底蕴。人文资源丰富,"鼓浪屿:历史国际社区"被列入世界遗产名录,南音被列入人类非物质文化遗产项目,高甲戏、歌仔戏、漆线雕等入选国家级非物质文化遗产代表性项目名录。城市信息化水平高,品牌展会多样,进入世界会展城市 50 强。每年定期举办海峡两岸文博会、海峡旅游博览会、国际动漫节、国际时尚周、海峡两岸民间艺术节、闽南语原创歌曲歌手大赛等重大节庆活动,成功举办海峡影视季、金砖国家电影展、2018 中国影视基地峰会、2018 中国(集美)影视 IP 创投大会、CIMIX 中国国际影视文化投资论坛等一系列影视活动。

二、发展目标

利用厦门优越的自然、地理、人文要素以及良好的政策环境,以"全域影城"为方向,以重大影视项目为支撑,以科技创新为手段,以聚集国内国际资源为重点,吸引汇聚一批影视专业人才和领军人才,着力打造一批在国内乃至国际具有较大影响力的电影、电视剧、动画、网剧等影视作品,培育一批科技含量高、具有较强竞争力的影视科技企业,塑造一批国内一流并具有较强国际影响力的影视节展品牌。力争到 2025 年,将厦门打造为新时代中国影视产业高质量发展的典范城市。

(一)全国一流的影视拍摄基地

以厦门全域的自然、人文景观作为影视外景拍摄地,立足于本地特色和区位优势,打造无季差、全天候的海滨都市、时尚等现代剧拍摄基地。以影视工业化生产为目标,引进全球顶尖视觉预览、特效制作企业,推进影视制作标准化、流程化、专业化、规模化进程,提升影视产业效率和品质。

(二)全国领先的网络视听产业基地

把握全球影视科技革命和产业变革趋势,运用新技术、新手段、新模式,培育原创网络视听内容,搭建网络视听产品展示交流平台,建设全国领先的网络视听产品孵化、渠道分发、人才培训基地,推动影视产业数字化、网络化、智能化发展。

(三)全国前沿的影视产品交易平台

大力打造影视产品交易平台,通过建立规范、规模、开放的交易市场,有效对接影视产业中创作、融资、放映及后产品开发等各环节,优化影视产业要素资源配置,加快影视项目孵化及产业化过程,带动影视产业价值链的建立和完善。

(四)两岸影视产业合作交流试验区

放大两岸影视产业合作效应,积极争取两岸产业合作的先行先试政策,引入台湾影视人才、技术、创意、管理等资源,打造成为国内乃至东南亚地区最具规模和影响力的影视产业合作交流试验区。

(五)国际知名的影视节展中心

着眼于提升中国金鸡百花电影节品牌影响力,培植具有国际知名度和影响力的影视节展品牌,力争成为上海、香港、台北两岸三地三大知名电影节的主要分会场,快速集聚各类影视产业资源,构建全球知名的影视节展中心,塑造城市国际化新名片。

蓝皮书

三、重点任务

(一)拓展产业链条

围绕影视拍摄,不断向两端延伸产业链条,拓展影视剧本创作、后期制作、衍生品开发等产业链布局,提升产业价值空间。

剧本创作。支持原创、鼓励创新,着力创作生产一批在全国有较大影响力的原创精品剧本。实施剧本孵化计划,采取项目化方式,每年围绕重大时间节点、重点现实题材,面向全国乃至全球征集优秀影视创作题材和剧本。搭建剧本交流推介平台,建立签约编剧储备库,加大优秀剧本创作和储备力度。建设影视剧本IP孵化生产基地。

影视拍摄。外景拍摄。梳理现有的特色古厝、民居、旧村、旧街、庙堂、宗祠、海岛及其他闲置空间,实行保护性开发,打造影视外景基地。充分挖掘场景资源,依托鼓浪屿等现有景观基础开发、改造适合外景拍摄的场景。内景拍摄。对标国际一流标准,高标准规划建设专业摄影棚区,包括标准摄影棚、水下摄影棚、高科技数字摄影棚、置景车间等,同时涵盖道具间、演员公寓等综合配套,完善基础设施建设。

后期制作。采用专业化团队,通过标准化流程,实现规模化产出,打造全流程的影视工业支撑体系,实现影视生产从手工作坊向影视大工厂的演进。引导和发展一批特效设计、动画制作、配光校色、音效合成、混录、配音、剪辑、后期合成、软件研发等企业,引进国际一流的数字化影视制作设备,力争成为国内知名的影视后期制作基地。

衍生品开发。培育发展影视衍生商业,鼓励开发影视音乐、图书、生活日用品、游戏等衍生产品和服务,利用现代技术手段,开发新型的影视互动娱乐产品,拓展影视文化消费空间。以版权开发和泛娱乐的衍生产品孵化、开发和生产为核心,打造IP研发和衍生设计产业链,提高影视产业衍生效益。

(二)驱动产业融合

大力推动影视产业与数字经济、旅游会展、时尚设计、教育培训、金融服务等融合发展,不断衍生新产业、新模式、新业态,拓展产业发展空间,以"影视+"助推厦门软件和信息服务、文化创意、旅游会展等千亿产业链建设。

影视+高科技:依托厦门软件和信息服务业发展优势,加快影视文化产品和服务的生产、传播、消费等环节数字化、网络化进程,支持企业利用5G、云计算、大数据、人工智能等前沿科技改造提升影视文化产业的技术装备水平,积极推动电影预览、虚拟制片、后期特效制作、虚拟现实(VR)展映等影视科技创新应用,努力建设与全球影视制作技术发展水平同步的区域性影视制作科技中心。

加快发展网络影视,依托中国短视频产业基地,打造全国短视频中心。定期举办网络视听创新大赛、微电影展等活动,推出适合互联网、手机等传播的影视佳作。借助5G通信、互联网、移动终端等信息通信渠道,加大影视产品推广力度。通过项目众筹、大数据运用、互联网营销等新手段,实现影视企业创新发展。

影视+金融:发挥厦门金融服务产业既有优势,推动影视资源与资本市场对接,推动成立市级影视产业引导基金,支持天使投资、创业投资、风险投资等各类股权投资类企业投向影视产业。探索开展影视产品版权、电影收益权等资产证券化融资,鼓励开发影视金融衍生品等,通过结构性金融手段助力影视产业融资。

影视+旅游:以影视为表,旅游为里,文化为魂,开发影视旅游产品,打造全域影视拍摄、生态度假、观光旅游、时尚休闲等一体的文化旅游综合体,推动旅游为影视增值赋能。借助金鸡百花电影节的成功举办,创造性地使用城市的空间,开发海上明星大道、海滩电影展映、海滨电影人影迷见面会等活动。开发小型影视主题乐园、虚拟人剧场、超级体育电竞中心等项目,整合影视产业上下游资源。依托翔安"一场两馆、新会展中心"建设,筹划全国性或国际性电影博览交易会、影视展等。将影视产业的时尚元素导入厦门国际时尚周等活动,促进影视与艺术、时尚融合发展,营造新的文化产业生态圈。

(三)明晰产业布局

坚持核心引领、适度集聚、多点突破、各区差异化发展的原则,形成"一核、多基地、全域影城"产业布局。

"一核":以岛内两区为核心,以总部运营、版权交易和宣传发行引领厦门影视产业发展。

"多基地":以集美区为基础,依托影视产业园区、包印厂摄影棚和软件园三期,适度集聚形成公共服务基地、内景摄影基地和后期制作基地。

"全域影城":在厦门全域范围内,以自然、人文景观优势打造"厦门影视拍摄地",同时各区充分发挥自身产业优势,差异化发展影视产业,优化全市影视发展环境。

远期不断扩大厦门影视产业的辐射力和影响力,形成环厦门湾布局,并延伸拓展到闽西南协同发展区,逐步形成闽西南五地市影视协作区,将五地市的红色文化、世界文化遗产、山水文化、海洋文化有机融合,充分发挥厦门闽西南协同发展区的龙头带动作用,实现区域资源共享,优势互补。

专栏:厦门市各区影视产业差异化发展

思明区:以厦门国际会展中心为核心,沿环岛路向两端延伸,在鼓浪屿、曾厝垵渔村、沙坡尾、软件园一期和二期、观音山金融商务集聚区规划建设特殊场景拍摄基地、高科技后期制作基地以及影院、剧院等影视产业综合服务配套,打造环岛路影视产业带。同时结合红色元素,依托历史文化街区、传统建筑等,打造形成节展庆典、影视街区、影视拍摄互动连片的产业态势。

湖里区:以火炬高新区为核心,依托两岸金融中心核心区、中国短视频产业基地,通过集聚影视金融、创新企业孵化、短视频生产、影视培训等核心板块,形成新兴影视产业孵化地。依托旧厂房、旧城旧村改造,发展影视艺术展览、影视体验式旅游、影视社区等,形成影视产业与艺术、设计、文化旅游和城市更新良性互动的局面。

集美区:以集美集影视总部园区为核心,构建产业综合服务平台,延伸杏林包印厂作为基础配套摄影棚区,深化集美学村、集美新城、园博苑、杏林湾、大明广场、白虎岩等重要影视外景拍摄基地建设,软件园三期作为影视后期制作基地,引进全球顶尖视效预览及特效后制团队;重点开发园博苑影视旅游衍生品集散功能,同步开发连接山、湖、海,影视前后期于一体的影视旅游经典路线。

海沧区:以台商投资区为核心,发挥海沧对台交流合作先行区优势,打造"两岸三地"影视产业合作实验区。利用天竺山、海沧湾等"山、海、湖、岛、城"相融一体的独特景观和丰富的宗教、文化资源,丰富影视产业资源。围绕马銮湾新城开发建设,结合古民居、风貌建筑保护利用,布局新兴演艺综合体,打造影视文娱基地。

> 同安区:以华强方特文化产业园为重点,打造原创影视、动漫制作基地。结合闽南宗教文化旅游区建设,提升同安影视城内涵,延伸周边地块,引进国内外影视 IP,打造特色影视拍摄基地。挖掘历史文化题材,塑造一批"影视＋旅游"的特色街区。
>
> 翔安区:以新会展片区及两岸合作示范区为核心,完善机场、酒店、餐饮等配套服务,打造厦门未来的国际影视展映中心,承载举办国内外影视大型节展、博览会、产业交易会等职能。

(四)扩大开放合作

借助厦门作为国家"海丝"战略支点城市和对台前沿平台的特殊地理区位优势,整合港澳地区与海峡两岸的丰富影视资源,加强与港澳台地区,以及日本、韩国和东南亚国家的影视产业合作。在此基础上,促进与"海丝"沿线国家和地区的影视产业交流与合作,更好服务两岸和平发展和国家"一带一路"倡议。

加强两岸影视产业交流合作,抓住自贸试验区先行先试机遇,结合自贸试验区负面清单的实施,推进影视演艺领域扩大开放,鼓励台湾企业在厦门从事影视产业,支持台湾演艺人员在厦门创业和创作。

以国家文化出口基地建设为契机,发挥厦门自贸片区"保税＋""金融＋"优势,探索建设影视文化产品保税仓,面向全球引进具有国际水准的制作团队,逐步开展高端影视设备保税融资租赁服务。

(五)加强人才引育

大力实施影视人才培养计划,引进和培养一批国际视野、战略眼光、创新思维、熟悉国际前沿技术和经营理念的影视产业领军人才,在影视策划、创意、制作、发行、经营等方面培育一批业内领军人才。加快推动厦门高校成立影视相关学院及科研机构,支持厦门大学、厦门理工学院等高校导入先进的国内外科教资源,培育影视产业精专人才。

积极引进国内外领先的影视职业教学培训资源和师资力量,支持厦门职业院校开设影视相关专业,培养美术、摄影、录音、服装、化妆、道具等影视产业技术技能人才。实施以市场评价为导向的影视基础性人才认定机制,制定更灵活、更具吸引力的人才激励政策。

鼓励具有行业领先技术水平的影视企业开展职业技能培训,探索高校、行业机构和企业开展多形式、多层次和多类型的产学合作,鼓励影视龙头骨干企业建设影视培训基地,促进产学对接,面向市场开展"教学＋项目＋实训"的影视人才培养。

四、保障措施

(一)做实政策配套

加强土地、财政、金融等政策集成,综合施策,精准扶持。加大影视企业落户厦门、影视剧本创作和交易、动画影视作品放映播出、电影发行、影视企业参加境内外知名影视展会和举办大型影视活动的奖励支持力度,鼓励影视服务出口。支持影视拍摄基地建设,支持符合条件的企业在符合规划的前提下按规定程序利用旧厂房等存量房地产资源改建摄影棚和后期制作基地,支持影视企业来厦在厦拍摄。支持影视企业融资,鼓励股权机构加大对影视企业的投资。鼓励金融产品创新,根据影视行业不同细分领域和影视企业不同发展阶段需求,通过融资和租赁等提供从初创期、成长期到成熟期的全链条、个性化金融政策服务。

(二)做优服务保障

组建高水平服务团队和机构,提供信息咨询、拍摄服务、配套服务、演员中介、设备租赁、宣传推广等"一站式"优质服务,吸引影视项目公司进驻拍摄、制作。完善各项服务内容和措施,编制服务目录,规范管理服务项目。提升厦门影视产业服务中心的专业化服务水平。

建立健全各部门协调联动机制,完善影视协拍管理,在政务服务中心设立专门窗口,为影视外景拍摄涉及的公共资源使用审批提供一站式服务,优化各部门审批方式和流程,提高效率。

(三)做大聚集发展

大力开展影视产业招商,制定行业招商路线图,加强项目策划,着力引进行业内具有领先性、平台性、标杆性的项目或企业,促成国内外的著名制片、发行、放映机构来厦设立营运机构,支持影视编剧、导演、制片人、演员等影视专业人才在厦门市设立影视企业或工作室。

实施中小微影视企业孵化计划,发展壮大本土成长型影视企业,培育市场主体。做大做强国有影视企业,形成主业突出、实力雄厚、核心竞争力强,对整个行业上下游具有龙头带动作用的大型影视骨干企业。加快推动影视产业基地项目建设,完善基础平台,打造特色鲜明、辐射带动作用强的影视产业集聚区。

(四)做响厦门品牌

规范市场秩序,增强文化担当,优化生态环境,通过打造"一场电影盛会、一个电影论坛、一个交易市场、一个文旅项目、一个制作基地、一个培训中心、一支影视基金",塑造一批国内外具有较大知名度的影视文化企业品牌。成立厦门影视集团,组织开展作品创作及拍摄、产业投融资及股权交易等,充分发挥骨干引导作用,带动厦门影视产业高质量发展。充分利用多种媒介和手段,加强对外宣传,扩大厦门影视品牌的知名度和影响力。

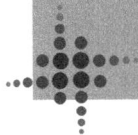

厦门市人民政府
关于印发进一步促进
影视产业发展若干规定的通知

厦府〔2019〕240 号

各区人民政府,市直各委、办、局,各开发区管委会:

现将《厦门市进一步促进影视产业发展的若干规定》印发给你们,请认真组织实施。

厦门市人民政府

2019 年 8 月 15 日

（此件主动公开）

厦门市进一步促进影视产业发展的若干规定

第一条 为了加快本市影视产业发展,支持影视企业做大做强,根据我市关于建设高素质高颜值现代化国际化城市的要求和《厦门影视产业发展规划(2019—2025 年)》《厦门市进一步促进文化产业发展的补充规定》等文件精神,制定本规定。

第二条 本规定所称影视企业,是指在本市从事影视作品拍摄、制作、发行、放映,影视器材租赁、演员经纪、影视培训、剧本创作、影视基地运营、后期制作等活动的企业,包括公司制企业、合伙企业、个人独资企业(不包括分支机构)。

第三条 鼓励影视企业落户厦门。在本市新设立的影视企业,不涉及新增用地的,自缴税年度起,按其缴纳的企业所得税和增值税地方留成部分,给予前 2 年 100%、后 3 年 80% 的奖励。对年度地方财政贡献扣除各项奖励后首次达到 100 万元以上的影视企业,一次性给予 10 万元奖励;达到 500 万元以上的,给予 50 万元奖励。达到 1000 万元以上的,给予 100 万元奖励。对引进全国知名影视企业和影视产业链重要环节的企业,或涉及新增用地的企业,可另行商议支持方式。

第四条 鼓励影视剧本创作和交易。支持本市行业协会、企业机构、高等院校和文创产业园区建设剧本创作基地,吸引编剧人才来厦集聚,开展创作活动。对本市剧本创作基地出品的原创影视剧本被影视机构购买,并通过立项、备案审批的,按剧本合同交易金额(不含税)的 10% 给予剧本创作基地奖励,如属于反映厦门题材的影视剧本,则按剧本合同交易金额(不含税)的 15% 给予奖励,同一基地每年最高不超过 100 万元。

支持本市影视企业购买影视剧本。对本市影视企业购买剧本

（含原创、改编）并经福建省电影或电视剧主管部门审批备案通过的,按照标准给予一次性奖励:网络大电影剧本给予 5 万元奖励、电视剧剧本给予 8 万元奖励、电影剧本给予 10 万元奖励。取得电影放映许可证或电视剧发行许可证的剧本,再给予一次性 20 万元奖励。

第五条 影视动画作品放映播出奖励。对本市动漫企业出品的影视动画作品,按标准予以奖励:动画电影公映票房达 3 亿元（含）以上的奖励 300 万元,票房达 2 亿元（含）至 3 亿元的奖励 200 万元,票房达 1 亿元（含）至 2 亿元的奖励 100 万元。

原创影视动画作品,在中央电视台黄金时段（17:00—22:00,下同）首次播出的,按每分钟 1500 元的标准,给予一次性奖励;在上星动漫频道和省级上星综合频道黄金时段首次播出的,按每分钟 750 元的标准,给予一次性奖励;同一企业同一项目累计奖励不超过 200 万元。

对本市动漫企业出品的影视动画作品,在优酷土豆、乐视网、爱奇艺、搜狐视频、腾讯视频、PPTV 聚力等国内重点网络平台首轮播出的动画作品,按照播出合同交易金额（不含税）的 3% 给予出品企业奖励,最高不超过 50 万元。

第六条 支持电影发行。对在本市依法设立的电影发行企业,作为排名第一的影片发行方在全国电影院线上映的,按照发行合同交易金额（不含税）的 3% 给予奖励,最高不超过 500 万元。

第七条 打造国内一流的首映礼基地。吸引和鼓励全球优秀院线影片到厦门举办首映礼,打造厦门"首映礼之城"。对在本市的电影院举办全国院线电影首映礼的,按实际发生成本的 50% 给予排名第一的电影发行方或出品方奖励,单场最高不超过 20 万元。

第八条 支持影视企业参加境内外知名影视展会和举办大型影视活动。对本市影视企业参加北京电视节目交易会、中国（深圳)国际电视剧节目交易会、中国国际影视节目展、北京国际电影节、上海国际电影节等境内影视展会,给予展位费80%补贴,最高每场不超过80万元;对本市影视企业参加境外影视展会,给予展位费100%补贴,最高每场不超过100万元;政府组团参加境内外影视展会发生的展位费、布展费、宣传费等,安排专项资金支持。

对在本市举办大型的影展、影视论坛、影视赛事、优秀影片交流等影视产业活动,由省、市政府指导或市级行业行政主管部门主办的,给予场地租金、布展费、宣传费等60%补助,最高每场不超过100万元;由中央和国家有关部委或全国性行业协会指导,市级行业行政主管部门主办的,给予场地租金、布展费、宣传费等80%补助,最高每场不超过200万元。

第九条 支持影视企业融资。对于从银行、小额贷款公司等正规债权类金融机构获得项目信贷资金的本市影视企业,给予申报企业60%的贷款贴息支持,年度最高不超过100万元;对从融资租赁机构获得项目融资的我市影视企业,给予申报企业融资费用(包括租息和手续费)40%的贴租支持,年度最高不超过100万元;鼓励本市小额贷款公司为本市影视企业提供信贷服务,按照《关于进一步促进厦门小额贷款公司发展的意见》(厦府〔2015〕355号),对小额贷款公司小微企业年度贷款余额比上年净增加额按0.3%予以风险补偿,年度最高不超过200万元;对融资租赁公司购入设备提供我市影视企业租赁使用的,按照租赁合同及发票金额的5‰给予奖励,单一企业单笔业务奖励金额不超过30万元,奖励金额每年不超过300万元。

第十条 鼓励股权投资机构加大对影视企业的投资。对本市股权投资企业投资我市影视企业进行奖励,投资额达到3000万元(含)以上的,属于公司制股权投资企业,按其对本市影视企业股权投资额的1%给予奖励,最高不超过2000万元;属于合伙制股权投资企业,按其对本市影视企业股权投资额的0.5%给予奖励,最高不超过 2000 万元。对本市股权投资企业投资我市影视企业,因投资失败导致清算或减值退出而形成项目投资损失的,按其实际投资损失金额 20% 给予风险补助。单个项目补助额最高额为 200 万元,同一股权投资企业申请风险补助金额累计不超过 500 万元。

第十一条 支持影视拍摄基地建设。支持符合条件的企业,在符合规划的前提下,按规定程序利用旧厂房等存量房地产资源改建影视拍摄基地和后期制作基地,鼓励社会资本投资建设影视拍摄基地。对国有文化企业租赁政府收储用地改建影视拍摄基地的,给予租金优惠。对影视拍摄基地的摄影棚、置景车间等用于影视拍摄的,按照影视拍摄服务收入的 5% 给予影视拍摄基地运营补贴,同一基地每年最高不超过 200 万元,期限不超过 3 年。

第十二条 支持影视拍摄之城建设。鼓励本市影视企业通过立项、备案的影视作品在厦拍摄。对本市影视企业购买我市影视拍摄基地专业服务、租赁其摄影棚、道具置景等设施设备,按服务及租赁收费的 30% 给予补助,每个剧组最高不超过 200 万元;鼓励外地影视企业来厦拍摄,对外地影视企业购买我市影视拍摄基地专业服务、租赁其摄影棚、道具置景等设施设备,按服务及租赁收费的 10% 给予补助,每个剧组最高不超过 80 万元。

第十三条 鼓励打造厦门影视服务出口基地。对电影产品出口、电视产品出口、中外合作制作电影和电视节目服务、其他与广播影视相关的服务、节目模式出口等商务部重点支持的影视服务出口给予政策支持。对企业当年实际发生的影视服务出口增量作为计算贴息的本金,按照不超过中国人民银行当年公布的最后一期 1 年期人民币贷款基准利率给予贴息支持。对经认定的技术先进型服务企业,符合税法规定的,可享受减按 15% 的税率征收企业所得税,其职工教育经费支出不超过工资薪金总额 8% 的部分准予在计算企业所得税应纳税所得额时扣除,超过部分,准予在以后纳税年度结转扣除。对符合税法规定的广播影视节目(作品)制作和发行等影视出口服务,适用增值税零税率政策。

　　第十四条　原有政策与本政策不一致条款,按本政策标准执行。同一企业、同一机构、同一项目按就高原则,不重复享受本政策;原则上,同一企业(基地)年度内享受本政策规定的扶持资金,不超过该企业(基地)年度内对我市的地方级税收贡献;与市级其他相关扶持政策重叠,按就高原则给予补差。

　　第十五条　本规定自 2019 年 1 月 1 日起施行,有效期 5 年,由市文发办、市财政局、市文旅局负责解释。

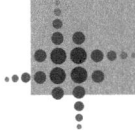

中共厦门市委组织部
中共厦门市委宣传部
厦门市财政局关于印发
厦门市文化产业人才引进
和培养实施办法的通知

厦委宣联〔2019〕17 号

各有关单位：

现将《厦门市文化产业人才引进和培养实施办法》印发给你们,请认真贯彻执行。

中共厦门市委组织部
中共厦门市委宣传部
厦门市财政局
2019 年 11 月 12 日

厦门市文化产业人才引进和培养实施办法

为深入学习贯彻习近平新时代中国特色社会主义思想,贯彻落实新时代文化建设基本方略,发挥优秀人才示范带动作用,激励文化领域各类人才来厦、在厦施展才华,为建设高素质高颜值现代化国际化城市做出积极贡献,根据《厦门市实施"海纳百川"人才计划打造"人才特区"2013—2020 行动纲要》,结合新时代文化产业高质量发展和专业人才培养需要,制定本办法。

一、打造文化产业人才高地

(一)本办法计划引进和培养的文化产业杰出(引进)人才、英才、优才等三类人才,统称文化产业人才计划。通过人才计划的组织实施,加快建设和形成一支门类齐全、数量充足、结构合理、富有活力、可持续发展的文化产业人才梯队,不断推动人才战略高地优势向竞争优势、发展优势转化,为实现我市文化产业高质量发展奠定强大的智力基础和人才支撑。

(二)本办法所称的文化产业人才系指注册创办文化企业的主要负责人或在文化产业领域工作,能够代表厦门市重点鼓励发展的创意设计、影视娱乐、数字内容、新媒体、高端艺术品等文化产业核心门类领先水平,具有领军才能和团队组织能力,具有重大创新前景和发展潜力的优秀人才。

(三)文化产业人才实行动态管理、目标管理。其中,文化产业杰出(引进)人才管理周期为五年,期满后不再享受有关待遇;文化产业英才、优才每两年选拔一批,管理周期为四年,期满资格即自

蓝皮书

动终止,同时不再享受有关待遇。

(四)文化产业人才引进和培养工作是在市委人才工作领导小组的指导下,由市委宣传部组织实施,市委宣传部干部处、文化体制改革处负责认定、评审具体工作。

二、创新文化产业人才评价体系

(一)引进和培养文化产业人才坚持以品德、能力和业绩为评价标准,以对经济建设和社会发展所作的实际贡献和业内公认度为主要依据。

1.文化产业杰出(引进)人才必须具备以下条件:

(1)热爱祖国,遵纪守法,具有良好的职业道德,学风、作风正派。

(2)从厦门辖区外引进,来厦注册创办文化企业或与本市文化企业签订工作(聘用)合同不满两年的。从驻厦省部属单位调入的,不列入人才引进范畴。

(3)受聘于我市企业的,年薪达到本市上一年度城镇单位在岗职工平均工资 6 倍以上或上一年度缴交个人所得税 8 万元以上;若为企业投资人的,企业注册资本不低于 1000 万元,至申请认定时点实缴资本不低于 500 万元。年龄一般不超过 55 周岁,业绩特别突出或符合行业发展特点的可适当放宽。

(4)在文化领域具有较高造诣和较大影响力,能够成为我市文化产业核心门类的领军型人才,并符合《厦门市文化产业杰出(引进)人才评价认定标准》(见附件)。

2.文化产业英才人选必须具备以下条件:

(1)热爱祖国,遵纪守法,具有良好的职业道德,学风、作风正派。

(2)在厦门注册的、营业收入 1000 万元以上的文化企业工作两年以上,年龄一般不超过 55 周岁,贡献特别突出的可适当放宽。

(3)受聘于我市企业的,在厦年薪达到本市上一年度城镇单位在岗职工平均工资 5 倍以上或上一年度缴交个人所得税 5 万元以上;若为企业投资人的,企业实缴资本不低于 500 万元。

(4)担任企业副总经理以上或相当技术岗位,业务成就显著,在业内有较高声望,并满足以下条件之一:

①熟悉文化经营管理,有重大改革创新,近 3 年经营管理业绩显著。

②主持创立知名品牌或商业模式,形成的产品与服务具有独创性领先性,或创新设立文化产业行业内标准,影响较大。

③打造文化产业重要平台,建设和运营省级以上重点文化产业园区,服务文化创意千亿产业链取得显著实效。

④主持建设国家文化产业创新工程、省级以上文化产业重大项目,或投资建设服务文化产业发展的创新创业孵化基地,并取得重大进展。

⑤熟悉国际文化市场及相关规则,开拓创新能力较强,推动中华文化"走出去"并取得重大突破。

⑥在新闻出版、广播影视、文化艺术等相关产业领域掌握核心竞争力,技术水平达到省内领先以上,且有特别突出贡献的首席技术专家或核心团队主要负责人。

⑦个人或带领团队获得省级及以上政府、国家级行业协会(学会)奖项(荣誉)。

3.文化产业优才人选必须具备以下条件:

(1)热爱祖国,遵纪守法,具有良好的职业道德,学风、作风正派。

(2)在厦门注册的文化企业工作两年以上,在厦年薪达到本市上一年度城镇单位在岗职工平均工资 4 倍以上或上一年度缴交个人所得税 3 万元以上,年龄一般不超过 40 周岁。

(3)在文化产业重点领域崭露头角,担任企业中层以上职务或相当技术岗位,具有较高发展创新潜力,并满足以下条件之一:

①有较强的经营管理能力,企业年平均增长率较好。

②掌握核心技术、拥有自主知识产权,或运用现代科技推动文化创新、产业发展,或拥有经市级以上相关部门确认过属于较高成长性项目的创新创业人才。

③主持建设或推出的文化产品、文化项目取得良好的社会效益和经济效益。

④在省级以上重点文化产业工程项目、科研项目中取得显著成绩的主要技术完成人和负责人。

⑤在新闻出版、广播影视、文化艺术等相关产业领域解决了关键技术问题,并取得显著社会效益和经济效益的新技术应用推广负责人、核心技术主要研发人员、技术管理负责人、新媒体技术开发运用人员等。

⑥个人或带领团队获得地市级及以上政府、省级及以上行业协会(学会)奖项或荣誉。

(二)认定、评审工作流程

1.文化产业杰出(引进)人才认定

(1)申报人来厦缴交社保满 3 个月后填写《厦门市文化产业杰出(引进)人才申报表》,并提交相关认定依据材料。

(2)市委宣传部在收齐申报材料 3 个月内研究出具确认意见,并向市委人才工作领导小组办公室报备。

(3)双方签订协议,并按有关规定履行权利与义务。

2.文化产业英才、优才评审

(1)发布公告。市委宣传部发布启动文化产业英才、优才评审工作的相关公告。

（2）申报受理。申报人向所在单位提出申请,填写《厦门市文化产业人才人选申报表》,并提交相关证明材料。

（3）资格审查。所在行政区的区委宣传部或所属的行业协会进行资格审查和原件核查,加具审核意见后,将符合条件的拟推荐人选申报材料报送市委宣传部。

（4）专业评审。成立专家评审委员会,对人选的专业能力、业务成绩和工作业绩等进行评审,产生建议人选。

（5）复核考察。对建议人选组织实地复核考察,了解其政治表现、履职情况、业务水平认可度、职业道德情况等。

（6）公示确定。建议入选名单报市委人才办审核,经市委宣传部部务会研究同意后,公示并正式予以公布。

（三）申报文化产业人才需提供材料

1.文化产业杰出（引进）人才

（1）《厦门市文化产业杰出（引进）人才申报表》。

（2）最高学历学位证书、专业技术职务（职业、执业）资格证书复印件;国（境）外学历学位须经教育部认证。

（3）符合引进人才资格条件的证明,如获奖证书、任职证明、专利证书、财务报表、完税证明、论文论著、项目成果等。外文材料须提供翻译件,并经驻外使领馆或公证处认证。

（4）与我市文化企业签订的工作（聘用）合同、企业法人营业执照等。

2.文化产业英才、优才

（1）《厦门市文化产业人才人选申报表》《厦门市文化产业人才人选情况一览表》。

（2）申报人最高学历学位证书、专业技术职业资格证书、专业技术职业聘任证书或文件、获奖证书、荣誉称号证书复印件。

（3）主要成果证明材料包括代表性论著、专利证书、产品证书、成果鉴定证书、查新报告、检测报告;为主负责或承担市级以上重大工程项目、科研项目课题证明材料;为主承担重大科技成果产业化项目,或为主完成国家专利,实际应用后获得显著经济社会效益的证明材料。

(4)现单位《聘用合同》复印件、个人上一年度在厦的完税证明、国内外重要工作经历证明材料。

(5)企业营业证照、近 3 年财务报告(资产负债表、损益表等)、缴税凭证,产品专利证书,产品或企业获国家、省、市重大奖励证书或证明材料。

(6)其他能证明本人主要专业业绩的材料。

三、完善人才培养激励机制

(一)入选人才享有的保障政策

1.管理期内,分别给予文化产业杰出(引进)人才、文化产业英才、文化产业优才最高 100 万元、50 万元、20 万元工作补助(评定后、期中、期满时按"334"比例分别拨付)。资金发放至用人单位,其中,50%由用人单位发放至个人;50%留存用人单位,主要用于人才科研项目启动,参加重要学术会议、论坛、研讨、艺术节、博览会等活动,出版专著、音像等。

2.管理期内,文化产业人才取得重大创新成果或经济效益,实行一事一议,给予一次性最高 30 万元奖励。

3.管理期内,符合条件的文化产业人才可按规定申报享受我市高层次人才安居政策、子女入学优惠待遇等。

4.文化产业杰出(引进)人才、文化产业英才可按一定比例申办"金鹭英才卡",并按《厦门市"海纳百川"人才计划优惠政策暂行

《办法》规定享受相关优惠政策。具体由市委宣传部商市委人才办确定。

5.对新引进的有特别突出业绩或重大影响力的文化产业杰出(引进)人才,重点推荐申报市"双百"人才等项目。

6.入选人才同时符合多项人才优惠政策规定条件的,按照"就高不重复"原则享受相关待遇,不再重复支持。

(二)入选人才应承担的义务

1.发挥示范和领军作用,刻苦钻研业务,关注前沿理论,不断更新知识,着力提高专业能力素质。

2.在专业技术和经营管理工作岗位上不断创造新的业绩,主动为厦门的经济建设和社会事业的重大决策提供建议、意见,为厦门文化建设和社会发展积极贡献力量。

3.培养期内,原则上应有相当于申报条件的成果、实绩或效益。

在申报期间或管理周期内,有下列情形的,经调查核实后,追回入选人才证书,终止其享受的相关政策待遇:

1.有弄虚作假行为的;

2.存在违背科学、学术不端、不当言论等行为,造成不良影响的;

3.已不在厦门市工作的或者不再为厦门市文化产业贡献服务的;

4.因违法违纪行为或重大过失,给国家、集体、企业或他人造成重大损失的;

5.其他不适宜继续作为培养对象的情形。

蓝皮书

四、加强人才工作的组织保障

(一)完善高层次人才引进方式

1.提高人才引进的针对性和时效性。市委宣传部根据人才引进实际情况和工作需要适时修订《厦门市文化产业杰出(引进)人才评价认定标准》。

2.鼓励柔性引才方式。在不改变原有人事、档案、户籍、社保等关系前提下,突破地域、单位、工作方式等限制,吸引高端文化产业人才为本市文化产业发展提供智力支持。柔性引进文化产业人才应当符合本市柔性引才认定标准及引进方式。

3.加强与台港澳人才的互联互通。以文博会、图交会等为平台,以项目合作为抓手,构建台港澳人才来厦工作的新渠道。

(二)建立完善的人才服务体制

1.建立人才管理信息库。实施信息共享、联动推进的工作机制,形成统分结合、协调高效、整体推进的文化产业人才工作运行机制,进一步优化文化产业人才发展环境。

2.实行人才动态管理机制。建立文化产业人才评价机制,把组织考察、专家评审、社会公论有机结合起来,以切实保证人才评价的科学公正。建立跟踪考察制度,坚持把日常了解与定期考核相结合,期中、期满考核结果作为入选后人才工作补助资金兑现拨付的主要依据,推动人才在管理期内持续创新创造,做出更多更新的业绩。

3.营造人才发展良好环境。大力宣传普及科学人才观,宣传我市引进培育文化产业人才的优惠政策和良好的创业环境,激发人才来厦创新创业的积极性、主动性,为加快高端人才聚集提供思想保证、精神动力和舆论支撑。

(三)打造科学的人才培养模式

1.统筹好本市文化产业发展规划和文化产业人才培养计划,加强文化产业人才需求的预测。

2.大力推进"项目带动战略",以项目化思路引领杰出(引进)人才引进工作,通过打造新时代影视产业高地、国家级文化和科技融合示范基地、国家级闽台文化产业试验园区、国家网络视听产业核心集聚区、国际重要艺术品交易中心等,形成高端人才集聚"强磁场",实现以项目助推人才集聚、人才推动项目发展的良性局面。

3.加强与海外文化创意机构、团体、企业的交流与合作,培养具有国际视野的文化产业人才。激发国有文化单位和非公文化企业的人才创新活力,探索产学研联动的文化产业人才培养新模式。支持在厦高校创办电影学院,培养高端影视人才。

4.支持入选人才拓宽视野、提升素质,定期开展交流研讨、务实培训,适时组织赴国内外著名高校、科研院所、重点文化建设工程项目、文化产业发达地区等进行考察、学习、研修。

本办法未尽事宜由市委宣传部负责解释,自发布之日起实施。之前规定与本办法不一致的,按本办法执行。

蓝皮书

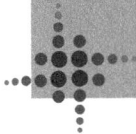

厦门市会议展览局
厦门市财政局关于印发厦门市
关于进一步促进会议展览业
发展的扶持意见的通知

（厦会展〔2019〕58 号）

各有关单位：

　　现将修订后的《厦门市关于进一步促进会议展览业发展的扶持意见》印发你们，请遵照执行。

厦门市会议展览局

厦门市财政局

2019 年 11 月 11 日

（此件主动公开）

厦门市关于进一步
促进会议展览业发展的扶持意见

第一条　为提升我市会展业国际化、品牌化、专业化、市场化水平,打造"国际会展名城"和"中国会展典范城市",促进会展业高质量发展,结合本市实际制定本意见。

第二条　展览项目奖补

对在我市举办、符合条件的经贸类专业展览会进行展位奖补、规模补助和场租补助。

(一)自办展项目奖补

1.展位奖补

展览项目自首次申请补助起连续 6 届依次须达 200、300、400、500、500、500 个标准展位,未达规模的不予补助。补助届数不超过六届,当届未申请补助或未达规模的,列入累计补助届数。

(1)境内展位补助

对 1～3 届项目每个标准展位补助 600 元,4～6 届项目每个标准展位补助 400、300、200 元。

单个项目境内展位补助总额不超过 200 万元。

(2)境外展位补助

对符合奖补条件的项目有境外(含台港澳地区)企业参展的,每个标准展位补助 1800 元。

单个项目境外补助总额不超过 100 万元。

(3)展位增量奖励

展位补助期满后,对项目规模超过存量展位数的增量部分给予奖励,每增加 50 个标准展位且不少于 1000 平方米,奖励金额相应增加 2 万元。

单个项目增量奖励总额不封顶。

2.场租补助

对规模 500 个以上标准展位且达 1 万平方米以上的项目,首届给予实际场地租金 50%的补助;2～6 届的存量展览面积给予实际场地租金 30%的补助;7～10 届的存量展览面积给予实际场地租金 20%的补助;10 届以上的存量展览面积给予实际场地租金 10%的补助。对项目增量展览面积(增量展览面积是指与展览会历史最大规模相比增加的当届展览面积)给予实际场地租金 50%的补助,补助金额在 1 万元以下的不予拨付。

补助租赁天数不超过 6 天,单个项目场地租金补助总额不超过 150 万元。

(二)引进展项目奖补

1.规模补助

对规模 500 个以上标准展位且达 1 万平方米以上的项目,给予 20 万元补助;每增加 50 个标准展位且不少于 1000 平方米,补助金额相应增加 1 万元。单个项目规模补助总额不超过 200 万元。

对在我市落地连续举办的引进展,第二届后展览面积不低于历史最大规模的,补助标准在上述补助标准基础上上浮 20%。

2.场租补助

对规模 1500 个以上标准展位且达 3 万平方米以上的项目,给予实际展览场地租金 50%的补助。

补助租赁天数不超过 6 天,单个项目场地租金补助总额不超过 150 万元。

第三条　会议项目补助

(一)境内会议补助

对参会人数达 200～4999 人的各类境内会议,按以下标准给予补助:

1.住宿四星级饭店(或相当于该档次)达 500～999 间夜数的,给予 5 万元补助;

2.住宿四星级饭店(或相当于该档次)达 1000～1499 间夜数的,给予 8 万元补助;

3.住宿四星级饭店(或相当于该档次)达 1500～1999 间夜数的,给予 15 万元补助;

4.住宿四星级饭店(或相当于该档次)达 2000～2999 间夜数的,给予 20 万元补助;

5.住宿四星级饭店(或相当于该档次)达 3000～3999 间夜数的,给予 25 万元补助;

6.住宿四星级饭店(或相当于该档次)达 4000～4999 间夜数的,给予 30 万元补助;

7.住宿四星级饭店(或相当于该档次)达 5000 间夜数以上的,给予 35 万元补助。

间夜数以四星级饭店(或相当于该档次)为基准,五星级饭店(或相当于该档次)按 1.2 的系数折算,其他饭店按 0.8 的系数折算。

(二)境外会议补助

对参会人员来自 3 个及以上国家或地区(含港澳台)的境外会议,按照以下标准给予补助:

1.境外参会人数达 50～99 人的,给予 8 万元补助;

2.境外参会人数达 100～199 人的,给予 15 万元补助;

3.境外参会人数达 200～299 人的,给予 30 万元补助;

4.境外参会人数达 300～499 人的,给予 50 万元补助;

5.境外参会人数达 500～999 人的,给予 70 万元补助;

6.境外参会人数超过 1000 人的,给予 100 万元补助;

7.境外参会人数超过 2000 人的,给予 200 万元补助。

(三)特大型会议补助

对参会人数达 5000 人及以上的特大型会议,按照以下标准给予补助:

1.参会人数达 5000～7999 人的,给予 60 万元补助;

2.参会人数达 8000 人及以上的,给予 80 万元补助。

(四)以会带展项目补助

参会人数达 2000 人且住宿 3000 间夜以上的会议项目(特大型会议除外),同期配套举办经贸类专业展览活动(100 个以上标准展位且 2000 平方米以上),按常规会议项目进行补助后,再补助每个标准展位 600 元,单个项目展位补助总额不超过 200 万元。

第四条　重大展览和会议项目奖补

对由知名会展机构、国际性组织或国家级行业协会(学会)主办,且符合高端嘉宾出席及我市产业经济发展方向相关条件的国际性、国家级、专业类高端会展项目(具体条件要求于申报指南中明确),经市政府批准后,予以资金支持并协调相关活动礼遇。

(一)重大展览项目奖补

对在我市举办的重大展览项目,奖励标准按自办展奖补标准给予最高上浮 50%,不受自办展项目奖补总额限制,单个项目总额不超过 800 万元。补助六届期满后,参照自办展第七届起的标准继续进行奖补。

(二)重大会议项目奖补

1.重大会议项目奖补

对于重大会议项目给予最高 80% 的会议场地租金补助后,并给予最高一次性奖励 50 万元,奖补总额不超过 300 万元。

2.以会带展项目补助

对参会人数达 2000 人且住宿 3000 间夜以上的会议项目,同期配套举办经贸类专业展览活动(100 个以上标准展位且达 2000 平方米以上),享受重大会议项目补贴后,再补助每个标准展位 600 元,单个项目展位补助总额不超过 200 万元。

重大会议、展览项目不重复享受奖补。

(三)重大展览和重大会议项目活动礼遇

重大展览和重大会议项目根据实际情况需要可申请相关活动

礼遇。

1.协调相关产业部门、市人民政府或市领导向重要嘉宾签发邀请函。

2.协调协助相关申办流程、举办场地、举办时间等方面存在的困难和问题。

3.协调申请市领导或行业主管部门领导出席重要活动(会见交流、餐叙、致辞、出席等)。

4.协调申请供餐监管、医疗卫生保障、公共交通调度、通讯保障、公安消防等提供便利。

5.协调安排项目重要嘉宾考察鼓浪屿等国有景点单位。

6.协助参会代表赴金门观光游览。

7.根据项目主题,协调参会嘉宾与主管部门进行交流,对接相关产业,参访企业或园区等。

8.根据重大会展项目的规格、规模,协调在机场到达厅为重要嘉宾设立"绿色通道"。

9.协助境外嘉宾充分使用外国人 144 小时过境免签政策。

(四)对市政府另行批准扶持的展览或会议项目,按批准内容进行扶持。

第五条 会展机构奖补

(一)承办机构奖励

对单个自然年度内招揽引进 8 个及以上会议项目的承办机构给予全年奖励总额 20% 的超额奖励。

(二)知名会展组织和机构落户补助

对知名会展组织和机构落户厦门后,单个年度内运营符合奖补条件的展览总面积达 5 万平方米或会议达 3 场,给予落户奖励。未达标的年度列入累计补助年度,补助总次数不超过五次,本条内所列奖励类型不重复享受。

1.全球性、区域性国际会展组织来厦设立总部、大中华地区办事处或分支机构。

全球性国际会展组织来厦设立总部单次给予 70 万元奖励;设立大中华地区办事处单次给予 50 万元奖励;设立分支机构单次给予 30 万元奖励。

区域性国际会展组织来厦设立总部单次给予 40 万元奖励;设立大中华地区办事处单次给予 30 万元奖励;设立分支机构单次给予 20 万元奖励。

2.大型会展企业来厦设立总部和分支机构。

注册资本达 5000 万元以上的从事会展活动的策划组织、设计和搭建、会务承接等业务的企业,年营业额不低于 2000 万元的大型会展企业总部搬迁至厦门,单次给予 60 万元奖励;在厦门设立亚太区域或大中华区总部,单次给予 40 万元奖励。

(三)奖励国际会议项目竞标牵头机构

对竞标国际会议项目的牵头机构,项目在我市成功落地后,给予奖励 20 万元。

第六条 国际认证奖励

对我市会展机构加入权威国际会议组织、展览行业组织或取得其认证给予奖励。

(一)对加入全球展览业协会(UFI)、国际大会及会议协会(ICCA)、国际展览与项目协会(IAEE)等权威国际会议或展览行业组织的我市会展机构,一次性奖励 10 万元,并自申请年度起连续三年给予当年度会员费 50% 的补助。

(二)对取得全球展览业协会(UFI)认证的展览项目一次性奖励 20 万元。

第七条 会展活动保障与促进

(一)建立重点产业和会展平台联动发展机制

建立由各重点产业主管部门和会展主管部门共同参与的联席会议制度,加强品牌展会活动培育与引进。

（二）建立会展综合保障联动机制

联合综合保障部门，建立会展综合保障联动机制，为在厦举办的会展活动提供高效的综合保障服务。

（三）设立产业投资基金

支持社会资本在厦设立面向会展领域的产业投资基金，对重点投向本地会展企业的股权投资基金，可在政府引导基金出资规定比例内按流程申请予以支持。

（四）支持会展人才建设

对新设会展类专业的厦门高等院校、中等职业学校等给予一次性奖励 20 万元。

（五）做好会展基础保障性工作

对会展业课题研究及专项调研、专项统计、重点会展项目评估等活动给予经费保障。

对会展营销推广平台建设和维护、专业买家对接洽谈等给予经费保障。

支持举办会展业的专业培训工作。

（六）开展会展业宣传推广工作

对提升我市会展业整体形象和影响力进行的对外宣传推广、信息化建设、宣传品设计制作及境内外宣传推介活动给予经费保障。

第八条　本意见由市会议展览局会同市财政局负责解释。各项奖励和补助资金申报实施细则由市会议展览局会同市财政局另行制定。

第九条　本意见有效期为 2020 年 1 月 1 日至 2022 年 12 月 31 日。

蓝皮书

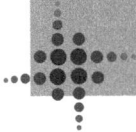

厦门市文艺发展专项资金扶持奖励办法(试行)

（2019 年 5 月修订）

厦委宣联〔2019〕6 号

第一章 总 则

第一条 根据《中共中央关于繁荣发展社会主义文艺的意见》的精神要求,为促进厦门文艺大发展大繁荣,设立厦门市文艺发展专项资金,以扶持厦门市原创文艺精品的文本创作,以奖励获得全国常设性文艺奖及福建省百花文艺奖的作品及个人,制定本办法。

第二条 厦门市文艺发展专项资金扶持奖励项目的评选工作,坚持以习近平新时代中国特色社会主义思想为指导,坚持社会主义先进文化前进方向,坚持以人民为中心的创作导向,坚持文艺"为人民服务、为社会主义服务"的方向和"百花齐放、百家争鸣"的方针,弘扬社会主义核心价值观,坚持"面向社会、公开透明、统筹兼顾、突出重点"的原则。

第三条　厦门市文艺发展专项资金分扶持资金和奖励资金,按评选实施轮次,一轮一拨付,从市文化事业建设费中安排,专项资金由市委宣传部会同市财政局共同管理。

第四条　厦门市文艺发展专项资金扶持奖励评选周期,原则上为两年一届。

第二章　组织机构

第五条　市文艺发展扶持奖励工作由厦门市艺术指导评审委员会(以下简称"评审委")负责统筹、指导、评审、核拨;评审委员会办公室(以下简称"评审办")负责具体实施。

第六条　评审委由市委宣传部牵头设立,评审委主任由市委常委宣传部部长担任,副主任由市委宣传部分管领导担任,成员由市委宣传部、市财政局、市文化和旅游局、市文联、厦门日报报业集团、厦门广电集团等单位领导担任。

第七条　评审办设在市委宣传部,日常工作由市委宣传部文艺处和市文艺创作中心具体负责。

第三章　扶持项目评选

第八条　扶持对象和扶持范围

1.扶持对象

(1)各区委宣传部、市级宣传文化部门、市级各有关单位。

(2)在厦门市注册的具有独立法人地位的文化类企事业单位。

(3)申报扶持的个人须是厦门户籍人口、在厦台胞,或取得厦门居住证满3年以上的公民,并且无违法犯罪记录。

(4)申报主体必须拥有项目著作权、各类奖项申报权。

(5)由多家单位参与合作的项目,须经各参与合作单位在《项目扶持申报表》上盖章同意,再由主办单位或主要出资单位申报,申报者须对项目负主要责任。厦门市创作生产单位须在创作上居于主控主导地位,并拥有作品的出品权、评奖申报权(须提交与合作方的约定文本)。

2.扶持范围

(1)扶持项目门类:戏剧剧本;电影(包括动画电影)剧本、电视剧(包括电视动画片、电视纪录片)剧本和广播剧剧本;图书(包括文学类图书、通俗理论读物和少儿读物)等原创文艺精品的文本。

(2)扶持项目标准:

①体现时代精神,弘扬社会主义核心价值观,热情讴歌中国特色社会主义事业的伟大实践,思想性、艺术性、观赏性相统一,社会效益和经济效益相统一的优秀作品。

②弘扬民族精神,具有较高思想、文化内涵和艺术水准,有利于传承与弘扬中华优秀传统文化,增强民族凝聚力的优秀作品。

③体现厦门文化底蕴,突出厦门元素,反映厦门城市精神风貌的优秀作品。

④有利于传承与弘扬闽南文化,突出闽南特色的优秀作品。

⑤反映"一带一路"题材,反映两岸情缘,有利于对台对外文化交流的优秀作品。

第九条 申报受理和评审程序

1.申报受理

(1)市委宣传部于当年5月份,根据本办法和工作需要,确定该届(次)专项资金扶持的重点、条件和标准,正式下发书面通知明确申报事项,并在市级媒体公布。

(2)申报单位和个人按申报要求,在规定时间内向评审办申报。

2.评审程序

(1)作品评审分为立项评选、结项验收两个阶段。

(2)第一阶段立项评选:评审办按照不同艺术门类组织专家,对符合申报条件的作品文本进行评选,被选中的作品经评审委审定后即予以立项扶持,同时由评审办提出修改意见。凡获得扶持的作品还须通过厦门市主要新闻媒体向社会公示,接受社会各界监督。

(3)第二阶段结项验收:被扶持对象根据评审办提出的初稿修改意见,按规定时间完成文本修改后,评审办组织专家进行结项验收,并报评审委审定。

(4)对首次未通过结项验收的作品,经重大修改,可再度获得一次参加结项验收评审的机会。

(5)如参与评审、评估的专家评委遇到与本人或亲属相关的申报作品时,应主动回避。

(6)申报作品经审定通过后,其结果由评审办以书面形式通知作品申报者。

第十条 扶持标准与资金发放

1.扶持标准

(1)获扶持的戏剧剧本,每部30万元。

(2)获扶持的电影剧本每部50万元、动画电影剧本每部20万元、电视连续剧剧本每集1万元(每部最多不超过30万元)、广播剧剧本每集5000元、电视动画片剧本每集5000元(每部最多不超过15万元)、电视纪录片剧本每部2万~10万元。

(3)获扶持的图书每部不超过10万元。

2.扶持资金发放:经评审后获扶持立项的项目,项目创作主体须与市委宣传部签署《项目扶持协议》。由市财政局审批后,拨付扶持资金。

(1)本办法对每个确定予以扶持的作品分两次拨付经费。通过立项评选时先给予50%的扶持资金,通过结项评审验收后,戏剧、影视剧本签订排演协议,图书签订出版合同后,再给予50%的扶持资金。

(2)在签订协议后,如发现被扶持对象在作品申报主体、实施主体、策划内容与实施内容、经费预算与实际支出等方面,与当初申报时填写的《项目扶持申报表》上的内容存在实质性差异、又无正当或充足理由时，评审办有权对该作品做出取消扶持资格。

（3）在签订协议后，如被扶持对象不能按协议规定的时间完成作品，应及时通知评审办，评审办将视实际情况给予一次延期、终止或撤销对该作品的扶持。

（4）获扶持作品的成果在使用时（包括播出、演出、展览、出版、评奖等），须在剧场海报、报纸广告、演出说明书及影视剧和书刊版权页等处用明显的文字标明该作品是"厦门市文艺发展专项资金扶持作品"。

（5）受扶持的文艺作品优先使用权归中共厦门市委宣传部。特殊情况经审批同意后，可另行安排。

第十一条 扶持资金管理

1.评审办组织专业人员对扶持作品进行监管、绩效评估，并报评审委审核。

2.评审委根据评审办意见，有权对被扶持对象违反协议、弄虚作假、挪用扶持经费等行为，根据情节轻重，采取暂缓拨款或终止拨款、撤销该扶持作品、追回部分或全部扶持款项等措施。情节严重者，依法追究法律责任。

3.有下列情形之一者，经评审办核实后追回已拨经费，并取消被扶持对象三年内申请新扶持项目的资格：

（1）有抄袭、剽窃等行为；

（2）与批准的扶持作品内容严重不符；

（3）擅自延期仍不能完成；

（4）作品申报、评审、验收工作中有行贿行为；

（5）其他违法和严重违规事项。

第四章　优秀作品奖励

第十二条　优秀作品是指由厦门市主体组织创作生产,取得良好社会效益、经济效益的文艺作品。类别包括:

1.获经中宣部批准的全国常设性文艺奖的作品或个人。

2.在全国公映的电影故事片(包括动画电影)和在中央电视台播出的电视连续剧(包括动画片)、电视纪录片。

3.获福建省百花文艺奖的作品或个人。

4.销售量超过一定数量的图书。

第十三条　奖励条件及奖励标准

1.获经中宣部批准的全国常设性文艺奖的作品或个人,按全国奖金1∶1配套奖励。

2.在全国公映的电影故事片和在中央电视台播出的电视连续剧、电视纪录片的奖励条件及奖励标准,均参照《福建省影视精品创作生产奖励办法》(闽委宣联〔2015〕7号)执行。

3.获福建省百花文艺奖的作品或个人,按福建省奖金1∶1配套奖励。

4.长篇小说、报告文学、纪实文学销售量超过3万册,诗歌集、散文集销售量超过1万册,奖励5万元。

第十四条　申报材料

1.填写《优秀作品奖励申报表》。

2.相关作品的获奖证书、播出证明、出版合同、票房收入证明、图书销量证明等相关材料。

第十五条　评审办根据本办法提出奖励方案,提交评审委审定,经市财政局审批后拨付奖励经费。

第五章 附　则

第十六条　对于从外地购买且对厦门文化建设具有重要意义的影视剧、舞台剧剧本,按照程序采取一事一议的办法实行。

第十七条　获得国际公认有影响力的文艺奖项作品以及个人,按照程序采取一事一议的办法实行。

第十八条　本办法由中共厦门市委宣传部和厦门市财政局负责制定、解释。

第十九条　本办法自发布之日起实施,原《中共厦门市委宣传部厦门市财政局厦门市文艺发展专项资金扶持奖励办法(试行)》(厦委宣联〔2016〕7号)同时废止。

Dashiji

大事记

大事记

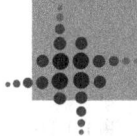

2019 年度厦门市文化
改革发展工作大事记

1 月

▲1 月 12 日,厦门首部原创音乐剧《鼓浪如歌》、歌仔戏《侨批》入选国家艺术基金 2019 年度舞台艺术创作资助项目。

2 月

▲2 月,厦门市集美区制定出台《集美区促进影视产业发展实施办法》,政策覆盖剧本、拍摄、制作、发行、版权等影视产业链各个环节,针对影视企业、影视项目、影视人才等各个层面给予扶持,使政策覆盖面更广、扶持力度更大、操作性更强,高效推进集美影视产业发展。

3 月

▲3 月 17—23 日,厦门市影视产业代表团首次赴香港、澳门开展影视产业招商推介活动,参加由香港贸易发展局主办的第 23 届香港国际影视展,参加"福建馆"开馆仪式,并设立"厦门馆"特装展,出席主要对接活动,与香港澳门地区文化部门和知名影视文化机构交流沟通,在加强厦门与港澳地区在文化展览与影视产业方面的合作、影视项目招商落地等方面收获显著成效。

▲3 月 19 日,厦门市委宣传部推进全民所有制企业改制工作取得重大进展,思明电影院、电影发行放映公司和中华电影院等三家全民所有制企业完成改制更名注册手续,改制完成。

▲3 月 29 日,2018 厦门文化产业年度风云榜颁奖仪式暨"跨界创新"文创沙龙在湖里区联发东南天地举行,现场公布了年度人物、年度企业、年度创意品牌活动、年度创意空间和年度匠心设计五大奖项。同期举行的还有 2018—2019 年度厦门市文化企业 30 强、创新成长型文化企业颁奖仪式。

4 月

▲4 月 4 日,2018—2019"红点传达设计大奖获奖作品展"在红点设计博物馆开幕,展示来自 35 个国家的 707 件红点传达设计大奖最新获奖作品。这是红点设计博物馆落户厦门后的首个大展,也是红点传达设计大奖首次来中国展出完整获奖作品,为国内视觉传达设计产业注入新生力量,同时有效助推厦门设计产业、创意产业的发展。

▲4 月 9 日,中国金鸡百花电影节(金鸡奖年份)落户厦门新闻发

布会在厦门国际会议中心举行。中国电影家协会主席陈道明郑重宣布,继第 28 届金鸡百花电影节后未来十年的金鸡奖都将落户厦门市,这也是中国电影金鸡奖首次长驻一座城市。

▲4 月 21 日,厦门市文化和旅游局制定的《厦门文物店改革实施方案》经厦门市政府同意并组织实施。

▲4 月 28 日,第八届厦门网络文化节在湖里区东南天地举行,这是厦门市委网信办成立以来第一次举办的网络文化活动。厦门市委网信办卢秀萍主任在启动仪式上致辞并强调,要借助厦门网络文化节这一平台,创作、传播更多接地气、暖人心、有情怀、聚民心的优秀网络文化产品,贯彻落实习近平总书记关于网络强国的重要思想,讲述厦门好故事,传递网上正能量,展示新中国成立 70 年以来厦门的辉煌成就以及良好的城市形象。福建省委网信办副主任黄逸群、市委宣传部常务副部长上官军、市委网信办主任卢秀萍等领导共同启动活动。

5 月

▲5 月 4 日,国内首个音乐产业综合体——怒放青春·星巢越中心在集美新城开业,该综合体以原创音乐为核心,集展演展览、互动娱乐、版权交易、教育交流、创作制作、艺人孵化为一体。辐射福建地区、南中国,助推音乐产业。

▲5 月 15 日,中国工艺美术学会马佩常务副会长、毛增印副秘书长和清华大学工艺美术学院岳嵩教授一行来厦访问,就推动首届中国工艺美术学会"创意工美——工艺美术创新大赛作品展暨学术对话"长期落户厦门事宜交换意见。厦门市委宣传部副部长、市文发办主任戴志望率市文发办有关人员与来访客人座谈。

6 月

▲6 月 1 日,厦门市海沧区融媒体中心正式启用,客户端"云上海沧"同日上线,标志着厦门首个区县级融媒体中心建成并投入运行。

▲6 月 1 日,"厦门市军营村文艺创作基地"挂牌仪式暨"庆六一·2019 厦门市少年儿童军营村绘画活动"颁奖仪式,在同安区莲花镇军营村高山党校举行。活动由市委宣传部指导,同安区委宣传部主办,厦门市文艺创作中心等单位承办。

▲6 月 17 日,中国电影家协会和厦门市人民政府联合在上海举行了第 28 届中国金鸡百花电影节新闻发布会暨厦门影视产业招商推介会。会上,中国电影家协会分党组副书记、秘书长闫少非宣布第 28 届中国金鸡百花电影节将于 11 月 19 日至 23 日在厦门举办。中国电影家协会分党组副书记、秘书长闫少非,厦门市委常委、宣传部部长叶重耕,厦门市委宣传部副部长、市文发办主任戴志望,厦门广播电视集团党委书记、总裁沈艺奇等领导及著名演员姚晨女士出席活动。近 40 家全国媒体记者和阿里巴巴影业、北京光线影业、象山影视基地等来自全国各地近 60 家国内知名的影视企业、机构、协会负责人参加活动。

▲6 月 19 日,厦门日报社报送的新媒体粉丝节(首届厦门日报社·民生银行新媒体粉丝节)案例"今天,4 万人涌入厦门五一广场,超百万人次在线关注! 感恩有你!"荣获第三届全国副省级城市党报媒体融合新闻大赛最高奖项——最佳案例奖。

▲6 月 24 日至 7 月 2 日,由中共厦门市委宣传部、市文联主办的"我和我的祖国"庆祝中华人民共和国成立 70 周年——厦门市美术作品展在市文联艺术展览馆举办。作品弘扬新时代中国特色社会主义文艺方针,赞美祖国 70 华诞新篇章,彩绘特区建设新面貌。

7 月

▲7 月 13 日,厦门市集美区影视产业招商推介会在北京召开。200 多位影视企业代表齐聚一堂,共享合作商机,共谋发展大计。

▲7 月 17 日至 9 月 22 日,2019 海峡两岸青少年悦读节在厦门举办。本次活动以"书"为媒,以文会友,促进了两岸青少年阅读交流和心灵契合,积极探索两岸融合发展的新路,取得了良好的交流成效。

8 月

▲8 月 9—11 日,志·山海 2019 第二届影视基地峰会在厦门集美举行,来自全国的近 50 家优质影视基地,行业权威机构代表、知名影视从业者参加峰会。会上,福建影视文化创意产业园(南片、北片)、集美集影视文创园和海峡两岸影视制作(漳州)基地等 8 家福建省影视基地举行联盟授牌仪式,致力于推动影视产业和文化旅游产业融合发展。

▲8 月 13 日,厦门外图集团有限公司、4399 网络股份有限公司、厦门游力信息科技有限公司等 13 家厦门文化企业入选 2019—2020 年度国家文化出口重点企业名单。

▲8 月 14 日,2019 年中国互联网企业 100 强和 2019 年中国互联网成长型企业 20 强名单公布。4399、美图、吉比特等 5 家文化企业入选 100 强。

▲8 月 16 日,《厦门市进一步促进影视产业发展的若干规定》正式出台。这是继 2018 年 3 月《厦门市进一步促进文化产业发展的补充规定》出台后,厦门市促进影视产业发展的又一举措,也是厦门市首个

影视产业专项扶持政策。

▲8 月 16 日,电影《情满万家》荣获第七届温哥华华语电影节"红枫叶奖"最佳影片奖。该片由公安部新闻宣传局、福建省公安厅、厦门市委宣传部、厦门市公安局、集美区委宣传部联合摄制。

▲8 月 18 日,由厦门市思明区人民政府主办,思明区文化和旅游局、华侨城天视文化集团承办,瑞幸咖啡独家冠名的原创音乐 IP 文旅品牌"2019 厦门音乐季"闭幕。音乐季 6 月 28 日启动,历时 52 天,让来自世界各地的音乐爱好者享受了独属于厦门的音乐旅行,也让广大市民享受了一场"家门口"的音乐艺术盛宴。

▲8 月 21 日,厦门市市长庄稼汉主持召开市文化改革发展工作领导小组会议,听取全市文化体制改革和文化产业发展情况的汇报,研究部署深化文化体制改革和加快文化产业发展工作举措。市委常委、宣传部部长叶重耕出席会议,文发领导小组成员单位相关负责人、各区文发领导小组、市自贸委、火炬管委会相关负责人出席了会议。

▲8 月 22 日,厦门市委宣传部召开媒体吹风会,通报第 28 届中国金鸡百花电影节厦门筹备组工作情况,以及金鸡电影创投大会项目征集、欧洲电影展映等活动情况,专题部署本市媒体宣传工作。

▲8 月 31 日,《2018—2019 中国传媒经营价值百强》报告正式发布。厦门日报荣获"2018—2019 中国传媒经营价值百强榜"全国副省级、省会城市日报十强第 1 名,这是自 2007 年以来厦门日报连续第 11 次荣膺该榜单榜首。厦门晚报跻身晚报 20 强,位列第 8 名。

▲8 月,全市规模最大、配套最完善的一站式专业影视拍摄基地——厦门影视拍摄基地在原厦门包印集团杏林厂区正式启动建设,将有效弥补厦门缺乏专业摄影棚、服化道等配套服务的短板。

9 月

▲9 月 10 日,2019 中美企业峰会投资合作与影视文化高峰论坛在厦门国际会展中心举办。在论坛上,中美企业家就中美在影视方面的交流合作进行了深入探讨,中美影视文化产业发展联盟也在论坛上正式成立。

▲9 月 20—22 日,第十五届海峡两岸图书交易会(简称"海图会")在厦门举办,本届海图会秉承"书香两岸·情系中华"主题,传承弘扬中华优秀传统文化,探索两岸融合发展新路。本届图书交易会共吸引两岸 525 家出版机构参展,参展图书约 20 万种 70 万册,360 余家图书馆、书商参会采购,同期举办 86 项产业对接和阅读交流活动,参观读者达 23 万人次。图书订购和零售总码洋 5070 万元,两岸图书版权贸易 396 项,两岸 26 家单位还签订了涵盖版权贸易、发行代理、数字内容、投融资等产业合作协议,意向金额近 6 亿元,创历届新高,取得了良好的交流成效。

▲9 月 29 日,"我和我的祖国"厦门市庆祝中华人民共和国成立 70 周年合唱展演在厦门广电集团 1000 平方米演播厅唱响。展演分为礼赞新中国、美丽新厦门、奋进新时代三大篇章,来自全市学校、企业、公安机关、检察院等多个行业和部门的 17 支优秀合唱团,800 多名演员,带来不同风格的合唱作品,唱响新时代强音,唱出对祖国母亲的拳拳赤子心。市领导胡昌升、庄稼汉、陈家东、张健、陈秋雄、叶重耕、黄文辉、陈琛、国桂荣、黄学惠等出席了展演。

蓝皮书

10 月

▲10 月 15 日,福建省委常委、厦门市委书记胡昌升到厦门日报社、厦门广电集团调研,并在日报社召开新闻舆论工作座谈会,研究加快推进媒体融合发展、做大做强主流舆论。市领导叶重耕、黄强、黄文辉参加调研,中央、省驻厦主要新闻单位负责人参加座谈。

▲10 月 17 日,为献礼中华人民共和国成立 70 周年,贯彻落实习近平总书记弘扬英雄模范的指示精神,纪念 70 年前为解放集美壮烈牺牲的英雄,讴歌当年保护集美学校所做出的丰功伟绩,厦门市集美区委宣传部、集美区文联和东南网联合策划创作的爱国主义动画短片《敬礼》正式发布。

▲10 月 23—27 日,第四十四届全国文房四宝艺术博览会暨第五届海峡书画艺术产业博览会在厦门国际会展中心开幕,这是全国文房四宝行业最大展会首次落地福建,为福建乃至海峡两岸的书画爱好者、文化界及相关产业人士带来一场文化盛宴。第四十四届全国文房四宝艺术博览会由中国轻工业联合会、厦门市委宣传部指导,中国文房四宝协会、《中国文房四宝》杂志社、厦门市文化改革发展工作领导小组办公室、厦门日报社主办,厦门报业传媒集团承办,厦门日报书画院策划执行。同期举办的第五届海峡书画艺术产业博览会则汇聚了西泠印社集团、商务印书馆、西安碑林博物馆、成都杜甫草堂博物馆、诗婢家、十竹斋艺术馆、江西美术出版社、保利拍卖行、海峡两岸文创协会等,展出一批来自我国传统文化繁盛区域如北京、江南、成都等地的收藏品、出版物、文化衍生品、文创产品。

▲10 月 25 日,福建省地方党报社长总编媒体融合产业发展交流座谈会在厦门举办。包括闽南日报社、泉州晚报社、湄洲日报社、三明日报社、闽西日报社、闽东日报社、平潭时报社、厦门日报社在内的全

省 8 家地方党报社长、总编聚首厦门,就媒体融合产业发展进行深入探讨,交流实践经验,碰撞发展思路,共谋合作路径,拓展产业空间,形成了广泛共识。

▲10 月 27 日,第四届中非艺术节在埃及历史文化名城阿斯旺开幕。厦门小白鹭民间舞艺术中心受文旅部委派,作为中国唯一的艺术团赴埃及参加本届艺术节。演员们用精湛的舞蹈展现我国多个少数民族喜迎春日的欢快景象,增进非洲人民对中国优秀文化的了解。

▲10 月 31 日至 11 月 6 日,第三届东南亚中国图书巡回展在泰国、马来西亚、菲律宾等东南亚六国成功举办,中外出版社达成合作意向 821 项,实现了中国出版人走进东南亚、拓展版贸新渠道的目标。同时,系列赠书交流、非物质文化遗产展演等活动也随之走进六国的会场、高校和文化机构,充分展示了中国传统文化的精髓和魅力。本届巡回展安排周密、内容丰富,各项活动高效务实且成果显著,被称赞为“近年来举办最为成功的外展之一”。

11 月

▲11 月 1—4 日,第十二届海峡两岸(厦门)文化产业博览交易会(以下简称“海峡两岸文博会”)在厦门举办。本届文博会由中央台办、文化和旅游部、国家广电总局、福建省人民政府主办,厦门市人民政府、台湾亚太文化创意产业协会承办。本届文博会重点打造省市名企、工艺艺术、创意设计、数字影视、文创旅游五大专业板块,全面展示中华人民共和国成立 70 周年文化和旅游产业发展最新成果,进一步强化两岸文化和旅游产业合作对接平台作用。

▲11 月 3 日,“我和我的祖国”——庆祝中华人民共和国成立 70 周年厦门摄影作品展之“城市”在厦门文联艺术展览馆举办。该活动由市委宣传部指导,市文学艺术界联合会主办,市摄影家协会、市文联

艺术展览馆承办,厦门文联文艺工作者职业道德建设委员会、市摄影家协会行风建设委员会协办。展览共展出 120 幅作品,展现厦门在新中国成立 70 周年以来发生的沧桑巨变,特别是新时代的新气象。

▲11 月 1—4 日,第十二届海峡两岸文博会首次开辟两岸文创人才专场对接会,为厦门文创招才引才,深化两岸人才交流对接,探索建立两岸文创人才与厦门文创产业的长效对接机制和服务平台。

▲11 月 11 日,中共厦门市委办公厅、厦门市人民政府办公厅印发《厦门市文化产业高质量发展三年行动计划(2020—2022 年)》《厦门市旅游产业高质量发展三年行动计划(2020—2022 年)》《厦门市会展产业高质量发展三年行动计划(2020—2022 年)》。

▲11 月 13 日,厦门市文化旅游会展产业发展大会在国际会议中心召开,福建省委常委、市委书记胡昌升亲任"招商大使",诚邀海内外的文化旅游会展产业企业家和投资人投资厦门。这是厦门文旅产业的重大招商行动,也是文化产业发展史上的一个标志性事件。不仅现场集中签约 32 个项目,总投资额 93.4 亿元,更发布了文化、旅游、会展产业的"高质量发展三年行动计划",出台了《厦门市文化产业人才引进和培养实施办法》等最新政策,助力厦门建设文旅会展名城。

▲11 月 15 日,厦门市文化和旅游市场综合执法支队正式挂牌成立,由厦门市文化和旅游局管理,机构规格正处级。将厦门市旅游质量监督管理所、厦门市思明区旅游质量监督管理所、厦门市思明区文化市场综合执法大队、厦门市湖里区文化市场综合执法大队整建制划入,主要承担法律法规直接赋予本级和思明区、湖里区内的文化和旅游、文物、出版、版权、广播电视、电影行政管理部门市场领域的行政处罚以及与行政处罚相关的行政检查、行政强制等职责,并承担"扫黄打非"有关工作任务。

▲11 月 19 日,中共中央政治局委员、中宣部部长黄坤明出席在厦门举办的第 28 届中国金鸡百花电影节开幕式并致辞,他强调:要认真学习贯彻习近平总书记关于推进电影事业发展的重要指示精神,始终

牢记殷切嘱托,自觉担当使命责任,不断推动新时代电影事业繁荣发展,今后金鸡奖将每年评选一次,要充分利用这一平台,讲好中国故事,擦亮"国家名片",促进提升电影工业化水平,以高标准专业性办出新局面新气象。

▲11 月 23 日,第 32 届中国电影金鸡奖颁奖典礼暨第 28 届中国金鸡百花电影节在厦门闭幕。电影节期间还举办 EALL 青年短片创作季、HiShorts! 厦门短片周等各类活动 432 场,活动数量和质量都达到历史新高。本届电影节通过 6 天 84 小时的 5G 全景直播,覆盖全网 50 多个平台,直播观看总量超过 4.5 亿次、相关微博话题阅读量超过 90 亿次、短视频播放量超过 6 亿次,相关话题登陆全平台热搜超过 80 次,新媒体关注度堪称中国电影节历史之最。

▲11 月 28 日至 12 月 1 日,厦门国际乐器展(第四届)在厦门国际会展中心举行。在往届基础上,厦门乐器展进一步加强乐器产业基地服务,提升科技音乐内涵,以更先进的办展理念与更前沿的行业资讯,为展商与观众奉上一场品质音乐盛宴。

▲11 月,为改革完善文艺院团内部管理机制,激发文艺单位改革内生动力,厦门市出台《厦门市文化和旅游局直属文艺院团(中心)文艺创作生产外聘主创人员管理办法(试行)》和《厦门市舞台艺术精品工程重点剧目创作专项资金管理办法(试行)》。

12 月

▲12 月 11—13 日,2019 数字娱乐产业年度高峰会(第六届 DEAS)在厦门磐基希尔顿酒店召开。本届 DEAS 数字娱乐产业年度高峰会,以"寻道"为主题,以"团结中国数字娱乐力量,凝聚中国数字娱乐智慧,促进中国数字娱乐发展,引领中国数字娱乐创造"为宗旨与理念,秉承兼容并包的精神,致力于引导中国数字娱乐产业的良性竞

争,积极带动数字娱乐产业的蓬勃发展。

▲12 月 16—21 日,2019 HiShorts! 厦门短片周在厦门举行。HiShorts! 厦门短片周以"国际化,年轻化,中国美"为核心,与影视长片错位互补,共同构建影视文旅产业的交流平台。活动分为竞赛、展映、创投、论坛、活动五个板块。

▲12 月 25 日,文化和旅游部下发《关于公布国家级文化生态保护区名单的通知》,正式公布首批 7 个国家级文化生态保护区名单,包括厦门市在内的闽南文化生态保护实验区成功列入。厦门市是闽南文化生态保护实验区重要组成部分,是文化生态保护实验区建设工作起步较早、富有成效的城市之一。

Tongji Ziliao
Yu Fenxi

统计资料与分析

统计数据

规模以上(三上)文化法人单位基本情况

	单位	2019 年	2018 年	比 2018 年增长(%)
单位数	个	529	451	17.3
#规模以上文化制造业	个	134	126	6.3
限额以上文化批零业	个	85	58	46.6
重点文化服务业	个	310	267	16.1
营业收入	亿元	1109.60	754.19	47.1
#规模以上文化制造业	亿元	332.19	362.85	−8.4
限额以上文化批零业	亿元	470.22	167.17	181.3
重点文化服务业	亿元	307.19	224.17	37.0
从业人员	万人	72344	70844	2.1
#规模以上文化制造业	万人	36764	37283	−1.4
限额以上文化批零业	万人	3517	2891	21.7
重点文化服务业	万人	32063	30670	4.5
资产总计	亿元	934.35	832.52	12.2
#规模以上文化制造业	亿元	261.96	271.34	−3.5

续表

	单位	2019 年	2018 年	比 2018 年增长（%）
限额以上文化批零业	亿元	197.51	127.77	54.6
重点文化服务业	亿元	474.88	433.41	9.6

规模以上(三上)文化法人单位分行业主要经济指标

	单位数(个)	年末从业人员(人)	营业收入	营业税金及附加	资产总计
合　　计	529	72344	11096085.6	39232.1	9343533.5
一、新闻信息服务	46	5662	445707.0	4092.3	665954.9
二、内容创作生产	120	12505	1215737.6	6186.6	1922608.3
三、创意设计服务	75	5987	991535.6	9450.9	566081.3
四、文化传播渠道	69	4240	1858195.7	3505.4	590348.7
五、文化投资运营	2	200	5825.4	832.7	219263.8
六、文化娱乐休闲服务	15	2444	78255.1	2009.6	367996.0
七、文化辅助生产和中介服务	122	15856	1068577.1	5845.4	1846966.1
八、文化装备生产	19	15194	919680.0	3526.6	862587.6
九、文化消费终端生产	61	10256	4512572.1	3782.6	2301726.8

蓝皮书

规模以上(三上)文化法人单位分区主要经济指标

分类	年末从业人员(人)	营业收入	营业税金及附加	资产总计
合　计	72344	11096085.6	39232.1	9343533.5
＃规模以上文化制造业	36764	3321933.7	9643.0	2619577.3
限额以上文化批零业	3517	4702235.9	3624.6	1975106.8
重点文化服务业	32063	3071916.0	25964.5	4748849.4
思明区	22147	4565938.9	21834.9	4020842.2
＃规模以上文化制造业	20404	2154710.0	19551.8	3133094.5
限额以上文化批零业	1506	2400102.6	2202.1	876077.8
重点文化服务业	237	11126.3	81.0	11669.9
海沧区	6087	737814.1	2331.7	962926.8
＃规模以上文化制造业	4925	360039.8	1662.9	558961.9
限额以上文化批零业	674	322003.1	295.1	159188.4
重点文化服务业	488	55771.2	373.7	244776.5
湖里区	15216	2041295.0	4721.9	1073676.6
＃规模以上文化制造业	12392	633644.9	2988.3	493815.2
限额以上文化批零业	670	1184928.6	511.4	194052.8
重点文化服务业	2154	222721.5	1222.2	385808.6
集美区	6237	668156.2	3395.9	873713.7
＃规模以上文化制造业	2427	176477.7	562.6	230188.6
限额以上文化批零业	77	16453.9	14.6	19731.2
重点文化服务业	3733	475224.6	2818.7	623793.9

蓝皮书

续表

分类	年末从业人员（人）	营业收入	营业税金及附加	资产总计
同安区	10254	1179988.0	4575.2	1359137.8
#规模以上文化制造业	8108	334075.8	2158.6	311081.0
限额以上文化批零业	590	778747.7	601.4	726056.6
重点文化服务业	1556	67164.5	1815.2	322000.2
翔安区	12403	1902893.4	2372.5	1053236.4
#规模以上文化制造业	8675	1806569.2	2189.6	1013860.7
限额以上文化批零业	/	/	/	/
重点文化服务业	3728	96324.2	182.9	39375.7

蓝皮书

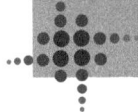

2019 年度福建省"文化企业十强""最具成长性企业"名单

（厦门市）

一、2019 年度福建省"文化企业十强"名单

厦门合兴包装印刷股份有限公司
厦门吉比特网络技术股份有限公司
厦门强力巨彩光电科技有限公司

二、2019 年度福建省"文化企业十强"提名企业名单

厦门会展集团股份有限公司
厦门外图集团有限公司
厦门报业传媒集团有限公司
4399 网络股份有限公司
厦门灵玲演艺有限公司

华侨城天视文化集团股份有限公司
厦门美图网科技有限公司

三、2019 年度福建省"最具成长性文化企业"名单

厦门美柚信息科技有限公司
厦门十点文化传播有限公司
刀舞天下(厦门)网络科技有限公司
厦门吉宏包装科技股份有限公司

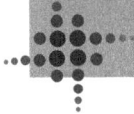

2019 年厦门市规模以上文化产业发展情况分析

◎ 厦门市统计局　　厦门市文发办

2019 年,厦门市以文化领域供给侧结构性改革为动力,推动文化产业重点门类实现规模化、集群化、特色化发展,全面落实文化产业发展专项资金,突出文化产业发展重点领域,培育新型文化业态,推进文化产业转型升级,构建大文化发展格局,助力厦门市特色文化产业高速发展,全力推动厦门市文化产业实现高质量发展。

一、总体运行情况

2019 年,全市共有规模以上文化产业企业 529 家,比上年增长 17.3%;实现营业收入 1109.61 亿元,比上年增长 47.4%;实现营业利润 57.86 亿元,比上年增长 33.7%;企业共吸纳就业人员 7.23 万人,比上年增长 2.1%;资产总计 934.35 亿元,比上年增长

12.5％。全市规模以上文化产业总体发展呈现良好态势。

分产业看,全市规模以上文化制造业实现营业收入 332.19 亿元,比上年下降 2.4％,实现营业利润 15.36 亿元,比上年增长 56.6％;全市限额以上文化批零业实现营业收入 470.22 亿元,比上年增长 1.64 倍,实现营业利润 7.28 亿元,比上年增长 2.19 倍;全市规模以上文化服务业实现营业收入 307.19 亿元,比上年增长 31.1％,实现营业利润 35.22 亿元,比上年增长 12.9％。

分区域看,思明区的企业数最多,有 259 家,占比 49.0％;其次是同安区,有 78 家,占比 14.7％;集美区、海沧区和湖里区的企业数分别为 66 家、55 家和 52 家,占比分别为 12.5％、10.4％和 9.8％;翔安区的企业数最少,仅 19 家,占比 3.6％。从各区营业收入变化情况看,思明区企业营业收入增速最大,增长 1.22 倍,其次是湖里区,增长 59.0％;海沧区、同安区和集美区企业的营收增速分别为 34.8％、23.9％和 23.0％;翔安区企业的营收下降 11.4％。

二、产业运行特点

(一)文化产业呈现量增质升发展态势

厦门市文化产业的规模不断扩大,呈现量增质升的良好发展态势。2019 年,全市规模以上文化产业企业数 529 家,较上年增长 75 家,增长 17.3％;营业收入突破千亿大关,达到 1109.61 亿元,增长 47.4％,占整个文化产业营业收入比重为 81.8％,提高 0.72 个百分点。规模以上文化产业企业对全市文化产业营收增长的贡献率达 94.5％,是厦门市文化产业实现高质量发展的中坚力量。同时,全市规模以上文化产业企业利润 57.86 亿元,同比增加 14.58 亿元,增长 33.7％,规模以上文化产业企业对于全市文化产业经济效益的提升起到了主导作用。

(二)龙头企业引领发展

2019 年,龙头企业发展动力强劲,行业引领作用进一步增强。全市营业收入超过亿元的企业 122 家,占全市规(限)上文化产业企业的 23.1%。实现营业收入 967.69 亿元,同比增长 56.6%,对全市规(限)上文化企业营收增长的贡献率达 98.0%。

(三)广告服务和文具制造销售增长迅猛

广告服务业和文具制造及销售业发展强势,对厦门市文化产业规模的增长贡献巨大。2019 年,全市规模以上广告服务业和文具制造及销售业分别为 48 家和 20 家,比上年分别增加 3 家和 8 家;实现营业收入 82.79 亿元和 168.58 亿元,比上年分别增长 3.07 倍和 7.79 倍。厦门市加快招商引资步伐,推动文化产业高质量发展。今日头条(厦门)科技有限公司是厦门市引进的一家优质企业,2019 年其营业收入位居全市规模以上广告服务业企业第一位。厦门建发纸业有限公司 2019 年营业收入位居全市规模以上文具制造及销售业企业第一位。大型文化产业企业成为厦门市文化产业规模发展的重要力量。

(四)工艺美术品销售业持续增长

厦门市工艺美术销售业仍保持爆发式的增长态势。2019 年,全市规模以上工艺美术品销售企业 34 家,较上年增加 10 家;实现营业收入 167.74 亿元,比上年增长 1.44 倍。其中,厦门黄金投资有限公司和紫金矿业集团黄金珠宝有限公司的营业收入位列行业排名前二位,比上年分别增长 2.22 倍和 1.14 倍。

三、存在的主要问题

(一)产业结构还有待进一步优化

首先,厦门市文化产业规模在不断扩大,但产业结构有待进一步优化,产业层次还需进一步提高。全市 35 个中类行业中,不足10 家规(限)上企业的有 21 个行业,占比 60%;其次,部分行业[如内容保存服务、艺术表演、艺术品后场及代理、投资与资产管理、版权服务、文化科研培训服务、文化设备(用品)出租服务、乐器制造及销售、印刷设备制造]的营业收入不足亿元,行业规模相对较小,无法对其文化行业形成有效支撑。

(二)新闻信息服务业营收下降较大

2019 年,新闻信息服务业实现营业收入 44.57 亿元,同比下降11.9%,是九大类行业中降幅最大的行业。其中,互联网信息服务业下降了 13.3%,报纸信息服务业和广播电视信息服务业分别下降了 2%和 1.2%。

四、相关建议

(一)加大对薄弱行业的扶持力度

加大对薄弱行业的政策扶持力度,在人才、税收和资金等方面给予重点扶持。一是鼓励大型企业不断创新发展,提升企业的核心竞争力,同时,着力做好企业兼并重组,整合资源,以龙头企业的

蓝皮书

良好品牌效应引领行业发展。二是加强对薄弱行业的招商引资,吸引外地优质企业入厦,填补行业短板,培育增长新动能,推进厦门市文化产业健康发展。

(二)增强优势行业发展集聚效应

进一步整合优势资源,做大做强优势行业,增强行业集聚效应。一是推进厦门市优势文化行业,如文化旅游类和文化科技类等行业的发展,鼓励企业充分利用本土优势资源做大做强,形成全市文化产业支柱型行业。二是从厦门市经济发展和文化产业发展战略出发,加大对优势行业的扶持,鼓励跨界合作与技术创新,进一步发挥龙头企业的品牌优势及行业集聚效应,推动产业快速全面发展。

(三)全面提升企业经营活力

一是要鼓励企业通过可持续的管理、产品和服务的创新,进一步增强新闻信息消费者的黏度,全面提升企业经营活力,提高盈利能力,进而保持可持续发展力。二是要进一步完善激发企业经营活动的发展环境,切实全面落实好惠企政策,着力提升政策实施的时效性,为企业提供高效、便捷、精准的服务,为企业的快速发展提供强大的可持续的支撑力量。

执笔:荆浩　郭灿虹　陈巧玲

时间:2020 年 10 月

Yuanqu Jieshao

园区介绍

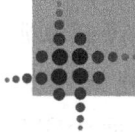

打造城市文化新地标

——"特区 1980·西泠印象"文化产业园前瞻

◎ 厦门报业传媒集团

2019 年 9 月 5 日,位于湖里区湖里大道 44 号的"特区 1980·西泠印象"项目开工了。

作为第二批国家级文化产业试验区"特区 1980"湖里创意产业园的有机组成部分,"特区 1980·西泠印象"文化产业园由厦门报业传媒集团有限公司改建并运营。它既是西泠印社集团走出杭州参与共建的第一个大型综合性文创园,也是厦门日报社和厦门报业传媒集团推动媒体产业变革创新的一项内容。2019 年,该项目被纳入厦门市区两级重点文化建设项目。

项目占地 1.1 万平方米,建筑面积 7100 余平方米,含 1 个广场花园、1 栋三层建筑、3 栋挑高 8 米无柱厂房。对原有厂房进行内部装修和改造,总投资约 1 亿元。

一、园区整体改造多元空间布局

依托百年老号西泠印社,项目团队运用国际化的语言和当代感的表达对原安联旧厂进行概念设计,重新布局园区功能。未来,园区将集"国际艺文展示""孤山博物馆""城市品牌发布厅""文创

蓝皮书

市集"等多元空间于一体,有机布局"吃、住、游、娱、乐、购"功能。

孤山博物馆:由原有配电房改建的孤山博物馆,兼具艺术性和功能性,未来将成为整个园区的精神高地。孤山博物馆灵感来源于北宋范宽《溪山行旅图》,设计师采用透光混凝土作为建筑表皮,并有意识地打破室内与室外、建筑与自然的边界,试图在西泠印象文创园再造一座"孤山"。建成后,馆内将设有常设展和临时展,与杭州西泠合作,立足金石文化,推广印学的国际化。在博物馆的内部动线安排上,博物馆打破了传统的平面布局,让各展厅在不同平面上交错呼应。

演艺中心:园区拟引进全球最新裸眼 3D 技术,打造西泠印象沉浸式文艺影像剧。此外,园区还将联手 CMC LIVE 华人文化演艺,为厦门受众带来相信音乐、八三天、顽童、JonyJ 等 LIVE HOUSE 演唱会。CMC LIVE 已在武汉、长沙、南京、天津等地启动 LIVE HOUSE 演出,依托其强大的演艺资源,当地文化活力有了明显跃升。CMC LIVE 华人文化演艺管理团队及加盟的各省市演出公司此前曾主办包括滚石 30 年、纵贯线、刘若英、任贤齐、李宗盛、周华健、左麟右李、叮当、The Rolling Stones、Katy Perry、Taylor Swift、Justin Bieber、Bruno Mars、Pink Floyd 等中外知名音乐人的演唱会,多年来一直保持行业领先地位。

城市品牌发布厅/艺文 SPACE:在原安联旧厂的改造过程中,设计团队尊重原建筑排布方式,采用控制性更新、功能性更新原则,尽可能较少对原厂房建筑结构的改动,通过针灸式方法,即对立面、景观以及局部功能的微调,使其重新被塑造为融合了金石味道和工业风格的特殊场域。该空间致力于向市民提供高品质的艺文展览,希望通过引用国际艺文展览的相关机制,立足全球化的语境,在厦门长期举办有关城市规划、建筑设计、文化创意等主题的展览。该空间也将成为厦门城市品牌的发布大厅,其从原安联旧厂延续下来的大跨度和大挑高将为潮流活动带来诸多新的玩法和可能性。

二、精品标准打造文化新地标

园区凸出西泠品牌，专注文化特色，依托百年字号"西泠印社"引流经典与闽南文化相融合，以精品的打造标准，为厦门带来臻稀艺术资源和时尚潮流盛宴。未来，园区将致力打造为城市的四大中心：

（一）独具一格的文旅中心

遵循"外赋予金石，内承以经典"的理念，以金石艺术对园区做出解构、重构。在建筑美学上跳脱出目前"特区·1980"各园区的纯工业风格，取"金石印学"哲学元素的同时提炼水墨江南特色与工业遗存有机结合。覆盖"吃、住、游、娱、乐、购"的园区未来不仅丰富"特区·1980"视觉形态，还将为厦门铸就一处集文化、艺术、公益为一体的地标级文旅项目。

（二）心驰神往的艺术中心

凸出西泠品牌，专注文化特色，依托百年字号"西泠印社"引流经典，以"孤山博物馆"为精神高地统领全园，采用最新空间设计技术和最新建筑材料，复刻江南雅集场景。同时，园区拟引进全球最新裸眼 3D 技术，打造西泠印象沉浸式文艺影像剧，填补厦门文化市场城市夜游的空白。通过展览、演艺、沙龙、研学、工作坊等一系列艺文活动，园区将大大促进城市文化繁荣，全面提升城市人文高度。

(三)时尚新锐的潮流中心

精心营造的文化氛围和多变的展演空间赋予西泠印象独特的吸引力和包容性,汇聚时尚潮品、前沿新品,未来将在此举办展览、发布会、明星演唱会、Liveshow。"名品·名家·明星"三位一体,令传统文化空间时尚化,古典与现代在此碰撞、融合,成为现代都市人的腔调之选。

(四)欣欣向荣的产业中心

引入西泠名家、非遗传人,吸收收藏、艺术、文化等知名人士、机构入驻。未来,在西泠印社集团的文化资源之上,园区还将引入商务印书馆、一得阁、诗婢家等百年品牌,加速形成集群效应,激活周边城市活力,成为"特区 1980"湖里创意产业园成熟成长的有力脉泵。

三、助力厦门文创产业高质量发展

厦门是一座"高素质的创新创业之城""高颜值的生态花园之城";杭州则是历史文化名城和创新活力之城,浸透着江南韵味,凝结着世代匠心。一百一十五载的"天下第一名社"西泠印社,繁星璀璨,巨匠云集。在国家推动文化产业高质量发展的大潮之下,以"特区 1980·西泠印象"文化产业园为依托,西泠与特区、杭州与厦门将共享文化与市场,在海峡交流的前沿之地涌起西湖水与鹭江潮的全新碰撞。

园区逐步建成开放之后,将以饱含千年艺术脉络精神和浸润时代匠心精髓的文化温度,为特区点亮更加明媚的创新创业辉光,提升城市人文高度,助力厦门文创产业的高质量发展。

后　记

2019 年是新中国成立 70 周年,厦门市的文化体制改革与文化发展工作也提升至新的层面。在协调推进文化和社会事业各项改革任务、推进系列规划和政策的出台、举办一系列促进文化产业发展会议、创建文化产业平台、促进文化产业招商、推动骨干文化企业快速发展等方面取得了重大突破,成果丰硕,令人瞩目,对厦门市经济社会发展起到了重要的支撑作用。

为了分析总结 2019 年厦门市文化改革发展工作,回顾发展历程、总结经验、保留资料,我们编辑出版《2020 年厦门文化改革发展蓝皮书》。

《2020 年厦门文化改革发展蓝皮书》主要收集 2019 年厦门市开展文化体制改革与文化产业发展工作的有关资料,集经验和对策于一体,力求做到数字准确全面,文字通俗易懂,既有对文化改革发展的形势评估、问题分析,也有对不同行业、不同区域文化改革发展状况的展示和个案剖析,实事求是地反映厦门市 2019 年文化改革发展的概貌。

自 2005 年以来,《厦门文化改革发展蓝皮书》已连续编辑出版了 14 部,记录了厦门市文化体制改革、文化事业和文化产业发展的历程,为读者提供了翔实的研究资料,受到了各方好评。

本书继续坚持资料性、地方性、实用性三大特色,力求能较为全面地反映 2019 年厦门市文化改革发展的概貌,设置了"专题论述""调研报告""文化交流""公共文化""文化会展""相关政策""大事记""统计资料与分析""园区介绍"等 9 个栏目。本书收入 2019年度厦门市文化改革发展相关的重要政策文件、形势分析报告、调研报告和统计资料,为读者多角度了解厦门 2019 年文化改革发展情况提供较为全面的信息,为专家学者提供研究资料,为市委市政府决策提供服务参考。本书还对厦门市较有地方特色的两岸文化交流、公共文化建设等文化会展方面的内容进行研究和整理,以及对厦门市文化产业各行业领域发展做专题介绍,展示了厦门文化发展的全貌。

《2020 年厦门文化改革发展蓝皮书》的编辑和出版发行,得到了厦门市委、市政府领导及各区、市直各职能部门和有关单位、高等院校和文化企业的大力支持。厦门市委常委、宣传部部长、市文化改革发展工作领导小组副组长李辉跃同志担任编委会主任,市政府副市长林建同志担任编辑委员会副主任。天翼爱动漫文化传媒有限公司为本书提供了动漫插图设计,郑晓东为本书提供封面及内文有关照片,厦门大学出版社一如既往地给予大力支持。在此,编委会谨向所有关心、支持本书的单位和个人,向所有为本书付出辛勤汗水的同志一并表示诚挚的谢意!

编委会
2020 年 10 月